P-A. MATHIEU REL, 1998

MÉMOIRES
DES AUTRES

★★

SOUVENIRS ANECDOTIQUES

SUR

LA RESTAURATION

MÉMOIRES
DES AUTRES

PAR

LA COMTESSE DASH

★★
SOUVENIRS ANECDOTIQUES SUR LA RESTAURATION

PARIS
A LA LIBRAIRIE ILLUSTRÉE
8, RUE SAINT-JOSEPH, 8

Tous droits réservés.

MÉMOIRES DES AUTRES

⁎⁎

SOUVENIRS ANECDOTIQUES SUR LA RESTAURATION

CHAPITRE PREMIER [1]

Le massacre. — Le sauveur. — Un épicier. — Terreur. — Le cocher patriote. — La barrière. — Nouveaux compagnons. — La *Carmagnole*. — Questions. — Le mari malade. — Les gages dus. — La grille du château. — Menaces. — Invasion. — Arrestation différée. — Le lit pour prison. — Mort du marquis. — Détails sur sa famille. — Les Poillow. — La cloche de Saclat. — Les trois frères. — Le vicomte de Saint-Perrier. — M. de Bierville. — Mariage des quatre enfants. — Les Courval. — Double union. — Abel de Saint-Mars, marquis. — Il épouse Mlle de Chambeaudoin. — Pas de droits au titre. — Edouard de Saint-Mars. — Le vicomte de Courval épouse Mlle Moreau. — Le sergent maréchal Lefebvre. — La visite. — Le brevet. — La maréchale, M. de Chevert et *Coco*. — Le mot de Cambronne. — Marie-Louise à Vincennes. — La duchesse de Montebello. — Drouot.

Cette porte donnait sur une cour assez petite, où se trouvaient une douzaine d'hommes, les manches retroussées, les vêtements en désordre, tenant à la main un sabre ou un poignard, et menaçant sans pitié, avec d'épouvantables plaisanteries, les malheureux que les juges iniques donnaient l'ordre *d'élargir*.

Dans un coin de la cour était un monceau de cadavres encore chauds, tandis que d'autres étaient

[1] Le volume des *Mémoires des autres*, qui précède celui-ci, a pour titre : *Souvenirs anecdotiques sur le premier Empire et les Cent-Jours*.

épars çà et là ; quelques-uns respiraient encore. On avait du sang jusqu'à la cheville.

La marquise recula en poussant un cri d'horreur et en mettant ses mains sur son visage. Ses conducteurs la repoussèrent ; elle allait franchir le seuil, lorsqu'une main l'arrêta.

— Un instant, dit une voix, il y a erreur.

— Non pas, le cachet est bordé de noir.

— Le cachet est rouge, et j'en suis bien sûr, puisque c'est moi qui l'ai mis. Laissez libre cette citoyenne, j'en ai répondu et je me charge de la conduire.

Il prit Mme de Saint-Mars par le bras et lui fit tourner le dos à ces horreurs. La porte se referma. Ils marchèrent sans prononcer un mot jusqu'à ce qu'ils eussent gagné une espèce de corridor où l'inconnu s'arrêta, tremblant et tout en sueur.

— Vous ne me reconnaissez pas, madame, dit-il.

— Je vous reconnais, à présent, mais je ne m'explique pas ce que vous pouvez faire au milieu de ces abominations. Je vous ai toujours pris, vous et votre femme, pour de braves gens, et vous voilà parmi les égorgeurs...

— Heureusement pour vous, madame. Si l'on se fût douté que je suis votre épicier, je me serais perdu avec vous. Je suis ici par peur ; j'aime mieux me trouver parmi les bourreaux que parmi les victimes.

— Mais ce sont des crimes horribles, des assassinats !

— Hélas ! madame, je le sais bien, mais il vaut mieux cela, je le répète, que d'y passer moi-même. On le ferait, n'en doutez pas, si je résistais. Et puis, je fais un peu de bien : vous êtes la troisième personne que je sauve aujourd'hui. Partez maintenant ; voici votre chemin, tâchez de n'avoir pas l'air suspect, et quittez Paris le plus tôt possible. Vous auriez mieux fait d'émigrer. Les paysans vont s'attaquer aux châteaux ; aussi, prenez garde.

Il lui ouvrit une porte qui conduisait à la rue et se hâta de rentrer; il craignait qu'on ne remarquât son absence.

La marquise et sa femme de chambre reprirent leur chemin et arrivèrent, enfin, à la diligence qu'elles trouvèrent prête à partir; comme elles étaient les seules voyageuses, on les avait attendues. Elles avaient bien failli ne pas revenir!...

Quand elles furent montées en voiture et qu'elles la virent s'ébranler, la confiance les gagna un peu; il leur tardait de fuir cette malheureuse ville, et la marquise avait en outre une grande inquiétude pour son mari. Les menaces de l'épicier contre les châteaux tintaient à son cœur. Les pauvres femmes ne trouvaient pas d'expression pour leurs émotions et leurs craintes; quelques exclamations leur échappaient.

— Ah! madame!
— Ah! ma pauvre fille!
— Que la Sainte Vierge nous protège!
— Que Dieu ait pitié de nous!

Le moindre bruit les faisait tressaillir, la moindre figure suspecte glaçait leur sang dans leurs veines. Le lourd véhicule s'arrêtait à chaque pas. Le cocher échangeait des verres de vin et des discours patriotiques avec les passants; plusieurs fois, il porta un verre à ses voyageuses et leur demanda de trinquer à la santé de la République. Elles obéissaient machinalement, sentant bien que si elles refusaient, elles allaient se faire écharper.

Arrivées à la barrière, la pause fut plus longue; les commis vinrent les examiner, les gendarmes les interrogèrent longuement, et leur passeport subit un minutieux examen. Heureusement, le mot d'ordre du cachet n'était que pour les égorgeurs de l'Abbaye : ceux-ci ne le connaissaient pas, ils se décidèrent à les laisser libres.

Au moment de remonter dans le coucou, elles trouvèrent leurs places occupées par deux hommes dont l'état d'ivresse n'était que trop facile à constater. Ils portaient une carmagnole et un bonnet rouge, et ils chantaient la *Marseillaise* à tue-tête. En apercevant ces dames, ils s'interrompirent.

— Ah! ah! des citoyennes... s'écrièrent-ils. Venez, venez, mes belles... ne craignez pas, nous sommes de bons sans-culottes, nous n'en voulons qu'aux aristocrates, et les aristocrates ne voyagent pas par cette voiture-ci... Montez, montez, vous vous assoirez sur nos genoux, si les banquettes sont trop étroites!

Vous jugez de la frayeur! Mme de Saint-Mars n'était plus jeune, mais elle était encore agréable; la femme de chambre était jolie; elles avaient donc tout à redouter de ces misérables. Elles s'adressèrent au cocher et lui demandèrent sa protection. Il les rassura.

— Je connais ces hommes; ils sont gais, mais pas méchants. Ils sont de mon pays; on les a enrôlés pour le coup de ce matin, ils en ont assez. Ils sont venus à la campagne se reposer et se réjouir un peu avec des amis. D'ailleurs, je suis là! dépêchez-vous, nous sommes en retard...

Il fallut bien se décider : le temps pressait, et on n'avait pas d'autre moyen de se rendre à Angervilliers. Les voyageuses se firent bien petites, afin de tenir moins de place et de rester le plus loin possible de leurs terribles voisins.

Ceux-ci furent moins odieux qu'on ne l'eût cru d'abord. Ils ne songèrent point à la galanterie, mais ils se livrèrent à des démonstrations politiques effrénées. La marquise eut à subir les *Ça ira!* la *Carmagnole*, et tout ce qui s'en suit. Ces cannibales racontèrent leurs exploits, imitèrent ce qu'ils appelaient les grimaces des ci-devant et chantaient à gorge déployée.

Mme de Saint-Mars ne suivant pas leur gaieté, ils en prirent de l'ombrage et commencèrent à la soupçonner.

— Excusez-moi, citoyens, répliqua-t-elle, mon mari est très malade; je suis allée à Paris afin de lui chercher des remèdes ; je crains de ne pas le retrouver vivant; je n'ai pas envie de plaisanter.

— Ah! tant pis, si c'est un bon patriote. Ils devraient toujours vivre, et les aristocrates disparaître de la surface de la terre... nous en viendrons à bout!

Ils firent ensuite quelques questions. Elle y répondit de son mieux; heureusement ils y prêtèrent peu d'attention, heureusement surtout le conducteur était nouveau et ne la connaissait pas. C'était, du reste, la première fois qu'elle se servait de ce véhicule. Les grandes dames avant la Révolution n'allaient pas en diligence. Ses gens étaient, en revanche, très habitués de ces coucous. La femme de chambre, prenant la parole, fit arrêter lorsqu'on passa devant la grille de l'avenue.

Exclamations des compagnons de voyage.

— Quoi! vous demeurez là, avec ces ci-devant, vous êtes donc de leur bord?

— Ne m'en parlez pas, répondit la soubrette avec beaucoup de présence d'esprit, on nous doit nos gages, sans cela nous serions dehors depuis longtemps.

— Ah! on vous doit vos gages. Eh bien, on ira vous les faire payer, soyez tranquilles, c'est le peuple qui réglera ces comptes-là!

Elles se hâtèrent de s'esquiver.

— Pourvu, dit la marquise, qu'ils n'exécutent pas leurs menaces, et qu'ils ne viennent pas nous égorger chez nous!...

Elle trouva en arrivant son mari fort malade, et lui cacha le danger qu'elle avait couru ; elle ne lui parla même pas de ce qui se passait à Paris.

Quelques jours après, les patriotes firent invasion dans le château, pour en arrêter le maître.

Comme il n'était pas transportable, on lui donna sa chambre pour prison, et l'on établit chez lui des garnisaires. Toutes ces secousses l'achevèrent : il mourut bientôt, et évita ainsi l'échafaud.

Sa veuve put rester chez elle et ne fut que légèrement inquiétée. Elle était très bonne et fort aimée dans le pays. Plus tard, elle vendit cette terre et se fixa au petit Saint-Mars, près d'Etampes, excepté les hivers qu'elle passait à Paris.

Les Saint-Mars sont d'une noblesse fort ancienne. Ils viennent d'Ecosse, et j'ai toujours entendu dire qu'ils avaient des titres à la Tour de Londres. Leur nom est Poillow. On voit encore, on voyait du moins, il y a quelques années, à Saclat, en Beauce, une cloche baptisée au xiiie siècle, dont Urban de Poillow, seigneur du pays, était le parrain, — l'inscription était fort lisible dans l'airain.

Le grand-père de mon mari avait plusieurs frères ; l'un d'eux fut adopté par son oncle, le vicomte de Saint-Perrier, lieutenant général d'artillerie et cordon rouge, qui lui donna son nom, que sa descendance porte encore.

Le dernier s'appelait Poillow de Bierville, l'autre était l'abbé de Saint-Mars.

Mlle de Chavannes eut quatre enfants de son mariage avec le marquis de Saint-Mars :

Jules de Saint-Mars, qui épousa Mlle de Courval, propriétaire du beau château de Pinon et des terres d'Anizy, de Courval, d'Haval et de Moyembrie, près de Coucy, à quelques lieues de Soissons et de Laon.

Mlle de Saint-Mars épousa le même jour M. de Courval, frère de sa belle-sœur. Il y eut donc ainsi double alliance.

Mlle Zoé de Saint-Mars devint la femme de son cousin germain, M. de Poillow de Bierville.

Enfin, Abel de Saint-Mars, qui prit à la Restauration le titre de marquis de Saint-Mars, était le mari de Mlle de Chambeaudoin, en premières noces, Mme Régnier, veuve du général de ce nom.

Il n'avait pas de droits au titre de marquis, puisque mon mari était le fils aîné de son frère aîné et que mon beau-frère, Edouard de Saint-Mars, devait encore passer avant lui. Mon mari était enfermé à Hambourg avec le maréchal Gérard, dont il était officier d'ordonnance : on le croyait mort ; mon beau-frère était un enfant encore au collège ; leur oncle s'établit partout comme chef de famille. On lui a laissé ce titre jusqu'à sa mort.

M. le vicomte de Courval est donc doublement cousin germain de M. de Saint-Mars ; sa femme est M{}^{lle} Isabelle Moreau, fille unique du célèbre général, qui fut pendant un temps le rival de Napoléon Bonaparte.

Mon mari commença sa carrière par son entrée aux pages, et la façon dont il obtint son brevet est assez étrange pour être racontée.

Ainsi que je l'ai dit, son grand-père était officier supérieur aux gardes françaises. Il avait eu sous ses ordres un sergent nommé Lefebvre, dont la femme était blanchisseuse de la compagnie.

Le sergent devint le maréchal Lefebvre, duc de Dantzig.

Ma grand'mère était restée chargée de ses petits enfants, après la mort de son fils qui succomba aux suites de la guerre d'Espagne. Leur mère voyageait beaucoup et songeait à se remarier. Ils demeurèrent donc aux soins de leur aïeule ; cependant le baron de Courval prit avec lui, depuis l'âge de quatre ou cinq ans, son neveu Eugène de Saint-Mars, et le fit élever avec son fils, ce qui resserra encore les doubles liens de parenté.

L'état militaire était, à cette époque, le plus propice à l'avancement et à satisfaire l'ambition d'un homme ; on songea à mettre Eugène aux pages. C'était un excellent début, mais les places étaient fort demandées ; il fallait de hautes protections pour en obtenir une, et la marquise ne connaissait personne à la nouvelle cour.

— J'ai bien une connaissance, cependant, dit-elle un jour, mais je n'ose pas l'invoquer. C'est le maréchal Lefebvre. Lui et sa femme seraient peu flattés de se rappeler le temps, où ils venaient dans mon antichambre, et où le sergent, de planton chez mon mari, attendait ses ordres.

— Détrompez-vous, madame, reprit une des personnes à qui elle s'adressait, le maréchal se souvient toujours d'où il est parti et ne trouve pas mauvais qu'on le lui rappelle; adressez-vous à lui et vous obtiendrez, j'en suis sûr, tout ce que vous désirez.

La marquise se risqua.

Le lendemain, dès qu'il fut l'heure des visites, on lui annonça le maréchal Lefebvre.

Il entra sans aucun embarras et, avec une bonhomie et une simplicité rares dans une pareille position, il alla droit au fait :

— Serais-je assez heureux, madame la marquise, dit-il, en lui donnant ce titre alors prohibé, serais-je assez heureux pour que vous eussiez besoin de moi? Vous ne doutez point de mon empressement à vous satisfaire. Je n'ai pas oublié vos bontés pour moi et pour ma femme, qui m'a chargé de tous ses *respects* pour vous, et nous sommes tous les deux entièrement à votre service.

Il eut même le parfait bon goût de ne pas demander à présenter sa femme.

Mme de Saint-Mars lui fit part de ce qu'elle désirait pour son petit-fils; moins de huit jours après, le brevet était obtenu et le jeune homme entrait aux pages.

C'étaient de braves gens que le maréchal et la maréchale Lefebvre; je ne m'amuserai pas à ressusciter leurs histoires, elles courent les rues. J'en sais pourtant deux que je crois inédites : la première est impossible à raconter, même en gazant; la seconde est assez difficile, pourtant j'essaierai. Je la tiens de M. de Chevert, président de la cour royale de Colmar. Il a joué, dans l'aventure, le rôle d'interlocuteur et de témoin.

Lefebvre était Alsacien, sa femme aussi. Ils allaient

souvent dans leur pays, toujours avec ce profond bon sens qui ne craignait pas de remonter à leur origine.

Pendant un de ces voyages, M. de Chevert visita la duchesse. Ils se connaissaient dès longtemps, et elle le recevait à merveille.

Après les premiers compliments, il lui demanda des nouvelles de monsieur son fils, enfant fort insupportable et qui leur avait causé beaucoup de chagrins.

— Ah! dit-elle, en prenant son air le plus bénin, vous ne le reconnaîtriez pas... Si vous saviez comme il est poli, bien élevé, charmant! Jamais un mot plus haut que l'autre; il apprend bien maintenant, j'en suis très contente. Je vais vous le faire venir, vous en jugerez.

Elle se lève, ouvre une porte dérobée, à côté de son lit, en face du président.

— Coco! Coco! crie-t-elle.

Pas de réponse, elle recommence.

— Coco! Coco!

— Il va venir, il est dans sa chambre.

Elle se rassoit, la conversation reprend; au bout d'un quart d'heure elle s'interrompt.

— Il faut pourtant que vous voyiez Coco. Il ne m'a donc pas entendue?

Elle recommence le même jeu, sans plus de résultat.

— Mais, *sacrebleu!* viendras-tu? s'écrie-t-elle impatientée.

Un léger mouvement indique qu'elle est obéie. Satisfaite, elle retourne à sa place.

— Le voilà, ajouta-t-elle.

Quelques secondes après, la porte s'entr'ouvre, une tête toute hérissée paraît dans l'entre-bâillement, c'est celle de Coco.

Il lâche d'une voix sonore le mot de Cambronne, tire la langue et disparaît bruyamment.

C'était là sa meilleure éducation, jugez du reste!

Ce fils est mort jeune; il n'aurait probablement pas fait oublier son père.

1.

Mon mari avait beaucoup de mémoire, il aimait fort à raconter; j'ai retenu de lui quelques faits assez curieux et qui doivent trouver place ici.

Etant page de Napoléon Ier, celui-ci, qui, de ces enfants, voulait faire des hommes assez robustes pour pouvoir le suivre dans ses rapides conquêtes, les exerçait de bonne heure aux fatigues; c'était entre eux une sorte d'émulation à qui en supporterait le plus.

Ils suivaient l'empereur et l'impératrice dans leurs voyages, presque toujours à cheval. M. de Saint-Mars arrivait donc d'Allemagne à la suite de Marie-Louise. Ils passèrent à Varennes, et là, pendant qu'on relayait les chevaux, les habitants s'attroupèrent autour du cortège ainsi que cela se passe toujours et partout.

Un homme s'avança près de la voiture et commença un discours verbeux, avec force révérences. L'impératrice l'écoutait avec cette patience des malheureux souverains, obligés de subir un ennui perpétuel; il est vrai qu'on les y dresse de bonne heure.

La duchesse de Montebello était à côté de Sa Majesté et un des officiers de service lui dit un mot à l'oreille. La dame d'honneur fit un geste de surprise et de mécontentement.

— Il faut prévenir Sa Majesté, ajouta-t-elle.

Marie-Louise l'entendit et s'informa de ce que c'était.

— Nous sommes à Varennes, continua la maréchale, et cet homme qui ose haranguer Votre Majesté est ce même Drouet, qui a fait arrêter la reine Marie-Antoinette, son auguste tante.

L'impératrice poussa un cri.

Les chevaux étaient attelés, on n'attendait que la fin des compliments pour se remettre en route.

— Qu'on parte tout de suite, ordonna-t-elle.

Et, sans écouter la fin, elle tourne le dos à l'orateur, toute rouge et courroucée au dernier degré.

— Cet homme est bien hardi, continua-t-elle, il ne sait donc pas que la reine était ma tante!...

Drouet resta stupéfait. Il n'avait pas volé la leçon.

CHAPITRE II

Croyance aux revenants. — Une ville d'Allemagne. — La maison hantée. — Résolution de huit officiers. — Le vieux troupier. Le sourd. — La victime des esprits. — Ils l'assomment. — La porte de la cuisine. — Les verrous. — Les trois coups. — Elle s'ouvre. — Le grenier. — Le chevalet. — Les ardoises. — Le tombeau de Mahomet. — Le jardin. — Les coups dans la vitre. — La chasse aux fantômes. — Le coup de pistolet. — Le sourd dans le fossé. — On ne trouve rien. — Autre histoire à Colmar. — Un fonctionnaire. — Mlle de B... — Son changement. — Interrogatoire. — Le domestique demande son congé. — Il reste. — L'exorcisme. — Le coffre à avoine. — Encore les ardoises. — Musique, cris. — Insomnie. — Toute la ville en l'air. — Recherches. — Les chiens. — Pèlerinage. — L'autorité. — Le procureur général. — Son mot. — Le domestique renvoyé. — Les diables se calment. — Propos. — Le duc et pair. — Changement de résidence. — Rétablissement de Mlle de B... — Déménagement. — Tout rentre dans l'ordre.

La croyance aux revenants, aux esprits frappeurs était déjà vivace, ou, si l'on veut, ressuscitée, sous le premier empire. M. de Saint-Mars était avec son régiment à Dusseldorf, je crois, à moins que ce ne fût à Hambourg, — mon souvenir n'est pas très présent et le lieu ne fait rien à l'affaire.

Il y avait seulement, j'en suis sûre, autour de la ville, des jardins et des brasseries, où l'on allait boire et chanter. C'était en été, et, chaque soir, les officiers qui n'avaient rien à faire se rendaient dans une de ces guinguettes, où ils s'amusaient à la mode du pays.

Parmi elles, il s'en trouvait une, objet de la terreur des habitants et qui attirait un monde considérable à cause des événements extraordinaires qui s'y passaient.

Depuis quelques mois l'auberge était hantée, les esprits y avaient élu domicile, y faisaient un train abominable et il n'y avait pas moyen de dormir dans la maison.

On racontait des événements miraculeux, tous les diables d'enfer mettaient le logis sens dessus dessous. Les officiers en avaient entendu le récit. Ils résolurent de voir par eux-mêmes ce qui en était.

Ils se réunirent sept ou huit, de divers âges; le plus vieux était un ancien troupier, soldat de fortune, ayant fait toutes les guerres de la République et de l'Empire et fort incrédule à l'endroit des farfadets et des sorciers.

Il n'avait peur de rien, et il emporta un gros bâton noueux, afin de caresser l'échine des fantômes, s'ils avaient l'audace de se moquer de lui.

Un autre, Alsacien de naissance, fort brave aussi, était sourd comme une muraille, non pas de celles qui ont des oreilles, mais de celles qui entendent sans écho les plaintes des malheureux et les gémissements des prisonniers.

Les autres champions étaient des jeunes gens à l'imagination plus vive, mais déjà éprouvés par le feu.

Tous se mirent en route, un soir, pour la brasserie.

Il avait été convenu avec le maître qu'elle leur appartiendrait exclusivement pendant cette soirée, qu'on n'y admettrait personne : ils payèrent en conséquence ; l'hôte, d'ailleurs, paraissait enchanté de l'idée qu'on allait peut-être découvrir le secret de ces sortilèges qui lui faisaient tant de peur, mais qui lui procuraient tant d'argent.

On leur montra tout d'abord un jeune garçon souffreteux, assis dans la cheminée. C'est à lui surtout que l'esprit s'en prenait. Dès qu'il se trouvait seul, il était battu, principalement dans sa chambre, située auprès de la cuisine. Aussi ne pouvait-on l'y faire entrer qu'après des prières sans fin et avec l'espoir d'une récompense suffisante pour le dédommager.

Il s'agissait donc de le séduire par des promesses et par des effets ; il ne voulut d'abord entendre à aucune proposition.

— Non, disait-il, je n'en peux plus et les esprits sont particulièrement exaspérés en ce moment-ci ; ils me feraient beaucoup de mal, ils me tueraient peut-être !

— Comment savez-vous cela ? vous les avez donc vus ?

— Je ne les vois pas, je les entends, et je les sens surtout, ajouta-t-il en se frottant les bras, ils n'ont jamais frappé si fort.

Enfin, après bien des résistances, il céda.

Les officiers le virent entrer dans cette chambre fort petite, où il ne se trouvait aucune issue qu'une fenêtre ouvrant sur une cour très étroite, enfermée de murs élevés ; on y mettait le fumier. Le volet de cette fenêtre était fermé en dehors et étayé par un madrier, dont la chute aurait fait du bruit.

Ces précautions prises, le lit et les meubles soigneusement visités, ils livrèrent la victime. Elle y entre en gémissant. A peine était-elle introduite qu'on entendit un cri perçant, puis une sorte de râle. On se précipita. Le jeune homme était sur son lit, sa commode et ses deux chaises entassées sur lui l'étouffaient ; il était violet, comme si on lui eût serré le cou.

— Vous le voyez bien, dit-il, c'est fini ! Pour quelque somme que ce soit, je ne recommencerai plus.

— Mais qu'avez-vous vu ? lui dit-on.

— Rien ; j'ai été jeté sur mon lit, ma commode m'est tombée sur la poitrine, je n'en sais pas davantage !

On ne pouvait pas nier le fait; l'expliquer était plus difficile.

La seconde épreuve fut celle-ci :

On leur montra la porte de la cuisine, munie d'une serrure très solide et de deux gros verrous. Cette porte ne voulait pas rester fermée; ils devaient la tenir constamment ouverte, même la nuit. Elle donnait sur un long corridor assez étroit, ayant une issue à chaque bout, et pas d'autre, dans toute la longueur de cette même porte; par conséquent, on ne pouvait se cacher nulle part.

Les curieux fermèrent d'abord les deux issues, en prirent les clefs ; puis, ils en firent autant à celle de la cuisine, mirent les verrous, poussèrent les deux tours, prirent également la clef et attendirent.

Moins de cinq minutes après, on frappa trois coups très violents, serrures et verrous cédèrent, la porte s'ouvrit toute grande. On entra vivement dans le corridor, il ne s'y trouvait personne et personne n'avait pu fuir. Ce fut une véritable stupéfaction.

Je n'ai pas vu tout cela, mais je raconte fidèlement ce que l'on m'a rapporté.

Il restait encore deux faits à vérifier, car ces esprits-là étaient fort routiniers et n'inventaient guère.

Le premier se passait dans le grenier; les Français y montèrent, on le leur montra dans tous ses détails. Il était garni du mobilier ordinaire à un lieu servant de débarras. Des caisses, des paniers, des objets sans nom que l'on jette au rebut et, au milieu, un grand chevalet servant à porter le linge sale.

— Dans un instant, leur dit l'hôte, ce chevalet sera monté au plafond et s'y tiendra de lui-même, — vous pouvez essayer de le remuer, la force de deux hommes n'y suffirait pas, — vous le verrez.

Ils essayèrent, en effet, et durent se réunir à quatre pour le soulever.

— Maintenant, ajouta l'hôte, sortons.

— Mais, demanda le vieux troupier, pourquoi ne

font-ils pas leurs tours en notre présence? pourquoi faut-il toujours que la porte soit fermée?

— Oh! ceci, je n'en sais rien, d'autant plus que leurs préparations ne sont pas longues, vous allez en juger.

En effet, à peine étaient-ils dehors, et l'*huis clos*, que les tuiles du toit se mirent à claquer l'une sur l'autre comme des castagnettes; un grand bruit se fit en même temps dans le grenier; ils regardèrent: le chevalet était comme suspendu à la poutre du haut, il semblait qu'il fût en fer et retenu par une pierre aimante dans le genre des tombeaux de Mahomet.

C'était stupéfiant.

Malgré tout cela, ils n'étaient pas convaincus; le sourd répétait sans cesse qu'il aurait raison de ces diableries et que, dût-il élire domicile à l'auberge, il découvrirait les mauvais plaisants qui se moquaient d'eux.

Pour le dernier prodige, il fallait attendre la nuit, et ils prirent leurs précautions. On commença par faire répandre du sable fin dans toutes les allées du jardin, afin de les rendre vierges de pas, puis on ferma à clef toutes les issues et l'on se mit en embuscade.

Ceci est au moins aussi fort que le reste.

Il faisait un clair de lune magnifique, on voyait parfaitement, des fenêtres de la cuisine, ce qui se passait dehors et on n'eût pu approcher de la maison sans être aperçu.

Ils étaient tous, près des croisées et prêts à courir, s'ils découvraient la moindre chose. Tout à coup, on frappa aux carreaux et très fort, comme une personne qui se sert vigoureusement de la phalange de son doigt; on ne vit pas absolument un être, cependant le bruit était très sensible, il alla même en augmentant, et bientôt on battit la retraite française, avec une sorte de raillerie. Un de ces messieurs y porta la main et sentit très distinctement la vibration du verre.

Ce fut parmi eux une sorte de révolte; il fallait se rendre à l'évidence, ils entendaient, ils sentaient, ils ne voyaient rien.

— Ah! par ma foi, messieurs, s'écria l'un d'eux, allons au jardin; il faut qu'il y ait quelque jonglerie de physique cachée derrière les arbres. Cherchons tous, le pistolet à la main, et soyons sans pitié. Ces têtes carrées se moquent par trop joliment des officiers français. En avant!

Ils ne se le firent pas répéter deux fois; les uns se placèrent en embuscade, près des deux portes, les autres s'en allèrent à la découverte, le tout dans un silence profond et avec des précautions infinies.

Au bout d'un quart d'heure, un coup de pistolet retentit suivi d'un cri perçant et d'un juron énergique. Tous se précipitèrent de ce côté. Ils trouvèrent le sourd allongé, jusqu'au-dessus du genou, dans un fossé plein de boue.

— Mais enfin qu'y a-t-il? lui demanda-t-on.

— Il y a que j'étais de planton là-bas, j'ai vu une grande figure dans l'allée en face, j'ai couru après, je l'ai suivie jusqu'ici, elle a traversé ce fossé, j'ai tiré à tout hasard, sans l'atteindre apparemment, puis j'ai cru pouvoir passer après elle et je suis tombé où vous voyez. Quant à la figure, elle a disparu derrière cette charmille à dix pas d'ici. Sans ce maudit fossé je tenais le farceur; mais comment a-t-il pu le passer sans s'embourber comme je le suis?

On alla explorer la charmille, on n'y trouva aucune trace, on retourna le jardin dans tous les sens inutilement, on prit la mesure de tous les pas marqués sur le sable : tous se rapportaient à ceux de ces messieurs, il n'y avait pas le moindre vestige d'une autre trace.

C'était à en perdre la raison.

Pendant le reste de la nuit, il ne se présenta aucun phénomène. Le garçon battu resta à dormir près du feu. Au jour on commença une revue générale, sans le moindre succès; tout était en ordre. Ils furent forcés de retourner à la ville sans être plus avancés qu'auparavant.

Ils ne pouvaient nier ce qu'ils avaient vu, mais ils s'obstinaient à y chercher une cause naturelle et aucun d'eux ne voulut croire aux gens de l'autre monde.

Voilà ce que l'on m'a raconté ; je le répète, je n'y étais pas, je n'ai pas d'avis à émettre. Il est certain pourtant que cette guinguette fit en quelques mois une fortune rapide, grâce aux spectres. *Miss Aurore* n'en a pas l'invention. Le propriétaire se retira et, lorsqu'il n'y fut plus, les apparitions cessèrent.

Expliquez si vous voulez.

Pour vous aider dans vos recherches, je vous raconterai une autre aventure du même genre ; j'en ai été témoin cette fois et toute la ville de Colmar y assista avec moi.

Il y avait donc en cette ville un fonctionnaire ; ce fonctionnaire avait une fille très jolie et très intelligente. On ne parlait que d'elle ; les jeunes gens les plus distingués aspiraient à lui plaire, mais elle n'en écoutait aucun et vivait un peu retirée, sans se lier avec personne, si ce n'est avec une famille que j'ai bien connue.

Mlle de B... avait l'imagination vive. Les magnificences de la nature qui l'entouraient l'exaltaient fort. Elle lisait beaucoup, et ces lectures étaient faites pour l'exciter encore. Un matin, elle descendit toute rêveuse et refusa de répondre aux questions qu'on lui adressa, bien qu'elle fût évidemment préoccupée.

Le lendemain et le surlendemain, même jeu.

Elle ne mangeait plus et changeait à vue d'œil.

— Mais enfin qu'avez-vous ? insistaient ses parents et ses amis.

— Rien, je ne dors pas, je passe de mauvaises nuits, voilà tout.

— Vous êtes malade ?

— Non, c'est une insomnie.

Après deux semaines, elle descendit déjeuner, encore plus pâle que de coutume.

— Mon père, avez-vous entendu du bruit dans la maison, cette nuit? dit-elle.

— Aucun.

— Je m'étais trompée alors.

— Comment?

— Oui, j'ai cru entendre des choses étranges.

— Où cela, dans ta chambre?

— Partout, mais c'était un rêve sans doute, n'en parlons plus.

Deux jours après, le domestique entra tout effaré chez son maître à six heures du matin.

— Monsieur, je viens vous demander mon congé. Je ne puis plus tenir dans cette maison, j'y meurs de peur, il s'y passe des choses épouvantables!... Mademoiselle m'avait défendu de vous le dire, mais je n'y peux plus tenir, j'ai une peur effroyable; ainsi, monsieur, permettez-moi de m'en aller.

M. de B... ouvrit de grands yeux, n'y comprenant rien. Il interrogea son domestique et il apprit, avec bien de la peine, que, depuis longtemps, la jeune personne et lui étaient tourmentés d'apparitions nocturnes. C'étaient des bruits étranges, des voix, des fantômes qui traversaient et faisaient des signes de menaces. Sa chambre à lui était au-dessus de celle de Mademoiselle, du même côté de l'escalier; apparemment, un meurtre avait été commis là, autrefois, et la pauvre âme demandait des prières.

— Ce qu'il y a de sûr, ajouta-t-il, c'est que c'est effrayant à en mourir. Voilà pourquoi Mademoiselle est malade, pourquoi elle change, et pourquoi elle ne dort pas depuis longtemps.

Le père donna quelques raisons plus ou moins bonnes à ce valet, dont il était fort content, pour le faire rester, puis il entra immédiatement chez sa fille, afin de l'interroger. Il ne pouvait croire à de semblables folies.

— C'est la vérité, lui répondit-elle, je ne voulais pas vous en tourmenter, mais puisqu'on vous l'a dit, je ne le nie pas. Aussi bien, vous l'auriez su bientôt, car les prodiges auront lieu le jour comme la nuit, j'en ai été prévenue.

— Comment ?

— Une voix me l'a annoncé la nuit dernière, on ne veut me laisser ni paix ni trêve.

M. de B... crut d'abord que sa fille devenait folle ; tout cela était si étrange ! Il lui fit répéter plusieurs fois les circonstances de ces apparitions, en tout conformes à ce qu'avait raconté le domestique.

— Permettez-moi, mon père, de faire bénir ma chambre, je serai plus tranquille ensuite.

M. de B... ne s'y opposa point, et elle obtint d'un bon prêtre allemand, qui venait souvent chez eux, de jeter de l'eau sainte dans son alcôve et sur les murailles de son joli réduit.

Un matin, ils étaient à déjeuner, lorsque le domestique — nous l'appellerons Jean si vous voulez, pour avoir une désignation — lorsque le domestique arriva tout effaré.

— Ah ! monsieur ! ah !... mademoiselle, venez voir, venez voir !...

Ils se levèrent vivement et le suivirent. Il leur montra d'un geste désespéré le coffre à avoine, transporté miraculeusement devant le vestibule et barrant l'escalier. Le maître voulut le reculer et ne put le faire mouvoir ; sa force et celle de Jean réunies ne suffisant pas, il fallut appeler quelqu'un.

— Vous voyez, mon père... murmura la jeune fille tremblante.

A dater de ce jour, ce furent des prodiges de toute espèce.

Tantôt les ardoises du toit résonnaient toutes en même temps, tantôt on entendait des coups frappés dans la muraille. On trouvait des billets menaçants semés dans l'escalier, dans les appartements ; Mlle de

B... et le domestique étaient les objets d'une haine implacable de la part de ces êtres inconnus ; c'était incompréhensible !

Il y avait des musiques cachées, des cris, des changements de meubles ; le coffre à avoine surtout jouait un grand rôle. Il n'y avait plus moyen de dormir ni jour ni nuit. Vous comprenez que toute la ville en fut bientôt instruite ; on ne parlait que de cela dans tous les mondes. Plusieurs personnes furent témoins de ce qui arrivait. Mlle de B... mourait de peur, elle demandait à s'en aller et elle le demandait à grands cris. Malheureusement, son père croyait peu aux revenants. Il fit faire toutes les recherches possibles.

Les amis dont j'ai parlé avaient de superbes chiens de chasse ; leur nez très fin devait découvrir la fraude, s'il y en avait. Le matin du jour où ils furent annoncés, un billet fut jeté aux pieds de M. de B... sans qu'il pût savoir comment il était venu.

— « A moi des chiens ! » portait-il.

C'était un dédain superbe. En effet, les chiens eurent beau chercher, quêter, ils ne sentirent aucun étranger dans la maison et ne témoignèrent aucune frayeur.

Les rumeurs allaient en augmentant ; bientôt la maison devint le but de promenade de tout le monde. Intérieurement elle était pleine de curieux de la société, extérieurement le peuple s'attroupait à l'entour. La jeune fille ne sortait plus sans être suivie ; c'était une héroïne, on ne parlait que d'elle. Les opinions étaient partagées sur son compte ; les femmes l'attaquaient, mais les hommes étaient presque tous de son parti.

L'autorité s'en émut, on fit venir M. de B... et on l'interrogea ; il répondit par ce qu'il voyait chaque jour et dont tant de gens étaient témoins.

— Voyez vous-mêmes, messieurs, ajouta-t-il, la porte vous est ouverte.

Le procureur général de la cour royale, M. d'Esclaux, y alla un matin sans être attendu ; les diables se turent.

C'était un homme d'esprit, il eut un mot :

— Ceci ressemble un peu aux religieuses de Loudun, mais je ne vois pas d'Urbain Grandier !

D'autres magistrats tentèrent l'aventure ; le préfet aussi, dit-on, vint incognito aux heures où le public n'osait pas se présenter.

Il y eut nombre de conciliabules parmi les gros bonnets. Mlle de B... fut interrogée plusieurs fois officieusement, le domestique aussi ; rien ne transpira sur leurs interrogatoires.

M. de B... renvoya le domestique, d'après le conseil de ces messieurs. On lui paya son voyage grassement et on le conduisit jusqu'à la diligence ; il retourna dans son pays. A dater de ce moment, les esprits renoncèrent au *gros ouvrage*. Le coffre à avoine et les meubles vécurent en repos. On se contenta des billets, de la danse des tuiles, de quelques espiègleries anodines.

Evidemment, ces esprits-là en voulaient plus à Jean qu'à sa maîtresse.

On en causa de plus belle, et Dieu sait ce qui se débita.

Insensiblement les apparitions cessèrent, la maison redevint tranquille, mais Mlle de B... avait acquis une célébrité importune et hostile, on la suivait dans les rues, on l'accablait de quolibets. Les dames ne lui faisaient plus de visites. Les hommes continuaient ; ils venaient savoir comment elle supportait sa disgrâce ; elle ne faiblit point.

M. de B... était parent d'un duc, ambassadeur et pair de France très en faveur ; il avait obtenu par lui sa place actuelle. Il comprit vite combien sa position à Colmar était changée ; il s'y plaisait beaucoup auparavant, mais l'attention dont lui et sa fille étaient l'objet, lui devint insupportable.

Il écrivit pour demander son changement, en déduisant à son cousin les raisons qui l'y déterminaient. Celui-ci les comprit à merveille. Quinze jours après, il eut ce qu'il désirait.

A l'instant même et comme par un coup de baguette, Mlle de B..., languissante depuis bien des mois, reprit sa force et sa santé, sa gaieté surtout. Elle s'empressa de tout emballer et ne se plaignit pas de la fatigue causée par le déménagement.

Les mauvaises langues prétendirent que les diables n'étaient à autre fin, et qu'il n'y avait pas d'apparence qu'on les revît.

En effet, on n'en a plus entendu parler.

CHAPITRE III

La famille Magnan. — Le colin-maillard. — Bal de l'ambassade d'Angleterre. — La Diane antique. — Bal chez Mme Fuller. — Le roman de *Mathilde*. — Malek-Adhel. — Mathilde. — Mlle de Nieuwerkerke. — Sa famille. — Son aïeule paternelle. — Son autre aïeul, M. le duc d'Orléans. — Ses oncles les abbés de Saint-Phar et de Saint-Albin. — Le bal des pages. — Le comte et la comtesse de Septeuil. — Une blessure pour une princesse. — *L'École des vieillards*. — Mlle Mars. — Sa toilette. — Talma. — Armand. — Firmin. — Bressant. — Jugement et mot sur *l'École des vieillards*. — Modes. — Madame. — Mme la duchesse de Berry. — Coup d'œil sur le pays et ses opinions. — Craintes de mon père. — Le cabriolet. — Comtesse. — Différentes voitures. — L'abbé de Pradt. — L'atelier de Xavier le Prince. — Le tombeau-cheminée. — Accident. — La maison où l'on m'accueille. — La maîtresse de cette maison. — Ce qu'elle raconte. — Pourquoi elle est aveugle. — Ses prophéties.

Ce temps de ma vie est celui dont j'ai gardé le moins de souvenirs ; je ne puis expliquer pourquoi. Je ne le vois guère qu'à travers un nuage. J'étais très jeune, très étourdie, très enfant ; je ne songeais qu'à m'amuser et je n'étais pas difficile en plaisirs. Un de ceux que je préférais était une partie de colin-maillard faite chaque soir avec la famille de M. Magnan, directeur des domaines de Versailles. Les joueurs étaient Jules et Eugénie Magnan, mon frère Ernest et deux jeunes personnes dont j'ai oublié le nom.

Lorsqu'il me fallait renoncer à cette enfantine partie pour aller dans le monde, c'était une privation. Jules et Eugénie avaient un esprit charmant et un excellent cœur. Je les ai souvent retrouvés depuis.

Je ne me rappelle guère, parmi les fêtes où j'ai assisté cette année-là, qu'une très belle soirée costumée à l'ambassade d'Angleterre. Parmi tous les déguisements, un seul m'est resté dans la mémoire, c'est celui d'une jeune miss d'une beauté splendide ; elle s'était *déshabillée* en Diane antique, exactement copiée ; son seul vêtement était une tunique de cachemire blanc par-dessus un maillot. Sa tunique était fendue de côté et laissait voir la jambe et la cuisse. La coiffure était celle de la statue, et, pour achever la ressemblance, elle conduisait en laisse un grand et beau lévrier blanc.

Rien n'était plus splendidement classique que cette image vivante de la déesse. La tête, d'une régularité parfaite, n'avait pas plus d'expression que le marbre. Les formes étaient celles d'une divinité grecque ; on n'y pouvait pas reprendre l'ombre d'une défectuosité. Elle se promena toute la nuit, faisant *exhibition*, répondant à peine à ceux qui lui parlaient, ne semblant pas s'apercevoir qu'elle était belle et qu'on l'admirait.

Il y eut aussi à Versailles un autre bal travesti chez le général Fuller, un Anglais dont la charmante femme était Française. Nous avions mis en action le roman de *Mathilde*, de Mme Cotin, encore en réputation. Les images coloriées, qu'on voyait partout, auraient suffi pour en perpétuer le succès. Mon mari était Malek-Adhel ; il en avait la noblesse et la beauté. Mathilde était Mlle de Nieuwerkerke, sœur aînée du comte Émilien de Nieuwerkerke.

Mlle de Nieuwerkerke était bien la Mathilde du poème : grande, svelte, blonde, pleine de grâce et de distinction ; sa physionomie mélancolique et rêveuse reflétait peut-être le pressentiment de sa fin prochaine. Elle mourut deux ou trois ans après, d'une affection de poitrine, je crois ; elle était venue de Paris pour représenter la chaste sœur de Richard, enveloppée de voiles blancs.

La famille de Nieuwerkerke est originaire de Hollande. Une belle, Mme de Nieuwerkerke, se fixa à Paris à la fin du règne de Louis XV et y fit la pluie et le beau temps. Le duc de Richelieu, vieux déjà, lui fit une cour assidue et inutile.

Un fait assez ignoré dans le public, c'est que M. de Nieuwerkerke est arrière-petit-fils de M. le duc d'Orléans, père d'Égalité. Sa grand'mère était fille naturelle de ce prince et d'une comédienne, Mlle Marquin. Elle avait deux frères, l'abbé de Saint-Phar et l'abbé de Saint-Albin ; ils furent tous reconnus, sinon légitimés ; Mme la comtesse de Nieuwerkerke et Mme la marquise de Gouy, sa sœur, sont deux petites-filles de M. le duc d'Orléans, c'est-à-dire nièces d'Égalité, et cousines germaines de Louis-Philippe.

Il y eut aussi à Versailles un bal dont on parla beaucoup ; il fut donné par les pages, à la grande écurie. C'est assurément un des plus beaux auxquels j'aie assisté : une variété d'uniformes de toute nature et de toute espèce, quantité de jolies femmes très parées, des fleurs et des diamants partout, un appartement royal, un orchestre délicieux, un souper exquis et magnifique, des rafraîchissements à profusion ; c'était complet.

Nous rencontrions souvent M. de Septeuil, un des beaux débris des guerres de l'Empire, que Mme de Baral, si belle et si parfaite, avait épousé en secondes noces. On donnait à la jambe de bois du comte une origine romanesque ; il aurait été blessé dans une bataille pour avoir trop aimé une princesse célèbre par ses charmes.

J'assistai à Paris, cet hiver-là, à une représentation

de l'*École des vieillards* ; c'était le grand succès du moment. L'interprétation était remarquable.

Mlle Mars, d'abord, était ravissante de grâce et de talent. Elle jouait ce rôle d'une façon si mutine, si piquante, et la fin d'une manière si dramatique, de bonne compagnie ! C'était Hortense elle-même, la jeune femme égarée, étourdie, mais honnête et pure. Elle nuançait chacune de ses scènes avec un art dont le secret est perdu.

Elle disait certains vers comme personne ne les dira :

> Je vous dis que vous m'épouvantez !

Il fallait entendre cette frayeur si naturelle, si parfaitement rendue, quand elle découvrait l'amour du duc et la trame ourdie pour la perdre.

Mlle Mars s'habillait avec un goût et une élégance sans pareille. Elle donnait la mode, on s'empressait de la copier. Elle avait dans cette pièce plusieurs toilettes merveilleuses, celle du bal entre autres fut répétée bien des fois par les femmes les plus haut placées. C'était une robe de tulle blanc, garnie de deux gros bouillonnés enrichis d'ornements de satin blanc et semée de pois de senteur de toutes les nuances.

Elle portait les célèbres diamants qui ont eu tant de péripéties.

Talma représentait son mari, Danville. Il abordait la comédie pour la première fois et il fut très discuté. Cependant, il eut pour lui la généralité du public.

Le duc d'Elmar, c'était Armand, le successeur de Fleury et de Molé, le dernier des jeunes premiers. Il avait les traditions de ses prédécesseurs, c'était l'homme du monde, l'homme de cour de la grande école ; il savait entrer, sortir, porter son chapeau, l'ôter et le mettre ; il savait saluer, ce qui est si difficile. Son talent se composait de distinction innée, de tendresse, de passion sans éclat, de finesse et de charme.

Après lui vint Firmin, qui le rappelait, mais qui ne

l'égalait pas. Après Firmin, Monjaud, puis une lacune, et puis Bressant que nous retrouverons quand il en sera temps.

Cette comédie de l'*École des vieillards* faisait courir tout Paris. Elle était fort bien versifiée, mais elle manquait son but ; elle fut résumée ainsi par un vieillard de beaucoup d'esprit, qui n'avait jamais voulu se marier :

— Si j'étais sûr d'avoir une femme comme celle-là, je l'épouserais demain. Danville s'en tire avec les honneurs de la guerre, il n'a senti que le vent de l'infidélité et c'est une chance sans seconde pour un vieux fou épousant une poulette. Il doit y avoir quelque part un sixième acte, que le poète ne nous a pas montré, où le duc prend sa revanche, soit en personne, soit par procuration.

Je crois que cet homme d'esprit avait raison.

Les modes étaient assez disgracieuses.

C'étaient toujours les robes plates, taillées en pointe, dessinant les formes, courtes, les tailles courtes aussi. La fourrure la plus prisée était le chinchilla, qu'on portait le matin et le soir ; les coiffures étaient assez élevées, pas autant qu'elles le furent plus tard. Les souliers avaient des cothurnes ; les bottines, que l'on appelait des brodequins, appartenaient aux petites pensionnaires.

On s'habillait avec un châle de cachemire, — le grand genre était des palatines en étole. Les chapeaux, très grands, s'arrondissaient en auréole ; on y ajoutait un voile qui s'ouvrait de côté, comme un rideau.

Les cheveux de devant étaient frisés en boucles crêpées qui cachaient les deux côtés du front ; on les relevait de côté avec de petits peignes.

La mode voulait sortir des errements du premier Empire, cherchait sa route. L'impulsion ne venait pas de si haut. Mme la duchesse d'Angoulême s'occupait peu de sa toilette, et subissait, sans y prendre garde, l'influence de sa dame d'atours.

Mme la duchesse de Berry sortait à peine de son grand deuil. Elle était encore d'une grande tristesse et n'avait pas, sur le monde, l'ascendant que son intelligence, son goût parfait lui donnèrent plus tard.

Cependant le pays était tranquille, heureux, prospère; on ne songeait qu'à s'amuser et l'on s'en acquittait en conscience. La politique n'occupait qu'un petit nombre de têtes rassises et sensées; la jeunesse n'y songeait guère, dans la société du moins.

Presque tout le monde était royaliste : les exaltés l'étaient plus que le roi, qui tournait au libéralisme. Il existait déjà ce qui s'appelait le *petit château* : une coterie dont Monsieur, depuis Charles X, était le centre et qui, sous son règne, devint une puissance, la crème des fidèles du faubourg, — et y être admis était un grand honneur.

J'avoue qu'à cette époque j'étais royaliste comme beaucoup de gens sont chrétiens; je croyais, j'aimais, mais je ne discutais pas, je ne pratiquais pas. Ma mère m'en faisait souvent le reproche : j'étais si bien établie dans la monarchie, ancienne et moderne, que l'idée d'un changement possible ne m'en venait même pas.

J'entendais ma mère dire à mon père dans ces années de prospérité et de paix :

— Grâce à Dieu, la Révolution est finie; nos enfants ne verront pas ce que nous avons vu, ne souffriront pas ce que nous avons souffert...

Mon père secouait la tête en signe de doute; telle était pourtant l'opinion des royalistes consciencieux.

Je prenais la chose au pied de la lettre, sans croire aux prévisions de mon père, que son grand âge et tout ce qu'il avait vu rendaient un peu prophète. Son sens était si droit et si juste ! Il me racontait sans cesse la Révolution, le siège de Lyon, où il était aide de camp de M. de Précy, et il ajoutait, en songeant à la mort du roi et à celle de la reine :

— La France n'a pas encore expié de pareils crimes ; il faut qu'elle souffre bien longtemps pour cela, et je ne suis pas de l'avis de ta mère : la Révolution n'est pas encore finie.

Je me sauvais en sautant d'un pied sur l'autre et je n'ajoutais pas foi à ses paroles; je me les suis rappelées depuis bien souvent.

Hélas ! je le quittai à Versailles, bien peu de mois après, ce vieillard vénérable, ce juste, suivant le cœur de Dieu, ce père adoré et je ne le revis plus....

Il nous arriva une chose assez étrange, à mon mari et à moi, dans le mois de mai 1824, qui se rapporte un peu aux prophéties de mon père. Je ne puis m'empêcher de la noter.

Nous avions un fort joli cabriolet, la voiture des jeunes ménages, à cette époque où les coupés d'aujourd'hui s'appelaient des *demi-fortune* et étaient dévolus aux vieilles gens ou aux bourgeois. L'élégance n'admettait que la voiture à deux chevaux, le cabriolet, le tilbury; pour les hommes, le phaéton et le boguey.

Nous faisions nos voyages de Paris à Versailles avec cette légère voiture et une belle jument anglaise appelée *Comtesse*, qui servait aussi comme cheval d'escadron et qui venait de faire sans aucune fatigue la guerre d'Espagne. Nous allions très vite et l'équipage tout entier remisait chez la grand'mère, rue d'Hauteville.

Il me revient à l'idée que je rencontrai un matin, dans la cour, examinant un cheval avec des airs de connaisseur, un homme que je n'avais pas vu depuis bien des années, l'aumônier du Dieu de Mars, l'abbé de Pradt. Il ne me reconnut pas, bien entendu, mais quand je me nommai, il devint charmant : je lui rappelais le temps de sa puissance, à lui exilé, et déchu maintenant.

2.

Il avait eu, depuis, l'archevêché de Malines, ce qui ne l'a pas empêché de mourir obscur et oublié.

Il y avait aussi au fond de notre cour un jardin et ensuite un pavillon, habité par une famille de peintres : Xavier Le Prince, son père et les siens. Ils avaient un atelier de jeunes femmes où nous allions quelquefois, ma cousine et moi, passer quelques heures.

Je reviens à l'histoire commencée.

On voyait alors sur la route de Versailles un petit monument, ressemblant beaucoup par la couleur et la forme à une cheminée sortant d'un toit ; on le voyait surgir de la route, au haut d'un talus, et chaque passant se demandait ce que ce pouvait être.

C'était tout bonnement un original, un mécréant, sans doute, ayant eu la fantaisie de se faire enterrer debout dans sa vigne. Il s'était fait construire un étui carré en brique ; à sa mort on n'eut qu'à l'y introduire, dans l'attitude qu'il avait choisie, d'après ce que l'on nous a raconté, ainsi qu'à bien d'autres.

Un jour, nous avions un dîner agréable, et nous désirions arriver de bonne heure à Versailles, pour me donner le temps de me reposer et de faire ma toilette sans être trop pressée. Nous allions donc vite ; la jument s'effraya de je ne sais quoi sur la route, fit un écart, se jeta sur une charrette qui passait, brisa la roue ou du moins l'offensa de manière à ce que nous ne puissions pas continuer notre chemin sans une réparation ; nous versâmes presque, j'eus un peu peur, surtout de la boue, — il y en avait un océan! Mon mari laissa le cabriolet et le cheval un instant à son domestique, puis il me prit dans ses bras, monta le talus, trouva un sentier qui tournait autour de l'enclos de l'original et de sa tombe, aperçut une petite maison et se dirigea de ce côté.

Nous y arrivâmes promptement.

Dans cette maison, composée de deux pièces au rez-de-chaussée, étaient deux femmes, une vieille et une jeune, un chien galeux, un gros chat, je ne sais combien d'oiseaux, dont une pie et un sansonnet qui couraient par la chambre sans s'épouvanter de rien.

C'était un intérieur étrange, moitié bourgeois, moitié paysan. Il n'était ni riche ni misérable, rien n'y manquait et rien n'y était de trop. On entrait par une cuisine bien fournie d'ustensiles, dans une salle où l'on recevait, où l'on mangeait, où l'on dormait. Le soleil arrivait en pleins rayons par les fenêtres, ouvrant au midi sur le jardin ; c'était très gai.

Mon mari expliqua notre accident, demanda l'hospitalité pour moi et s'informa où il pourrait trouver un charron dans le pays. La jeune femme répondit à ces questions, puis elle m'introduisit dans le salon où sa mère était assise près de la cheminée, tricotant un bas.

C'était une femme de soixante-dix ans à peu près, dont les cheveux étaient crêpés et poudrés et surmontés d'un bonnet monté, garni de rubans violets. Elle avait ce qu'on appelle une bonne figure, fraîche et rose, de belles dents et des lèvres vermeilles, ses yeux étaient ouverts et fixes. Elle portait une robe grise à l'ancienne mode, et avait des mitaines noires et un fichu montant.

Sa fille lui expliqua ce qui m'arrivait; elle me sourit et me pria de m'asseoir, puis elle m'offrit de l'eau sucrée, un bouillon, ce que je préférerais : je n'acceptai rien.

— Excusez-moi, madame, me dit-elle, je n'ai pas été au-devant de vous parce que je suis aveugle.

— Aveugle ! m'écriai-je.

— Oui, madame, depuis la mort de la reine, le 16 octobre 1793.

La bonne femme ne demandait qu'à causer, je le compris bientôt. Je n'avais rien de mieux à faire que de l'écouter. Elle me raconta qu'elle était fille de garde-robe de Marie-Antoinette, qu'elle avait pour elle un amour et un dévouement sans pareils. Elle était couchée dans un de ses cabinets le matin du 5 octobre, lorsque le peuple envahit le château ; ce fut elle qui la première donna l'éveil et ouvrit la porte de l'escalier dérobé qui conduisit la reine chez le roi. Elle lui sauva donc la vie ce jour-là.

Ensuite elle la suivit à Paris, et voulut s'enfermer au Temple avec la famille royale ; on lui en refusa la permission. Elle alla se loger aux environs, et fut de toutes les intrigues pour la délivrance des prisonniers ; rien ne peut rendre son désespoir lorsque toutes échouèrent.

Elle avait toujours eu les yeux délicats et pleura tant, qu'après le supplice de sa maîtresse sa vue s'éteignit tout à fait.

Son frère était un des valets de pied de la reine. Ils n'avaient pas grand chose pour vivre ; depuis la Restauration, le frère avait une bonne place au château de Versailles ; quant à elle, elle s'était adressée à Mme la duchesse d'Angoulême : la princesse lui avait fait acheter cette petite maison et lui faisait 1,200 francs de rente pour y vivre. Elle avait encore quelques petites douceurs de la liste civile, pour son bois, son vin et son éclairage. Elle se trouvait heureuse plus que les millionnaires, près de cette route de Versailles qui lui rappelait tant de souvenirs. Son frère venait souvent la voir ; ils causaient de l'ancien temps, de leurs maîtres, et il ne leur en fallait pas plus.

J'avais religieusement écouté, et mon hôtesse m'en sut gré.

Je lui témoignai la pitié que je ressentais pour son infirmité.

— Pourquoi donc? me répondit-elle, avec un sourire plein de mansuétude, je vois en dedans, je me souviens, et puis mes doigts remplacent mes yeux.

— Comment donc ?

— De ces deux vues combinées, il résulte que je devine ce que les autres ne savent pas. Ainsi j'ai grand'peur pour l'avenir des princes ; mon frère se moque de moi, et moi je suis sûre de ce que je dis : Madame Royale mourra en exil.

— C'est impossible !

— Cela sera, madame. Aucun, excepté le roi qui n'en a pas pour longtemps, aucun ne reposera dans son pays.

— Quoi ! m'écriai-je, et M. le duc de Bordeaux ?

— Ah ! pour celui-là, c'est une étrange destinée, le dernier de sa race....

— Après ? demandai-je toute tremblante.

— Après, je ne vois pas.

Il y eut un moment de silence.

— Madame, dit la fille, permettez à ma mère de toucher votre visage, vous serez étonnée de ce qu'elle vous dira.

Je m'approchai, la vieille promena ses doigts sur mes traits, sur mes cheveux, sur mes mains, puis elle me débita des choses inouïes, me dépeignit mon caractère comme si elle m'avait connue, en détailla les suites, malheureusement trop réalisées, et sans me désigner d'événements précis, entrevit mon avenir.

J'en restai stupéfaite, puis je me mis à rire : je ne me connaissais pas moi-même et je ne la croyais point. Depuis j'ai tout reconnu vrai. Son langage était celui d'une bourgeoise d'autrefois. Elle avait conservé des locutions de cour et parlait encore comme dans sa jeunesse.

— Puisque vous aimez la reine, madame, me dit-elle, au moment où mon mari venait me chercher, allez au château de Versailles et faites-vous raconter le 5 octobre par mon frère : vous verrez !...

CHAPITRE IV

Versailles. — Napoléon Ier. — Sainte-Hélène. — Les Invalides.
— Louis XIV. — Venise. — Idée d'une fête à Versailles. —
Le garçon bleu. — Son récit. — Louis XVI. — Marie-Antoinette. — Le balcon. — Le roi. — La reine seule. — Mme Elisabeth. — Pas d'enfants. — La fille des Césars. — Vive le
roi ! — L'effet du courage en France. — Mme la duchesse de
Berry. — Le peuple d'alors. — Mme la duchesse d'Orléans.
— Différence. — Les deux légitimités. — Celle de Louis-
Philippe. — M. le comte de Chambord. — Le droit divin. —
— La souveraineté du peuple. — Un *prétendant*. — Les Bonaparte. — M. le comte de Paris. — *Han d'Islande*. — Ordener. — Les *Méditations*. — Millevoye. — *Cinq-Mars*. —
Ourika. — Martin. — Les pièces de Scribe. — Mme Théodore.
— Gonthier. — Perlet. — Léontine Fay.

Je n'aurais eu garde d'oublier sa recommandation ;
à mon premier moment de liberté, j'allai au château,
où je visitai, pour la dixième fois, les appartements
royaux, alors bien différents de ce qu'ils sont aujourd'hui.

C'était un désert, une désolation ; il n'y restait que
les murailles, sans un tableau, sans un meuble. Je
l'aimais mieux ainsi.

Versailles est une ruine, c'est le tombeau de la
monarchie : une royauté de quatorze siècles mérite
bien un pareil mausolée. Il fallait laisser cette galerie
aux fantômes qui s'y promènent ; nul d'ailleurs n'est

de taille à les remplir ; ces tableaux, ces souvenirs y sont bien placés. Sans doute, l'idée de les transformer en musée de nos gloires est ingénieuse, mais elle n'est pas poétique.

Il en est de même, à mon sens, des cendres de Napoléon Ier.

Que cet homme était grand sur son rocher! que cette tombe creusée au milieu de l'Océan avait de majesté et de puissance! Les navires la saluaient en passant; cette île Sainte-Hélène, isolée, perdue dans le sein des flots, semblait marquée de toute éternité pour la sépulture de cet homme immense : il la remplissait tout entière.

Il y avait une pensée remplie de regrets, de mélancolie et de splendeur dans ces deux mots :

Napoléon! — Sainte-Hélène!

Napoléon, le vainqueur des rois et des peuples! Napoléon, qui tint en ses mains les destinées du monde, Napoléon, qui sema ses soldats sur toutes les voies triomphales, Napoléon, dont le nom deviendra une légende, car les siècles à venir refuseront d'y croire, Napoléon est venu mourir là, abandonné, malheureux, trahi par le sort et par ceux qu'il aimait; l'aigle a placé son aire sur une cime inaccessible et il succombe! Respect à sa dépouille.

A Sainte-Hélène, Napoléon était plus imposant mille fois qu'aux Tuileries sur son trône; c'était le seul dénouement de cette épopée sans précédent parmi les hommes, car les plus grands noms légués par l'histoire n'en approchent pas. Alexandre, César, Charlemagne sont nés sous la pourpre, et le hasard avait fait pour eux la moitié du chemin; lui, il est parti d'en bas et il est arrivé au sommet, seul! ou du moins porté par la main de la Providence.

Eh bien! ce tombeau aux Invalides, c'est la dépréciation de ce génie. Il est si près des autres, il occupe une place qu'un autre occuperait aussi bien. Il n'est plus *seul* ainsi qu'il l'a été toute sa vie ; il rentre dans la classe de tous les souverains, à qui l'on accorde les honneurs d'un caveau royal. Là-bas, les deux saules et la simple pierre, la vallée désolée, le firmament pour coupole, les étoiles pour flambeaux, c'était sauvage, saisissant, horrible, mais c'était grand, c'était unique ici-bas !

Il en est de même de Versailles. Louis XIV y a laissé des traces ineffaçables, ses successeurs disparaissent devant lui, c'est toujours lui qu'on y voit ; ses magnificences et les horribles scènes du commencement de la Révolution sont les deux points culminants de ce palais, désormais sans but. Qui pourrait l'habiter, si ce n'est les morts !

Nos habits modernes sont aussi disparates, aussi mal placés dans le château que dans le parc ; c'est comme à Venise, il n'y faudrait que des costumes du temps.

Si j'avais l'honneur d'être impératrice des Français, je voudrais me donner le plaisir sans pareil de ressusciter Versailles pour quelques heures ; je voudrais, par une belle nuit du mois de juin, illuminer ces bosquets, faire jouer ces eaux, remplir ces allées et ces salons de toute ma cour, habillée comme l'était celle du roi Soleil ; je recommencerais les plaisirs de l'Ile enchantée, en donnant aux nobles acteurs les noms que portaient les dames et les courtisans d'alors.

Ce serait là un spectacle à nul autre pareil, ce serait un vrai conte de fées, une solennité qui ne s'oublierait jamais, et dont le cadre serait digne du tableau. Cela se verra peut-être quelque jour. — J'en doute.

Je ne manquai pas de demander le *garçon bleu* indiqué par la prophétesse, et je me fis conduire par lui dans ma visite, uniquement pour lui entendre raconter les légendes qui sont, hélas ! de l'histoire. Il me montra la chambre de la reine, l'escalier qu'elle descendit pour aller chez le roi, tout ce qu'il appelait *ses reliques*, enfin.

Lorsque nous fûmes auprès de la fenêtre du milieu, donnant sur la cour d'honneur, il s'arrêta près du balcon. Ce vieux visage avait une expression de respect et de douleur qui me frappa.

— Que s'est-il donc passé ici? lui demandai-je.

— Ici, madame! j'étais à la place où me voilà le jour que je ne puis oublier, le jour où le château fut abandonné par le roi et la reine, où la populace les emmena de force à Paris; j'ai vu cette dernière scène et je ne l'oublierai jamais.

— Qu'était-ce donc?

— Le roi était dans cette salle, entouré de tous ses conseillers et serviteurs; la reine et ses enfants y étaient aussi. La foule hurlait en bas, entassée aussi loin que la vue pouvait s'étendre; même dans les avenues, il n'y avait que des têtes; on demandait :

— Le roi! la reine!

On hésitait s'il devait paraître, on craignait quelque coup de fusil; enfin, il se prononça et dit qu'il le voulait. La reine lui prit la main et jeta sur lui un regard dont le souvenir seul me tire des larmes des yeux; cependant elle ne s'y opposa point. Madame Elisabeth lui dit de sa voix angélique :

— Allez, mon frère, Dieu veille sur vous.

Les enfants se jetaient après leur père et pleuraient. Louis XVI les embrassa et les repoussa doucement; les portes s'ouvrirent, il parut sur le balcon.

On cria beaucoup et beaucoup de choses; cependant les cris de *Vive le roi!* dominèrent; puis, quelques voix ayant demandé la reine, ce cri l'emporta sur tous les autres, ce fut une immense clameur. Elle n'eut pas une minute d'hésitation et elle parut tout de suite à côté de son époux.

— La reine seule! dirent ces trente mille voix.

Le roi restait malgré cela; la reine le repoussa en arrière avec un geste plein de grâce et un sourire d'une tristesse tendre. Monsieur le Dauphin et Madame Royale étaient tout près; ils s'élancèrent vers leur mère, dont le premier mouvement fut de les repousser aussi. Ils s'élancèrent de nouveau après elle et lui prirent les mains.

— Point d'enfants! point d'enfants! hurlèrent ces énergumènes.

Marie-Antoinette se retourna et entraîna les jeunes princes avec elle. Le roi, tous ceux qui l'entouraient, s'empressèrent auprès de la reine et la supplièrent de ne pas s'exposer ainsi. Evidemment le danger était horrible, on en voulait à sa vie. Elle était particulièrement l'objet de la haine des révolutionnaires; on connaissait son énergie, son parti pris de résistance, on voulait s'en défaire assurément.

— C'est mon devoir, répondit-elle, une reine de France ne doit pas avoir peur de son peuple.

Elle embrassa le roi, elle embrassa ses enfants, fit à la ronde un signe d'adieu d'une ineffable bonté; nous pleurions tous et nous croyions bien qu'elle allait à la mort : elle n'en doutait pas.

Je la voyais de cette fenêtre où j'étais retiré, attendant ses ordres. Je ne saurais vous dire, madame, combien elle était belle, quelle fierté, quelle majesté, quelle grandeur il y avait dans son port et dans sa physionomie!

Elle parut seule sur le balcon.

Comment vous peindre ce moment? Il se fit un silence profond devant cette fille des Césars, qui venait seule offrir sa poitrine aux balles de ses ennemis. Elle jeta sur cette immense assemblée un coup d'œil si ferme, si doux en même temps, un coup d'œil si éloigné de la supplication, mais si plein de la certitude de son droit, de son innocence, que tous les cœurs en furent émus, et du milieu de ce silence, si menaçant d'abord, s'éleva un cri, un seul, prononcé par toutes les bouches, comme si une voix unique l'eût poussé :

— *Vive la reine!*

Marie-Antoinette, si émue qu'elle eût eu peine à prononcer une parole, salua cette multitude qui l'acclamait; ce salut était bien celui d'une souveraine recevant l'hommage qui lui était dû, il était aussi celui d'une femme heureuse de la justice qu'on lui rendait et fière d'avoir, par son aspect seulement, dominé ceux qui la honnissaient.

Hélas! ce fut pour la dernière fois; ce cri ne fut pas répété.

Quand la reine entra là, où vous êtes, madame, elle était pâle mais ne tremblait pas. Le roi lui tendit les deux mains. Elle les prit; en ce moment, il n'était plus question d'étiquette.

— Vous voyez bien, sire, dit-elle, que j'ai bien fait! les Français applaudissent toujours le courage.

Je ne répète pas les expressions du vieux valet de pied, mais ce sont ses idées, ses observations, c'est surtout strictement le récit qu'il me fit. Il doit être mort depuis longtemps; les habitants de Versailles, à cette époque, doivent se le rappeler, ceux du moins qui étudiaient volontiers l'histoire dans ce château de nos rois.

La dernière phrase prononcée par la reine est parfaitement juste.

Il est certain qu'en 1830, si Charles X avait écouté Madame, s'il lui eût permis de venir, comme elle le voulait, à Paris, seule avec son fils et son écuyer, Henri V serait à l'heure qu'il est roi de France. Une femme et un enfant se confiant aux Parisiens, arrivant sans défense au milieu d'eux, n'avaient absolument rien à craindre.

Alors surtout!

Cette dernière tentative eût très probablement réussi.

La nation n'était pas ce qu'elle est aujourd'hui; c'était le temps des exaltations, des dévouements, des générosités. On croyait, on ne comptait pas. L'égoïsme et l'amour de l'argent n'avaient pas envahi les cœurs. Nous avons fait depuis des progrès rapides en ce sens, car, en 1848, quand Madame la duchesse d'Orléans se présenta, elle et les jeunes princes échouèrent; il fallut les faire évader pour qu'on ne les tuât pas.

Les dix-huit ans de corruption avaient passé sur nos têtes.

La prétendante n'était pas la même, il est vrai.

Madame la duchesse d'Orléans et Monsieur le comte de Paris n'avaient aucuns droits à la couronne : ils ne sont pas logiques en la demandant.

Il n'existe que deux légitimités :

Celle que l'on tient de la naissance et qui se perpétue de génération en génération, et celle que l'on tient de la volonté du pays.

Louis-Philippe n'avait pas été acclamé par le pays, il avait reçu son mandat de trois cent vingt et un membres d'une Chambre élue pour toute autre mission que celle de faire un roi. On appelle cela la voix du peuple, je l'accepte; mais si le peuple a donné, il peut reprendre. Mécontent de celui qu'il avait élu, il l'a chassé. Son petit-fils n'a rien à réclamer désormais. Le peuple n'a plus voulu de la famille d'Orléans, la famille d'Orléans n'a plus de titres à faire valoir, puisque le seul qu'elle pourrait invoquer est une élection cassée par les électeurs mêmes.

La Révolution de 1830 a été la chute d'une dynastie. Charles X et sa famille ont été escortés jusqu'à Cherbourg par leur garde, par leurs partisans; leur départ a eu une respectueuse solennité, même au milieu des passions déchaînées; on leur a rendu tous les honneurs, on a eu pour eux tous les égards dus à leur malheur et à leur grande race.

La Révolution de 1830 a été la chute d'un homme et voilà tout.

Je ne fais pas de la politique; au moins, je fais du bon sens et de la logique

Revenons à 1824.

En littérature, plusieurs grands succès occupaient les esprits.

Han d'Islande, de Victor Hugo, qui nous fit toutes trembler et qui m'empêcha de dormir pendant deux ou trois semaines. Comme on se passionnait pour les héros! Nous étions toutes folles d'Ordener. On me pria d'être marraine d'un jeune cousin. Je voulais l'appeler Ordener. Il mourut à quinze jours, sans cela je l'affublais de ce nom qui, aujourd'hui, lui paraîtrait bien ridicule.

M. de Lamartine publiait ses *Méditations*. Il est assurément coupable d'une bonne moitié de nos folies: toutes les femmes voulaient être des Elvire; ses vers nous ont fait attraper bien des rhumes, en regardant la lune au bord des lacs ou sous les grands arbres, par des nuits fraîches et limpides.

La poésie avait une grande puissance sur nos organisations nerveuses. Je me rappelle avoir souvent marché dans les bois, au milieu des feuilles mortes, en les chassant devant moi, et en répétant avec componction, le nez tout rouge, les doigts gelés par un froid de chien:

> De la dépouille de nos bois
> L'automne avait jonché la terre.

Nous avons tous pleuré Millevoye avec cette élégie.

Cinq-Mars, d'Alfred de Vigny, avec ses élégances, nous occupait différemment; il faisait vibrer une autre corde et nous dévorions ce livre, ces belles amours.

Et puis, Mme de Duras, avec *Ourika,* ce succès des salons, que les salons nous imposèrent; car, en ce temps encore, les salons étaient une puissance. C'était l'œuvre d'une grande dame, on l'acclama.

J'ai entendu, cette année-là, Martin, un de ces chanteurs qu'on ne remplace pas, une de ces voix exceptionnelles qui ne se retrouvent que de loin en loin

Je me le rappelle dans *le Chaperon rouge*, dans *les Voitures versées*, dans *le Nouveau Seigneur*, dans *la Fête du village voisin* et bien d'autres. Il jouait à merveille la comédie et il chantait comme personne.

Je n'ai pas connu Elleviou, à mon grand regret.

Au Gymnase, on jouait toutes les pièces de Scribe, ces charmants bijoux en un acte: *L'Héritière, Michel et Christine,* la *Maîtresse au logis*, que sais-je? Mme Théodore était là à sa vraie place ; elle était délicieuse. Et Gonthier! lui non plus, n'a eu de successeur ; et Perlet! C'étaient là des comédiens!...

Léontine Fay jouait ses petites pièces d'enfant ; elle était à croquer, grondant sa poupée qui ne voulait pas épouser M. Polichinelle.

Mon Dieu! que cela est loin...

CHAPITRE V

Départ de Versailles. — Les régiments de ce temps-là. — Deux petites villes pour une. — Les propos. — Comment ils s'arrangent. — Sujets favoris de la conversation des militaires. — Appointements ridicules. — Les jalousies. — Les deux camps. — Le café des officiers. — Les lauriers et les belles. — Renseignements. — Le colonel. — Les chefs d'escadrons. — Deux capitaines. — Le major. — Les *dames du régiment*. — A l'*afantache!* — La pendule au galop. — La ville déserte. — M. et Mme Emile Deschamps. — La place Ducale. — Les Mazarin. — La Loire. — La fonderie. — Gouvigny. — Infy. — Fourchambault. — Une histoire de chien enragé. — Une aventure incomplète. — Le brigadier et Pandore.

La fin de mars arriva ; c'était le moment de rejoindre le régiment. M. de Saint-Mars, alors au 8° dragons, tenait garnison à Nevers. J'allais commencer cette vie étrange, qui n'est pas sans charmes pour la jeunesse, si une position de fortune indépendante permet de se donner certaines aisances et de voyager agréablement.

C'était alors très différent d'aujourd'hui.

Les régiments de cavalerie surtout étaient composés de jeunes gens bien nés et bien élevés. On avait ainsi double société, celle du régiment et celle de la ville. Pour être juste, il faut ajouter qu'on avait aussi doubles propos. Le régiment était, disait-on, une fâmille; on n'y manquait pas aux procédés des parents rivaux, on s'y déchirait à dire d'experts, les réputations s'y mettaient en pièces; il fallait une grande vertu, une grande adresse ou un grand bonheur pour en réchapper.

Tout était su, répété, commenté; pas une démarche, même la plus innocente, n'échappait à l'investigation. Certains officiers, certaines femmes étaient renommés en ce genre et ils auraient rendu des points à la police. Nulle part on ne faisait autant d'histoires que dans les régiments.

Elles se construisaient soit au café, soit au coin du feu de certains ménages oisifs, ravis de s'occuper des autres pour s'occuper de quelque chose. On avait rencontré Mᵐᵉ ***, elle était fort élégante, ou bien elle avait un habit de muraille, suivant les besoins du récit; elle allait dans telle rue; qui demeure par là?

Personne, cela devient embarrassant.

Du tout. Un autre a aperçu, quelques pas plus loin, M. Untel; la lumière se fait, il s'agit d'un rendez-vous. Tout aussitôt une foule de circonstances, inconnues jusque-là, se réveillent. Ils se sont parlé au bal, il va chez elle fréquemment, il est l'ami du mari, plus de doute! C'est son amant.

— Mais, dit un autre plus raisonnable, vous vous trompez; il est l'ami du mari, c'est vrai, il ne va jamais chez la femme, il ne l'engage pas à danser.

— C'est pour mieux cacher leur jeu, j'en suis sûr. Ils se rencontrent en secret, vous le voyez bien, elle est si adroite!

— Vous croyez?

— Je n'en doute pas.

Personne ne dit mot, le fait devient avéré, il se répète de bouche en bouche et puis, lorsqu'il a fait le tour des *dames du régiment* du quartier, des tables d'officiers, il pénètre dans la ville, c'est un fait acquis. Il se peut qu'il soit vrai quelquefois; le plus souvent il est faux, ce qui ne l'empêche pas d'être accepté.

Voilà comment on écrit l'histoire, même sous les drapeaux.

Le sujet de conversation favori pour les militaires, c'est leur métier et tout ce qui s'y rattache ; quand on vit avec eux, à l'habitude, ou l'on finit par s'y intéresser ou l'on en est ennuyé à mourir.

Ils ne songent qu'à cela : la théorie, l'annuaire, l'avancement à l'ordre du jour, les manœuvres, les commentaires sur leurs camarades et sur leurs chefs surtout. Ils ne se racontent guère leurs campagnes entre eux, ils ne pourraient pas beaucoup mentir, et le grand plaisir de raconter ses campagnes, c'est d'en inventer une bonne partie.

Tous ceux qui ont ce travers sont généralement moqués par les autres, qui ne leur passent pas les amplifications. Ce sont les vieux, ceux qu'on appelle les *culottes de peau* ; ils se réunissent tous pour ces odyssées et finissent par parler tous à la fois, en fumant leurs pipes et sans trop savoir ce qu'ils disent.

L'annuaire est le livre favori de nos guerriers ; ils le feuillettent sans cesse, afin de savoir ce que sont devenus leurs camarades et leurs oracles. La question d'avancement est pour eux le principal ; l'esprit de rivalité agit là, comme ailleurs, plus qu'ailleurs peut-être, car enfin la vie est un jeu, on risque sa peau pour un bout de ruban, pour une épaulette, on est bien aise de savoir combien on a de chances.

A l'époque dont je parle, les enjeux étaient bien moindres, on ne payait presque pas les officiers. Un sous-lieutenant de cavalerie avait quinze cents francs ; avec cela, il fallait s'entretenir, s'équiper, avoir un cheval, payer une ordonnance ; il fallait que la tenue fût convenable et que le défenseur de la patrie occupât dignement son rang, sans cela réprimandes des chefs. Il n'était pas permis d'avoir l'air, selon l'expression troupière, d'un *sale pâtissier*.

J'ai vu des ménages vivre sur cette bagatelle et, quand la femme sortait au bras de son mari, elle avait un châle, une robe, un chapeau convenables; je ne sais comment ils s'y prenaient.

Les jalousies entre femmes, entre *femmes du même grade* surtout, étaient terribles. Celles qui avaient un train de maison étaient enviées et souvent décriées par les autres; elles avaient besoin d'une grande dose d'amabilité pour se faire pardonner leur aisance et leurs succès, et Dieu sait comment on les arrangeait pour peu qu'elles y prêtassent.

Les régiments alors étaient presque toujours partagés en deux camps : les jeunes gens riches ou de famille, et les parvenus et les pauvres. Ces deux camps avaient entre eux tous les rapports de politesse et d'égards, mais ils ne s'aimaient pas : c'était l'éternelle question de l'aristocratie et de la démocratie; seulement, à cette époque, on ne se servait pas de ces deux mots-là.

Le service n'était pénible qu'à certains moments et lorsqu'on était de semaine; l'hiver par exemple, excepté quelques inspections ou quelques répétitions de théorie, on n'avait pas grand'chose à faire; aussi les aristocrates allaient dans le monde, tandis que les démocrates passaient leur vie au café. Le *Café des officiers* leur appartenait presque en propre, il était rare qu'un étranger osât y pénétrer; chaque grade avait le sien. Au changement de garnison, les limonadiers intriguaient pour conserver la clientèle; il était exceptionnel qu'ils ne l'obtinssent pas.

Les amours occupaient beaucoup ces messieurs, cela se conçoit. Les maisons ouvertes aux militaires étaient connues d'avance; on savait où s'adresser, on se faisait donner des lettres de recommandation. J'ai entendu dire — je ne l'ai pas vu — que lorsque deux régiments se rencontraient en route et changeaient de résidence, ils se donnaient mutuellement tous les renseignements possibles à cet égard et s'indiquaient paternellement les moyens de réussir. C'est pousser bien loin l'esprit de corps.

Voilà donc les traits généraux de cette existence vagabonde et très aimée de presque tous ceux qui la connaissent; les détails se trouveront dans le reste du récit.

Le colonel du 8ᵉ dragons était alors le baron de Saint-Geniès, un bon et excellent homme, dont la femme était charmante; elle ne le suivait pas et restait à Paris.

Le comte de Saint-Pair était un des chefs d'escadron; Mᵐᵉ de Saint-Pair l'accompagnait; ils étaient tous les deux de très bonne compagnie.

Nous avions aussi le capitaine Gagnon, depuis général de division. Nous le voyions souvent avec grand plaisir; il avait de l'esprit, du cœur et d'excellentes manières.

Je ne me rappelle guère que ceux-là et M. de Maisonneuve qui, par la suite, a épousé la fille d'un ami de ma famille, Mˡˡᵉ de Vanieville.

J'allais laisser de côté le major Nypels, et c'eût été un oubli impardonnable. Je l'ai retrouvé, bien des années après, à Bruxelles, aide de camp du roi Léopold et fort influent par son mérite et par sa position.

Parmi *les dames du régiment* — je les voyais peu — il y en avait de bien drôles, une entre autres, Alsacienne de naissance, qui faisait des révérences de menuet sur chaque marche de l'escalier en reconduisant, lorsqu'on allait lui faire une visite, et qui répétait en même temps :

— A l'*afantache!* madame, à l'*afantache!*

A une autre, à qui je ne savais que dire un jour que j'étais chez elle, je fis une observation sur sa pendule dont le balancier courait la poste et m'eût donné des étourdissements.

— Je l'aime mieux ainsi, me répondit cette sentimentale beauté de cinquante ans ; il me semble que les heures passent plus vite; je les trouve toujours trop longues en l'absence de mon mari.

Elle levait les yeux au ciel et elle aimait les phrases; elle citait surtout beaucoup Mᵐᵉ de Sévigné, qu'elle accommodait à sa façon. J'allais quelquefois passer des heures avec elle, pour assister à ses *poses* et pour en rire à mon aise; elle ne s'en doutait pas.

La jeunesse est moqueuse, c'est un vilain défaut.

Nous ne vîmes personne à Nevers; c'était l'été, la ville était déserte, le préfet ne recevait pas; j'ai oublié son nom. Nous rencontrâmes pourtant un très aimable ménage, qui s'appelait M. et Mᵐᵉ Deschamps, sans avoir rien de commun avec le cher et gracieux poète.

Ce ménage habitait un fort bel hôtel, avec un immense jardin et une terrasse dominant la place du quartier; on m'a dit que c'était aujourd'hui la préfecture.

Nevers était, dans ce temps-là, une très laide ville, — il paraît qu'elle s'est embellie. Il y avait toujours la place Ducale, où est l'ancien château des ducs de Nevers, qui vit autrefois tant d'élégance, d'esprit et de splendeur. On y a logé, je crois, le tribunal. Ce palais est tout plein de souvenirs d'autrefois : là, le duc de Nevers, Mancini, neveu de Mazarin, tint une cour très galante; là, ses sœurs, les duchesses de Mazarin et de Bouillon, la célèbre comtesse de Soissons, vinrent se réfugier dans leurs moments de détresse et mirent toute la province en révolution; on n'y parlait que d'elles.

C'était bien un autre temps, même pour les villes d'un second ordre; on y pensait bien moins aux affaires et bien plus aux plaisirs.

La Loire est très belle à Nevers, mais ce ne sont pas les paysages de la Touraine, il s'en faut de beaucoup. Les bords du fleuve sont secs et arides; il se peut qu'ils soient transformés, tout change si vite maintenant, et il y a si longtemps de cela!

Il y a à Nevers une belle fonderie de canons et une autre, je crois, à Gouvigny, ou bien c'est une fabrique de plaques de cuivre pour doubler les navires. Je ne suis pas sûre de mon fait. Ce dont je suis certaine, c'est que cet établissement dépendait de l'État et que des officiers d'artillerie et du génie en faisaient très gracieusement les honneurs.

Gouvigny était situé dans un site délicieux, tout ombragé, avec des eaux limpides et courantes. On y voudrait goûter le repos complet, il semble qu'on le trouverait sous ces grands arbres ; le bruit incessant des marteaux rappelle désagréablement aux choses de la vie.

Nous visitâmes également Infy et Fourchambault, deux magnifiques usines sur le bord de la Loire. Tout cela a pris une extension immense, on y a bâti des villes, et l'on ne voit plus ces grandes plages désolées et sablonneuses qui donnaient à la rivière un faux air africain.

On me présenta, pendant mon séjour à Nevers, le héros d'un événement ancien déjà ; c'était un gentilhomme des environs ; cet événement prouve combien l'imagination est puissante dans certaines maladies et combien aussi la force morale peut dominer le danger.

La chienne favorite de ce monsieur devint tout à coup fort triste, se cacha dans tous les bahuts, refusa toute nourriture et grogna contre ceux qui cherchèrent à s'approcher d'elle. Son maître était absent ; il revint au bout de quelques jours, on lui fit part de cette nouvelle et il assura qu'il ferait obéir sa bête rien qu'en se présentant.

Elle était cachée dans la cuisine, derrière la *maie* où l'on enserrait le pain ; il l'appela, elle ne bougea pas, elle qui accourait si vite au son de sa voix et qui avait pour lui une affection si tendre. Il essaya de la toucher, elle se recula et montra les dents ; il prit un fouet et la frappa, elle recula davantage.

Impatienté, il s'accroupit et la tira par la patte; la chienne le mordit jusqu'au sang et, prenant sa course, se précipita dans la basse-cour. C'était le soir, à l'heure où les bestiaux rentraient; elle mordit un chien, des moutons, des bœufs, deux garçons de ferme et fit enfin un carnage épouvantable.

On courut après elle en s'écriant qu'elle était enragée, on l'accula dans l'avenue et on la tua. Huit jours après, les deux hommes, le chien, les autres bêtes étaient enragés. Il fallut tuer les animaux; les hommes moururent dans des supplices atroces. Quant au maître, il ne ressentit rien et se refusa à tous les soins, à toutes les précautions, et quand je le vis, plus de vingt ans s'étaient écoulés sans qu'il eût éprouvé la moindre chose. Il en plaisantait lui-même, il menaçait, en jouant, les gens de les mordre; plusieurs s'en effrayaient et mon hôtesse me disait :

— Il n'est pas d'une société sûre.

Elle ne croyait pas faire un mot, la pauvre femme!

Il arriva une autre aventure qui fit beaucoup parler et dont le dénouement m'est encore inconnu aujourd'hui.

Je demeurais dans une petite *case* ressemblant beaucoup à un bâton de perroquet. Elle attenait à un mauvais arc de triomphe, figurant la porte de la ville, au commencement de la grande rue marchande. En face, de l'autre côté d'une vaste place, où les dragons faisaient leurs classes de manœuvres, était un hôtel assez important; à gauche était le quartier; à droite, la maison de M. Émile Deschamps. La grande route de Paris passait au pied de la terrasse, à côté de l'auberge et sous l'arc de triomphe.

Cette explication des lieux était nécessaire à ce qui va suivre.

Un matin, j'étais près de ma fenêtre, je vis une voiture de poste descendre très vite la côte en face, tourner la place et s'arrêter devant l'hôtel.

Les gens de la maison accoururent, la portière s'ouvrit brusquement, un homme entre deux âges se jeta à bas et interrogea l'hôte, très disposé à satisfaire un voyageur en berline attelée de quatre chevaux.

Je voyais sans entendre; le dialogue me sembla très animé et j'aperçus dans la voiture une femme qui se penchait en avant pour écouter. Apparemment, les renseignements les satisfirent, car le maître cria très haut au postillon :

— Nous restons ici.

Puis la berline entra sous le porche, la dame descendit à son tour, je la vis monter l'escalier; on remisa la voiture, le postillon et les chevaux partirent. Tout fut dit; je n'y pensais plus.

Il était alors à peu près dix heures du matin.

Vers les trois heures de l'après-midi, une autre chaise de poste descendit aussi vite que la première la côte de la grande route; comme la première, elle s'arrêta à l'hôtel. Aussitôt une fenêtre s'ouvrit avec précaution, mais personne ne se montra; en même temps, deux jeunes gens descendirent de ce second véhicule, sans attendre qu'on leur baissât le marchepied. L'un était très petit et très svelte; ils portaient tous les deux des redingotes de voyage et des casquettes. J'entendis très distinctement le plus grand dire au garçon de l'hôtel :

— Vite à déjeuner, pendant qu'on change les chevaux; nous n'avons pas un instant à perdre.

En province on est oisif, on devient curieux malgré soi. Je regardais machinalement cette voiture qui, certes, n'avait rien d'extraordinaire, lorsque je vis sortir de la maison deux gendarmes, embusqués dans la salle à manger; les nouveaux venus les trouvèrent sur le seuil au moment où ils se présentèrent; ils reculèrent, comme des gens surpris et effrayés.

Les rares passants attroupés déjà en foule autour de la chaise se rapprochèrent; ce début était affriolant, il promettait, comme dit Don Quichotte, une grande aventure.

Je vais vous raconter maintenant ce que j'ai appris, car je ne vis plus grand'chose que des allées et venues ; le drame se passa à l'intérieur du logis.

Les gendarmes demandèrent fort poliment aux voyageurs leurs passeports.

Le plus grand tira le sien de sa poche. Le brigadier l'examina attentivement, le trouva sans doute en règle, car pour toute réponse il réclama celui de son compagnon.

— C'est mon domestique, et vous voyez qu'il est porté là.

Le gendarme secoua la tête d'un air incrédule et répliqua que cela ne pouvait être, que cela ne suffisait pas et qu'ils ne pouvaient continuer leur route, à moins de présenter des papiers plus en règle.

— Vous, monsieur, vous êtes libre de partir, mais ce jeune homme restera sous notre surveillance jusqu'à ce qu'il ait justifié de son identité.

Ce fut comme un coup de foudre ; le voyageur se récria, fit beaucoup de bruit, menaça de s'adresser au préfet, au commissaire : les gendarmes restèrent impassibles. Il échappa au brigadier, qui pouvait bien être celui de Pandore, un mot qui éclaira la situation :

— Nous ne pouvons, monsieur, nous avons des ordres spéciaux.

— Ah! s'écria le jeune homme, on nous attendait donc?...

Son compagnon, alors, se retourna, cherchant une issue pour s'échapper ; Pandore, sur un signe de son chef, le saisit par le bras et le força de revenir.

Ils étaient encore dans le vestibule et les curieux, dont le nombre augmentait, vu la présence de la force armée, entendaient et voyaient tout. Ils pénétrèrent dans la salle à manger, déserte à cette heure ; le brigadier et Pandore les y suivirent.

— Monsieur, dit le chef, soumettez-vous de bonne

grâce, partez et laissez ici madame, nous savons à qui la remettre.

La jeune femme poussa un grand cri en se jetant dans les bras de son prétendu maître :

— Jamais ! jamais !

Les gendarmes sont de profonds observateurs ; ils connaissent l'espèce humaine mieux que les moralistes.

— Diable ! fit le brigadier, ce ne sera pas facile, il y aura du tirage.

— Brigadier, répondit Pandore, vous avez raison.

Les voyageurs se consultaient à voix basse ; au bout d'un instant, ils se mirent d'accord, apparemment, car la belle Hélène s'approcha du brigadier.

— Laissez-nous passer, dit-elle d'une voix tremblante, il y a vingt mille francs dans ce portefeuille, ils sont à vous.

Le soldat eut un geste de dignité offensée qu'aucun comédien n'atteindra.

— Par exemple ! s'écria-t-il, pour qui me prenez-vous ?

Rien de si honnête qu'un gendarme et de si majestueux dans les grandes occasions.

La dame se recula effrayée, en joignant les mains ; elle craignait d'avoir gâté sa cause en la plaidant par un mauvais moyen.

— Vous resterez ici, vous dis-je ; si vous résistez, on vous posera les menottes et on vous conduira en prison.

La malheureuse se laissa tomber sur un siège et fondit en larmes.

Le gendarme n'aime pas à voir pleurer, cela le taquine et, pour ne pas se laisser attendrir, il devient plus sévère.

— Il ne s'agit pas de pleurer, mais d'obéir. Allons, monsieur, déjeunez vite et allez-vous-en.

— Je ne m'en irai pas, je ne quitterai pas mon compagnon.

— Ah! c'est ainsi ; il faut donc faire jouer les grandes marionnettes, on y va.

Au moment où il allait ouvrir la porte, elle fut poussée et le voyageur de la première berline parut.

CHAPITRE VI

Suite de l'histoire. — Toujours les gendarmes. — Refus du prisonnier. — Catastrophe. — Départ. — Incertitude. — Mort de Louis XVIII. — Le deuil. — Nous allons à Moulins. — La ville. — Le nouveau régiment. — Le colonel. — Sa femme. — Les châteaux. — Avrilly. — La comtesse des Roys. — Mme Hoche. — La comtesse douairière. — Mme du Château. — La comtesse de Blot. — Mlle du Château. — Comtesse de Montigny. — La famille de Montigny et ma belle-mère. — La Brûlerie. — La queue coupée. — La Révolution. — Les prisons. — Essai de la guillotine. — Bressolles. — La châtelaine. — La vie de Moulins. — Le préfet. — M. et Mme de Chavigny. — L'intendant du Bourbonnais. — La partie de reversis. — Le bègue. — Les rieuses. — Monsieur l'intendant, allez vous faire... — Le pâtissier de Vendôme et l'arbre généalogique.

Les gendarmes ont raconté l'histoire à leur façon, car ils furent témoins de tout; on en tira ce que l'on put. Il paraît que l'entrée du monsieur produisit un effet « foudroyant », c'est le mot. La femme en homme se cacha le visage dans ses mains, le jeune homme resta debout, la tête baissée, les bras pendants, comme un coupable. Il n'y eut pas une parole d'échangée; le mari ou le père, je ne sais et ne le saurai jamais, s'approcha de la désolée et, dans le même silence, prit son bras, l'emmena sans qu'elle fît d'autre résistance qu'une inertie complète; il fut obligé de la traîner, elle se laissa faire comme un paquet sans force et que son poids arrête seul.

Il ne regarda pas l'autre, ne lui fit pas le moindre reproche ; il agit en homme qui reprend son bien où il le retrouve, qui ne semble pas supposer qu'on songe à lui disputer ses droits. On ne lui disputa rien, en effet ; il sortit comme il était venu, traînant cette espèce de cadavre après lui ; la porte se referma.

Le brigadier ne perdit pas la tête ; à peine fut-il seul avec Pandore et celui qu'on lui avait recommandé de surveiller :

— Voici le moment, monsieur, partez vite, heureux d'en être quitte pour si peu. Vous trouverez un excellent dîner à Saint-Pierre-le-Moustier, à mi-chemin de Moulins. Ne vous arrêtez pas.

Pour toute réponse, le jeune homme ouvrit la porte et cria d'une voix de stentor :

— Garçon, une chambre, qu'on remise ma voiture !

L'affaire se compliquait, le brigadier se grattait l'oreille, il ne savait plus qu'imaginer ; son prisonnier ne voulait pas l'être, ou plutôt il voulait l'être plus qu'il ne l'eût souhaité : il lui offrait la clé des champs et l'autre ne la prenait pas. Il réfléchit un instant, puis il donna l'ordre à son subordonné de ne pas perdre de vue le *sujet* et s'en alla reprendre des instructions nouvelles.

Son absence fut assez longue ; son capitaine fit intervenir le commissaire et le préfet, on tint conseil et il en résulta une visite du capitaine au voyageur. Que se dirent-ils ? On ne le sait pas, mais après une demi-heure de cet entretien, le susdit voyageur remonta en voiture et reprit le même chemin qu'il venait de parcourir.

Pourquoi ? je l'ignore : je n'invente pas, je raconte.

Dans la nuit, on fit lever une domestique de l'hôtel pour aller chercher le meilleur médecin de la ville ; la jeune femme était au plus mal. Ici l'obscurité redouble, les gendarmes n'étaient plus là pour éclairer l'opinion publique. Quelle était cette maladie? C'est un mystère. Ce qu'il y a de sûr, c'est que le lendemain, vers dix heures, le monsieur la descendit lui-même jusqu'à la berline entrée sous le porche, au bas de l'escalier; elle était enveloppée d'un manteau qui lui cachait même le visage. On la coucha sur le coussin du fond; la dame et lui se placèrent sur le devant et le postillon reçut l'ordre de s'en aller du côté de Moulins. Je les ai vus passer sous mes croisées sans en être plus instruite.

Les suppositions ne manquèrent pas : on prétendit que la jeune femme s'était donné un coup de poignard; d'autres assuraient qu'elle avait été étouffée par un coup de sang; nul n'était entré dans la chambre que le médecin, bien payé, apparemment; il resta muet. L'opinion la plus générale, dans tous les cas, fut que l'infortunée n'existait plus et qu'on n'avait emporté qu'un cadavre.

Enfin, quels étaient ces gens? d'où venaient-ils? pourquoi ne retournaient-ils pas sur leurs pas? où allaient-ils? Je ne l'ai pas appris et, si quelqu'un le sait, le secret en fut bien gardé jusqu'à mon départ. Il y a de quoi faire un mélodrame, d'autant plus qu'on est libre de tout inventer.

Quant à moi, je crus et je crois encore que la dame était mariée et que le vieux monsieur était son seigneur et maître. S'il eût été son père, elle eût essayé de l'attendrir. L'impossibilité seule a pu amener cette séparation résignée et ce désespoir ensuite.

D'un autre côté, cet époux s'est montré bien patient avec le séducteur de sa femme.

Je jette ma langue aux chiens et je n'en sais pas plus.

Louis XVIII mourut au mois de septembre; toute la France prit le deuil. J'entends, par toute la France, les gens du monde des diverses opinions. On n'aurait pas osé se présenter autrement qu'en grand deuil de père, et très sévère, pour les premiers temps. On portait sept mois le deuil de nos rois, suivant l'étiquette.

Les régiments le prirent aussi, on mit un crêpe au drapeau.

C'était donc une saison où l'on ne pensait guère à s'amuser ; cela ne fit pas de tort aux marchands et cela ne contraria pas la jeunesse.

Un mois après que nous eûmes appris cette nouvelle, mon mari changea de régiment : il s'en alla au 2ᵉ dragons, en garnison à Moulins, ce qui ne nous fit pas un grand déplacement; je fus ravie de troquer une ville contre une autre. Moulins passait pour la plus agréable garnison de France, et je crois que cela était vrai, — du moins, nulle part, je ne me suis autant amusée.

Rien que l'aspect du pays vous donne de la gaîté. Il y a du mouvement, de l'animation, les maisons sont bien bâties, les boulevards bien plantés, les rues propres. Et puis les habitants étaient hospitaliers, ils aimaient à rire et ne songeaient qu'au plaisir.

Ce nouveau régiment était bien plus brillant que l'autre. Le corps d'officiers avait beaucoup de jeunes gens riches ; le colonel, le comte de Châteaubodeau, était un homme de bonnes manières, très froid, mais bien élevé ; sa femme, Mlle de Guerchy, était belle et bonne, peu spirituelle, mais on ne le lui demandait pas : ses beaux yeux, son sourire lui tenaient lieu d'esprit. Ils sont morts jeunes l'un et l'autre, et elle très malheureuse, d'un second mariage qu'elle avait contracté. La fin de sa vie fut un roman, et je ne l'aurais jamais imaginé, car c'était bien la femme du monde la moins romanesque, en ce temps-là. Toute à ses devoirs, à ses enfants, elle aimait le monde, mais cet amour ne passait qu'après ceux de son cœur.

La sotte langue que la nôtre, puisqu'il faut se servir

des mêmes termes pour exprimer le goût pour la danse et le sentiment naturel!

Cette ville de Moulins n'était organisée que pour s'amuser. On se voyait du matin au soir; chaque jour, il y avait ou un dîner, ou un bal, ou une matinée, et cela l'été comme l'hiver. L'été, on était moins nombreux, mais les salons ne se fermaient pas pour cela.

Les châteaux des environs étaient peuplés de Parisiens du haut monde qui se trouvaient là dans leur centre.

Deux surtout avaient la corde sur les autres : Avrilly et Bressolles.

Avrilly appartenait à la comtesse des Roys, la fille du général Hoche. La veuve du héros ne quittait pas son unique enfant. C'était une belle vieille femme, très digne, très intelligente, très intéressante à écouter; elle est morte fort âgée, il y a quelques années seulement.

La comtesse des Roys avait un port de reine, une taille superbe, elle en imposait beaucoup, malgré son gracieux accueil. C'était une personne distinguée sous tous les rapports. Elle passait les hivers à Paris et ne venait à sa terre que l'été. Avrilly était un vieux château à tourelles, assez laid, la vue était médiocre, le pays plat. Les appartements de réception étaient beaux, j'y ai vu des bals magnifiques; il n'y avait guère qu'une lieue de Moulins au château, et par la route royale de Paris.

Mme des Roys avait encore sa belle-mère, la comtesse douairière des Roys, seconde femme de son père. C'était une adorable vieille comme on n'en voit plus. Née de Chauvigny de Blot, elle était nièce de la fameuse comtesse de ce nom, une des dames de Mme la duchesse d'Orléans, femme déjà citée, dont les *Mémoires* de cette époque parlent tant.

Elle avait un portrait de cette vaporeuse beauté : je n'ai jamais rien vu de plus joli.

Mme des Roys racontait des histoires qui me faisaient tenir des heures tranquille à l'écouter. Il est très vrai que Mme de Blot ne mangeait pas; elle trouvait cela grossier et ne vivait en apparence que de fruits, de lait et de blancs de volailles, qu'elle suçait en les tenant du bout des doigts. Elle s'en vengeait en secret sur quelques côtelettes; elle s'enfermait dans sa chambre et les faisait cuire *elle-même*, ce qui n'était pas une petite entreprise pour une dame de cette espèce-là.

Elle était fantasque et bizarre; sa toquade était d'être mince, elle s'étouffait, mais sa taille se fût littéralement prise entre dix doigts. Elle est morte jeune encore; on croit que cette folie l'y a aidée.

Mme des Roys avait près d'elle une jeune et charmante nièce, Mlle de Perdrouville, aujourd'hui Mme de Chazel. Elle avait aussi en visite une autre parente, Mme de la Tour-d'Auvergne, si bonne et si gracieuse, que je n'ai pu l'oublier. Près d'elle, dans la rue de Paris, où elle habitait un de ces hôtels qui ont vu Mme de Sévigné et la duchesse de Montmorency, demeurait une autre cousine, Mme du Château, comme elle demoiselle de Chauvigny. Ces deux dames se complétaient l'une par l'autre; je ne sache pas de conversation plus charmante que la leur.

Mme du Château était restée chanoinesse jusqu'à la Révolution; quand la tourmente eut abattu son chapitre, elle se maria; elle avait près de quarante ans, ce qui ne l'empêcha pas de mettre au monde une fille spirituelle que j'ai beaucoup aimée; elle a épousé le comte de Montigny, à propos duquel il me vient une histoire que je ne veux pas perdre.

La famille de Montigny habitait la Bourgogne au moment du Consulat. Ma belle-mère y avait une terre; ils étaient voisins de campagne et se voyaient assez fréquemment, bien qu'ils n'eussent ni les mêmes habitudes ni les mêmes idées.

Les Montigny étaient restés en toutes choses partisans de l'ancien régime. Ils n'allaient pas à Paris et ne voyaient pas le monde de cette époque. Mme de Saint-Mars, au contraire, était une des lionnes du temps, sa beauté et celle de son mari étaient célèbres; en se mariant, ils n'avaient pas trente-cinq ans à eux deux. Ils habitaient leur terre de la Brûlerie pendant quelques mois d'été.

M. et Mme de Montigny avaient plusieurs enfants; ils les conduisaient en habits à paniers, l'épée au côté, les cheveux en ailes de pigeon, plus une queue. La mode avait changé et, dès lors, on les regardait comme des caricatures, les pauvres petits n'osaient pas bouger.

L'un d'eux, Auguste, le même qui a épousé Mlle du Château, avait une jolie figure; ma belle-mère s'impatienta de le voir ainsi fagoté; elle l'attira dans sa chambre, sous prétexte de lui donner des bonbons, et là, s'enfermant avec lui et son beau-père, elle lui demanda si tout cet attirail ne lui déplaisait pas, s'il n'aimerait pas à jouer à son aise, sans avoir une brette en vermeil et une bourse sur le dos. Il répondit que c'était son seul désir, mais que ses parents ne voulaient pas.

— Attendez, vous allez voir... ils le voudront, soyez en sûr.

Elle lui ôta son habit, son épée, et, prenant les grands ciseaux de sa femme de chambre, elle abattit la queue et les ailes de pigeon d'un seul coup, lui jeta sur la tête deux ou trois jaunes d'œufs, fit tomber la poudre, et, en une demi-heure, lui improvisa une tête digne du meilleur perruquier de Paris. Puis elle l'habilla d'un costume de son fils aîné et, le poussant devant elle, elle le présenta à ses parents ébahis; ils eurent peine à le reconnaître. L'enfant avait grand'-peur d'être grondé; ils avaient tous de si drôles de figures que les étourdis éclatèrent de rire et en eurent pour bien longtemps avant de se remettre.

A dater de ce jour, la révolution se fit dans la garde-robe du jeune Montigny comme elle s'était déjà faite dans la monarchie française.

Revenons à Mme des Roys et à Mme du Château.

Ces dames avaient été en prison ensemble pendant la Terreur, je ne sais plus si c'est aux Carmes ou ailleurs. Je sais seulement qu'elles m'en ont raconté d'étranges choses.

Ce qui occupait le plus la majorité des prisonniers, ce n'était pas la mort, c'était l'amour. Leurs imaginations et leurs cœurs surexcités enfantaient des passions inouïes. Ils aimaient avec une ardeur, un dévouement dont nous ne nous faisons pas idée. Ils manquaient de tout, ils avaient à peine de quoi se vêtir, leurs habits étaient en lambeaux, et souvent on leur refusait une aiguille pour les coudre.

Cela ne les empêchait pas de faire des visites et de se réunir, de jouer et de rire. Ils récitaient des vers et représentaient des scènes. On improvisait des toilettes incroyables pour les grandes occasions, toutes les industries de la coquetterie des femmes s'exerçaient à qui mieux mieux. Les jalousies, les intrigues allaient leur train, les plus jolies avaient leur cour, les vieilles et les laides s'en vengeaient en les dépréciant.

Leur insouciance pour le sort qui les attendait ne peut se rendre. Ils savaient qu'un jour ou l'autre l'échafaud les attendait, ils s'y résignaient comme les moutons qu'on mène à la boucherie.

Un jour, je ne sais qui dit qu'il était bien désagréable de se donner en spectacle aux misérables qui les égorgeaient et de prêter à rire à la populace.

— Je suis sûr, ajouta-t-on, qu'on doit faire une laide grimace et que si l'on cherchait dans le panier du bourreau, on trouverait que nous sommes horribles...

— Il faudrait remédier à cela.

— Comment faire ?

— Exerçons-nous à mourir avec grâce, la leçon ne sera pas perdue, nous n'en pouvons douter; répétons tous les jours la pièce, jusqu'à celui où nous la jouerons en réalité.

L'idée fut trouvée sublime ; on simula l'échafaud par la table à manger, un escabeau à deux étages représenta l'escalier, une ou deux chaises tinrent lieu de la fatale machine, les prisonniers se rangèrent à l'entour comme au spectacle, et chacun monta l'un après l'autre pour s'essayer.

Tous les jours le geôlier arrivait avec ses listes ; il faisait l'appel, on savait d'avance que c'était la mort. Un étranger ne l'eût jamais soupçonné.

Quand un nom était prononcé, celui qui le portait embrassait ses amis à la hâte, donnait ses commissions pour ceux qui n'étaient pas présents, et le dernier adieu était souvent une plaisanterie. Pas une plainte, pas une faiblesse, on eût juré qu'ils partaient pour un voyage de plaisir.

Si, au lieu de cette insouciance et de cette résignation, ils avaient employé leur courage à défendre la monarchie et leur intelligence à diriger les réformes nécessaires, la Révolution n'aurait pas eu lieu.

Mme des Roys et Mme du Château, très jeunes encore, eurent le bonheur d'échapper à la guillotine, la mort de Robespierre les délivra comme les autres, comme toute la France. Elles aimaient à se rappeler ce temps épouvantable et à raconter les détails de leur emprisonnement, comme on aime à raconter les naufrages dont on est revenu.

Bressolles était tout à fait un autre genre, moins grandiose, moins magnifique, mais plus gai. Le château, situé à mi-côte sur la route de Clermont, avait une belle vue; il dominait l'Allier et la ville. C'était un assez grand bâtiment moderne auquel on ne pouvait reprocher que l'horrible couleur abricot dont on l'avait badigeonné.

La châtelaine était une rose, son joli visage frais et

4.

blanc, ses yeux de turquoise et ses cheveux d'un blond cendré, un nez retroussé comme celui de Roxelane, et sa grâce et sa gentillesse en faisaient une des personnes les plus charmantes que j'aie connues. M. de Bressolles est mort bien des années après l'époque dont je parle ; sa femme s'est remariée avec M. de Larifaudière.

On dansait souvent à Bressolles, on y faisait des dîners, des déjeuners sans cérémonie.

La baronne ne passait pas tous les hivers à Moulins, elle revenait à Paris, où monsieur son père avait une belle place et un logement à la Monnaie.

La vie à Moulins, je viens de le dire, était toute au plaisir. On commençait sitôt après le déjeuner à faire des visites. Quelques dames restaient chez elles et les autres s'y rendaient ainsi que les hommes inoccupés. On avait pour ainsi dire *des soirées de jour*. On jouait, on causait, on bavardait un peu du prochain, mais pas méchamment. On se passait beaucoup de choses mutuellement, on était trop occupé de soi-même pour songer aux autres.

On se souciait peu de politique, toutes les opinions se confondaient, on ne savait guère quelle était celle de chacun. On n'en parlait pas. Le son d'un piano ou l'espérance d'une partie quelconque ralliait tout le monde. L'aristocratie oubliait sa morgue et la bourgeoisie ses habitudes envieuses. Je ne crois pas qu'il y eût en France une autre ville sur ce modèle. Tout ce qui pouvait, par sa naissance, son industrie ou sa fortune, être admis dans la bonne compagnie, se réunissait.

Ce n'était pas là Poitiers, et sa vieille noblesse inflexible.

Aussi la position du préfet était-elle bien meilleure et plus facile à tenir. Pourvu qu'on leur envoyât un homme bien élevé, dont la maison pût devenir agréable, les Bourbonnichons étaient contents. Ils y couraient sans distinction de castes ou de tendances.

Le préfet de mon temps était tout ce qu'il leur fallait ; il était de plus fort intelligent, ce qui ne gâte rien ; aussi remplissait-il sa place à merveille. On l'adorait et il se trouvait si bien au Bourbonnais, qu'il y est resté en quittant la préfecture. Il avait pour femme un ange, Mlle Esmangard ; l'esprit, l'instruction, la vertu aimable, la bonté, elle avait tout pour elle. Sans être jolie, elle plaisait par la sérénité de sa physionomie, ses beaux yeux avaient une expression ravissante et sa voix achevait la séduction.

Elle s'appelait Mathilde ; j'ai donné ce nom à ma chère nièce et filleule en souvenir d'elle.

L'hôtel de la préfecture, sur le cours, était superbe ; l'ancienne intendance y était établie et ceci me rappelle une histoire assez drôle de Mme du Château.

Au moment de la Révolution, l'intendant du Bourbonnais était un homme riche, spirituel, aimant le plaisir et d'une humeur très joviale. Les officiers qui passaient à Moulins pour affaires de service devaient faire viser leurs papiers chez lui, et lorsqu'ils lui paraissaient gens de bonne compagnie surtout, il ne manquait pas de les engager à dîner.

Un capitaine de remonte, gentilhomme, arrive un matin, présente sa feuille de route. L'intendant le reçoit, et après avoir terminé les cérémonies voulues, il lance son invitation ; elle est acceptée, bien entendu ; le voyageur n'avait pas prononcé deux mots : le magistrat le crut timide et ne s'en occupa plus.

Il arriva à l'heure dite, la compagnie était assez nombreuse ; il s'y trouvait plusieurs jeunes femmes. La comtesse de Montigny était du nombre ; elles étaient très rieuses et très libres à l'intendance, où il n'y avait pas de femme pour faire les honneurs.

Le capitaine se tint à l'écart jusqu'au dîner où on le plaça à côté de l'une de ces dames. Elle entama la conversation et s'aperçut, au bout d'un instant, que le pauvre homme était horriblement bègue. La maligne pièce s'arrangea pour faire attirer sur lui l'attention générale ; il avait toute la peine du monde à répondre, et elle lui adressait toujours des questions qui exigeaient de longs discours. C'était un supplice.

Après le dîner, on se mit au jeu ; l'officier eut l'honneur de faire la partie de M. l'intendant, de sa voisine et d'une autre dame. Sans s'être donné le mot, ils placèrent le malheureux sur la sellette et les interrogations pleuvaient comme grêle, non seulement sur ce qui concernait le jeu, mais encore sur mille autres sujets. Le pauvre homme ne savait auquel entendre. Plus on le poussait, plus il bégayait, plus il devenait impossible, rouge comme un coq d'inde. Il ne pouvait plus finir un mot. Pour l'achever, l'Intendant imagina de l'interroger sur sa position et de le presser fort sur les dates et les détails. Cela dura bien un quart d'heure.

Les femmes riaient aux larmes. Le patient enrageait. Le maître du logis seul conservait son sang-froid. Enfin, à une dernière demande plus désagréable que les autres, le malheureux rougit davantage à croire qu'il allait avoir un coup de sang. Il jeta ses cartes sur la table et, poussé à bout :

— Monsieur l'in... l'in... tendant, allez vous... ous...ous faire f..... et ces dames aussi !

Il se leva prestement et fut hors du salon avant que les autres, qui n'en riaient que de plus belle, eussent pu reprendre leur sang-froid.

Le compliment était peu poli, mais il était bien mérité.

Nous voyions souvent à la préfecture le colonel de Tschudy et sa fille, jolie personne dont la belle voix faisait nos délices.

Au sujet de ces Tschudy, qui appartiennent à une grande famille suisse, il me revient un assez curieux souvenir. Il existe à Vendôme un pâtissier, un excellent pâtissier, ma foi, meilleur que beaucoup des meilleurs de Paris. Ce pâtissier porte le nom de

Tschudy ; il appartient légitimement à cette maison, et il vous montre, quand vous êtes dans ses bonnes grâces, un arbre généalogique, tapissant tout un panneau de son entresol.

Cet arbre contient la souche de toutes les alliances des Tschudy ; c'est fort brillant, ce qui n'empêche pas leur descendant de faire des brioches et des « Lauzun ».

Sic transit gloria mundi !

CHAPITRE VII

Le comte Roger de Rigny. — L'amiral son frère. — Le général le troisième. — La marquise de Beaucaire. — Le dîner. — La partie d'écarté. — Trois jours et trois nuits. — Le Carême et les toques à plumes. — L'Anglais. — Le vicomte et la vicomtesse de Conny. — La *Victoire* et la *Défaite*. — Le piquet et le *tressel*. — Facilité de mœurs. — Indulgence. — Petit speech. — Histoire de Lise. — Un beau jeune homme pris pour un voleur. — Le mari. — L'échelle. — La *Dame blanche*. — *Robin des bois*. — Le sacre. — Rentrée du roi à Paris. — Enthousiasme. — Bals des ministères. — De l'Hôtel de Ville. — Beauté de Paris et de la cour. — Les habits brodés. — La fin. — Les quêtes à Moulins. — La toilette. — Les compagnes. — Les chevaliers. — Vingt-cinq louis. — Une journée de représentations.

Il y avait donc, à Moulins, très bonne et très élégante compagnie. Une des maisons les plus recherchées était celle du receveur général, le comte Roger de Rigny, neveu de l'abbé Louis, marié à Mlle Lafitte, cousine du célèbre banquier. M. de Rigny était plein d'esprit, un peu quinteux, un peu grincheux, par suite d'une maladie de nerfs, mais il était bien drôle, quand il le voulait. On recevait beaucoup chez eux. Sa jeune femme était gracieuse et distinguée.

L'amiral, celui qui fut depuis ministre, et qui a épousé Mlle Honoré, vint passer deux mois chez son frère. Je le vis beaucoup. Il était charmant de manières, bon et aimable pour les femmes à la façon des hommes de l'ancien régime. Il partait alors pour la Chine, et me demanda ce qu'il pourrait m'envoyer en souvenir d'un pays lointain. On plaisanta là-dessus ; je refusai de rien désigner et je soutins qu'il ne s'en souviendrait plus.

Sept ou huit mois après, je reçus une caisse de Pekao, cette liqueur exquise de thé que les Chinois excellent à distiller.

Le troisième, frère de ces messieurs, était le général de Rigny, mari d'une délicieuse Espagnole ; il a suivi une belle carrière militaire, il a commandé brillamment en Afrique où il eut quelques démêlés avec son général en chef. Il en eut beaucoup de chagrin et se retira de bonne heure.

Je retrouvai là la marquise de Beaucaire, dont le père était M. Le Borgne, ancien émigré ; ma mère lui avait sauvé la vie sous la Révolution, en le faisant évader. Il s'en souvenait, et je fus reçue dans cette maison d'une façon qui me toucha. On me donna un grand dîner, très remarquable par ses suites.

Il vint beaucoup de monde le soir, on se mit au jeu ; c'était en Carême. Je commençai cette partie d'écarté, en qualité d'héroïne du jour, moi qui ne jouais jamais que dix sols tout au plus. Il n'y en a pas souvent de pareilles.

Elle dura trois jours et trois nuits sans interruption. C'était ainsi qu'on jouait à Moulins, et ce n'est pas une petite singularité. La table était flanquée de quatre grosses dames âgées, que je ne nommerai pas. Elles portaient des turbans ou des chapeaux retroussés, suivant la mode de l'époque, Je les vois d'ici, c'était un bataillon formidable... Elles ne quittaient pas la place, tant que les maîtres du logis voulaient les garder. Un de leurs partenaires favoris était un Anglais, dont j'ai oublié le nom. Il perdait presque toujours et d'assez fortes sommes, avec une noblesse et une désinvolture inouïes.

Cette fameuse partie, restée célèbre dans les fastes du pays, n'a sa semblable que dans les maisons de jeu. Il s'y perdit et s'y gagna beaucoup d'argent. On renouvelait les bougies à mesure qu'elles s'usaient, et l'on n'ouvrait pas les volets, même pendant la journée; il semblait que le soleil ne devait pas voir cela.

Ces dames allaient aux offices, je vous l'ai dit, c'était le Carême, en chapeaux à plumes et en robes de satin. Elles retournaient ensuite prendre leurs places. On apportait à manger aux joueurs; ils ne se dérangeaient pas; une partie allait dormir quelques heures; les autres entretenaient le feu sacré. L'Anglais disparut fort peu de temps; il était infatigable.

Ce salon fut pendant la durée de ce jour le lieu de réunion de la société; tout le monde y alla voir; je n'y manquai pas, et je ne pouvais revenir de l'honneur que j'avais eu en commençant cet écarté sans fin. Ce souvenir m'est resté présent. Les salons de Baden me l'ont seuls rappelé.

Nous voyions, à Moulins, le vicomte et la vicomtesse de Conny. La vicomtesse avait un délicieux visage qu'elle gâtait en prenant du tabac comme un Suisse. Le mari était le célèbre député de la Restauration, dont les opinions n'ont jamais varié. C'est rare.

Je me rappelle également deux sœurs, dont l'une était grasse et l'autre était maigre. La grasse se nommait Victoire. On avait fait un jeu de mots spirituel sur elles; on les appelait: la *Victoire* et la *Défaite*.

On jouait beaucoup, non seulement l'écarté, mais le piquet à quatre, et un ancien jeu appelé le *tressel;* on était trois à une table en triangle. On voit cela dans des tableaux du dix-huitième siècle; je n'en ai rencontré en réalité que là.

On avait gardé beaucoup de choses de ce dix-huitième siècle à Moulins, entre autres la facilité des mœurs; personne ne s'inquiétait de la conduite des autres; ces dames avaient des soupirants reconnus et acceptés, comme les sigisbées en Italie. On les voyait toujours ensemble, nul ne pensait à mal. On les engageait en même temps, les parties étaient désignées; on ne se serait pas permis de les changer. On n'en concevait pas même l'idée. Les plus honnêtes personnes se soumettaient à cet usage établi pour les autres et ne le blâmaient pas.

Nulle part, il n'y avait moins de tripots et de *cancans*; l'indulgence était universelle, on avait trop à faire pour soi-même; on ne songeait nullement à ses voisins. Le ton était exquis, pas du tout provincial; on avait d'autant plus d'esprit, que la méchanceté était inoffensive. Je voudrais bien rappeler deux ou trois histoires assez drôles, j'ai peur d'être accusée de ne pas faire comme les Bourbonnichonnes, et de répéter des propos. Ce que je raconte, je ne l'ai pas vu, c'est encore plus ancien que moi; cela touche une génération éteinte avant celle que j'ai connue, et je ne sais plus moi-même le nom des héroïnes.

D'ailleurs, elles avaient tant de cœur, tant d'esprit, elles étaient si jolies, si bonnes, si miséricordieuses! Qui pouvait leur reprocher quelques faiblesses de cœur, à ces belles grandes dames que nos révolutions ont fait disparaître? Aujourd'hui, leurs arrière-petites-filles sont de sages et pieuses femmes, elles n'ont gardé de leurs aïeules que ce qu'elles avaient de charmant, et tous, nous pouvons leur appliquer les paroles du Christ à Madeleine:

« Il leur sera beaucoup pardonné parce qu'elles ont beaucoup aimé. »

Donc, une de ces aimables créatures avait un mari assez grotesque, bien que très spirituel; il était fort civilisé à l'endroit de sa femme, suivant l'usage du temps, mais il affichait de croire beaucoup en sa vertu surhumaine. Dès qu'un homme s'occupait d'elle, et cela arrivait souvent, il prenait un air sentimental sous sa perruque et disait avec componction :

— Encore une victime que ma Lise va faire !

Quoi qu'il en fût, les victimes n'en mouraient pas, et ne se plaignaient guère. Lise coquetait fort, elle coquetait peut-être plus qu'elle n'était coupable. Les apparences étaient contre elle, et c'est souvent trop. Heureusement, dans cette bonne petite ville, à cette époque-là, on avait des trésors de mansuétude et l'on se contentait de rire un peu aux dépens du mari.

S'il faut en croire les observations des gens éclairés, il riait bien aux dépens des autres.

Parmi les adorateurs de sa femme, se trouvait un brillant jeune homme, dont la position politique n'était pas absolument claire. On ne peut guère douter qu'il fût distingué parmi ses rivaux, et qu'il obtînt au moins une préférence d'esprit. Lise aimait les hommes spirituels, elle l'était beaucoup elle-même. Le ménage habitait un hôtel, héritage de famille, dont un oncle et une tante assez sévères et mal *léchés* habitaient une partie. A cause d'eux, Lise mettait une grande mesure dans ses démarches ; si elle avait de longues audiences à accorder, pour éviter les discussions, c'était toujours le soir, vers minuit, quand les vieux parents et leurs domestiques dormaient. De cette façon, on n'en savait rien, et l'on n'en parlait pas.

Le beau jeune homme était donc accueilli quelquefois à cette heure-là ; il avait la discrétion de ne pas s'en vanter, la réputation de la dame lui était chère, et il se fût reproché, comme un crime, de faire mal juger d'innocents entretiens où il était question de mille choses, excepté de galanterie, probablement.

Un jour, c'est-à-dire une nuit, il s'introduisit avant l'heure fixée. Il avait une façon d'entrer par une petite porte du jardin dont on lui avait remis la clef, toujours pour éviter les discussions intestines. Il vit briller de la lumière à plusieurs fenêtres et se cacha dans l'écurie afin de ne pas être vu des indiscrets.

Il s'y prit mal apparemment, ou bien un vieux domestique fut plus vigilant que les autres, tant il y a qu'il l'aperçut tapi sous une mangeoire, position assez peu romantique pour un élégant, un grand seigneur comme celui-là.

Naturellement, il fut pris pour un voleur, et le bonhomme se mit à son tour en observation pour voir ce que deviendrait cet intrus.

N'entendant plus aucun bruit, n'apercevant plus de lumière, l'amoureux se risqua; il passa comme une flèche et prit le petit escalier qu'il escalada en un clin d'œil; la porte de la jeune femme était entre-bâillée; il la poussa et bientôt il fut à l'abri des recherches, il le crut du moins.

Mais le vieillard n'était pas si facile à tromper. Il réfléchit à ce qu'il devait faire; élevé dans cette maison depuis son enfance, accoutumé à respecter la vertu des châtelains, il ne lui vint pas même à l'idée qu'il pût avoir le moindre dessein criminel à l'endroit de l'honneur de ses maîtres... Il ne pensa qu'à un fripon acharné après leur bourse, après leur vie et, sans tarder davantage, il arriva comme un ouragan chez M. ***, qui dormait du sommeil du juste.

— Monsieur, s'écria-t-il, un voleur!

— Comment, un voleur? qu'est-ce que tu veux dire?

— Oui, un voleur dans la maison; je l'ai vu, il est monté par l'escalier dérobé; je crains qu'il ne soit chez madame.

— Chez madame? Ah! j'y cours!...

Il se vêtit à la hâte, prit la première arme qui lui tomba sous la main et s'en alla frapper à l'appartement de madame.

Pour causer plus tranquillement, elle avait mis les verrous.

— Qui va là? demanda-t-elle.

— C'est moi, c'est moi, ma chère amie; ouvrez vite,

vous êtes en danger ; il y a un voleur dans la maison. Pierre l'a vu ; je viens à votre secours.

— Un voleur ? reprit la jeune femme. On vous a trompé...

— On assure qu'il s'est dirigé de ce côté, reprenait l'autre ; mais n'ayez pas peur ! Je suis là, ouvrez.

— Comment faire ? murmura Lindor.

— Ne craignez rien, et dites comme moi.

Et, très résolument, elle tira les verrous.

Le baron entra l'épée à la main et resta cloué à sa place en reconnaissant le jeune audacieux.

— Monsieur... !

— Oui, mon ami, et c'est là votre voleur sans doute ?

— Mais, madame... !

— Mais, monsieur, on ne parle pas avant de savoir ! Rien de trompeur comme les apparences. Je ne m'abaisserai pas à une justification, car vous n'avez pas même pensé à m'accuser, vous me connaissez trop bien. Monsieur vient d'entrer, il y a seulement quelques minutes ; j'allais vous prévenir ; vous ne m'en avez pas laissé le temps.

— Vraiment !

— Laissez donc là cette broche ridicule qui m'agace les nerfs... Monsieur était chez une jolie fille, sa maîtresse, dans le voisinage ; il a été surpris par le père et le frère ; on a voulu lui faire un mauvais parti et le forcer à épouser. Il a trouvé un moyen de fuir en escaladant les murailles, finalement il est parvenu dans notre jardin et il demande votre secours pour retourner chez lui en sûreté.

— Ah ! parbleu, mon cher, vous êtes bien maladroit. Dans ma jeunesse, nous faisions de ces tours-là, mais jamais on ne nous surprenait. Quel moyen employer, à présent ? Sans compter que vous êtes particulièrement en danger à cause de votre situation. Une plainte contre vous ameuterait tout le monde.

— Il faut pourtant qu'il sorte !

— Impossible d'avoir les clefs.

— Certainement, madame votre tante les tient sous son oreiller, et elle ne les donnerait pas sans savoir pourquoi. D'ailleurs, il suffirait que mon nom fût prononcé pour qu'elle soit plus rebelle encore. Vous ne l'ignorez pas.

L'oncle et la tante ne pouvaient souffrir la baronne, parce qu'elle n'a pas eu d'enfants, comme si c'était sa faute.

— Eh bien! je ne sais pas...

— Il y a une chose à faire. D'abord, envoyez coucher cet imbécile de Pierre; dites-lui que vous avez cherché partout, et qu'il a rêvé.

— Ensuite?

— Ensuite, vous irez prendre l'échelle qui est sous la remise, vous la monterez chez vous, votre appartement est le seul qui donne sur la rue. Monsieur s'échappera par là.

— Tiens! je n'y aurais jamais pensé! C'est juste. Ah! mon cher ***, que cela vous serve de leçon, une autre fois, soyez plus adroit, que diable! Quand on va en bonne fortune, il faut savoir ménager sa retraite; vous ne trouverez pas très souvent des complices tels que moi.

Ce qui fut dit, fut fait; l'échelle fut montée par le baron. On la dressa à la fenêtre et il la tint vaillamment pour faire descendre M. ***. Mme *** l'assista jusqu'au dernier moment et sans rire, ce qui me paraît un tour de force.

Vous conviendrez qu'après cette légende-là, il faut tirer l'*échelle*.

Il y eut, cet été-là, pendant mon séjour à Moulins, de grands succès à Paris, au théâtre. Il me semble que c'est l'année de la *Dame Blanche* et que nous portions de l'écossais à cause de cela; c'est assurément l'année de *Robin des bois* à l'Odéon, et de *Jocko* à la Porte-Saint-Martin. Tout était à ces deux titres. Il y avait même une certaine couleur entre le vert et le marron qui s'appelait *Dernier soupir de Jocko*. Pourquoi? Je n'ai jamais pu le savoir.

Le sacre de Charles X eut lieu également; nous fîmes un petit voyage de cinq à six jours à Paris pour les fêtes. Ce qui me frappa le plus, ce fut l'entrée du roi dans la capitale. Jamais enthousiasme ne fut plus grand. On entourait sa voiture, avec des transports de joie. La foule était si considérable qu'on ne pouvait avancer, et tout cela criait, chantait, s'égosillait à acclamer ce même souverain que, six mois après, on forçait à fuir. Voilà ce que c'est que la popularité !

Il y eut des bals à tous les ministères; ils étaient splendides. Quelle société que celle de Paris, alors! Et puis, toute l'Europe était là. Le lion de la diplomatie, l'ambassadeur d'Autriche, nous occupa autant par sa magnificence que Buckingham à la cour de Louis XIII, que Richelieu à son entrée à Vienne.

La fête la plus curieuse fut celle de l'Hôtel de Ville. On n'y entrait, comme ailleurs, qu'en habit habillé et l'épée au côté. Mais le premier magistrat de Paris avait dû étendre ses invitations bien plus loin que les autres fonctionnaires. Il se trouvait là beaucoup de personnages pour qui ce costume était nouveau, et qui ne se retournaient pas facilement en pareil attirail. Il en résulta un nombre infini de toilettes mises en loques. Une de mes parentes avait une très belle robe de blonde; elle n'en rapporta que le corsage, la jupe resta accrochée aux brettes de ces messieurs.

Paris était splendide en ce moment, il avait un air de fête et de magnificence que je ne lui ai guère retrouvé depuis. Ce que l'on fait à présent est aussi beau certainement, mais n'a plus le même caractère, ce n'est plus la cour entendue de la même façon. Alors, les gentilshommes de la chambre, avec leurs fracs à la française en moire couverts d'or, tout ce qui tenait à la maison du roi et des princes et princesses, même les simples courtisans, tout cela étincelait. Et les ambassadeurs! Et la voiture à huit chevaux blancs, et les gardes du corps, les Suisses, les hérauts d'armes, que sais-je? C'était bien une pompe royale, et la fin de la royauté, au moins, est-elle morte dignement et a-t-elle été ensevelie dans des langes de pourpre.

À Moulins, il y eut bal à la préfecture et d'autres encore, mais ils ne souffriraient pas de comparaison.

J'avais quêté à la cathédrale le jour de Pâques. Je ne relate cette circonstance, indifférente certainement, qu'à cause de la singularité de cet usage. On ne quêtait pas à Moulins comme ailleurs; c'était une corvée très dispendieuse et très étrange.

La quêteuse était choisie parmi les femmes, ou considérables comme position, ou élégantes, ou jeunes, enfin pouvant attirer l'attention par un côté quelconque. Cette quêteuse se mettait en parure de bal, décolletée, manches courtes, fleurs dans les cheveux, diamants, joyaux de toutes sortes. La toilette devait être fraîche et neuve, pour paraître au grand soleil, vous le comprenez. Elle avait pour compagnes de quête des dames aussi en grande parure, quoique moins brillantes, et un chevalier d'honneur.

La quêteuse était désignée par l'évêque, mais ses acolytes et son chevalier étaient désignés par elle.

Tout cela s'asseyait en rang à la porte de l'église sur des fauteuils, avec un plat d'argent sur une table devant eux; quand venait le moment de présenter la bourse, la quêteuse et son chevalier partaient, ses compagnes restaient à leur place.

On mettait un amour-propre infini à ramasser beaucoup d'argent, et les hommes de la société n'auraient pas osé donner moins d'un louis à une femme de leur connaissance. Il n'y avait dans la bourse aucune monnaie au-dessous d'une pièce de cinq francs. Je fus très heureuse, grâce à Mme du Château qui m'avait conduite chez lord Beverley, dont je parlerai plus en détail tout à l'heure. Il me donna vingt-cinq louis en or pour une révérence.

Après les messes, on donnait à déjeuner aux compagnes de quête et au chevalier, puis, après vêpres, on leur donnait à dîner en compagnie de dix ou douze personnes, les autorités et les gros bonnets. On terminait l'œuvre par une soirée, où l'on invitait toute la ville. Depuis neuf heures du matin, on n'avait pas la permission de quitter le harnais une minute.

CHAPITRE VIII

Lord Beverley. — Lord Percy. — La maison de milord. — Ses chiens. — Lord Egerton et les siens. — Souvenir de ma mère à Moulins. — L'hôtel de l'Allier. — La Terreur. — Mme d'Hivoley. — Le commissaire. — L'hôtesse. — Le déguisement. — Morte dans son lit. — Le dîner. — Le baiser. — Évanouissement. — Fuite. — Le 2me dragons. — Plusieurs officiers. — Le commandant *Rosis*. — Ses consultations. — Dîner chez le colonel. — Recommandations. — Les suites du dîner. — *Frisée* et ses bas blancs. — Amour mutuel. — L'archevêque de Reims. — Le bal du régiment. — La salle. — Le souper. — La trente-sixième contredanse. — Le bal du lendemain. — Intimité entre le régiment et la ville. — Les cours. — Le tombeau de Montmorency.

Milord comte Beverley était un très grand seigneur anglais, père du duc de Northumberland. Il voyageait en France au moment où Napoléon Ier fit arrêter tous les sujets des trois royaumes présents sur le continent. On l'envoya par ordre à Moulins. Il n'était plus jeune, il y prit des habitudes et y resta même lorsque la défense fut levée et qu'il put retourner dans son pays.

Il habitait un bel hôtel avec un grand jardin, un rez-de-chaussée magnifique. Ses enfants venaient assez fréquemment le voir; l'un d'eux, lord Percy, exerçait, m'a-t-on dit, un grand ravage parmi les cœurs féminins. Lord Beverley lui-même était fort aimé.

Lorsque j'étais à Moulins, c'était un bon vieillard en cheveux blancs, assez souffrant, ne sortant point et recevant très peu de monde. Il avait conservé ses anciennes connaissances seulement. Par une grande faveur, je fus admise chez lui deux ou trois fois. Il avait un grand train de maison et une immense fortune. Les pauvres s'en ressentaient, il faisait beaucoup de bien. On a vu comment il donnait aux quêteuses des pauvres.

Parmi les curiosités de sa maison, la plus remarquable était ses petits chiens. Il en avait de charmants, de l'espèce Blenheim, et les gâtait à plaisir. Un de ses grands salons leur était exclusivement consacré. Ils y avaient leurs lits, des plus élégants, et leurs écuelles d'argent, dans lesquelles ils mangeaient. Un domestique était spécialement attaché à leur service.

Ces Anglais ont des excentricités incroyables. Lord Egerton, marquis de Bridgewater, était bien pis encore avec ses chiens. Ils avaient des coussins de taffetas rose recouverts de mousseline. On changeait ces housses tous les jours, on les garnissait en hiver de point d'Alençon et, en été, d'Angleterre, à cause de la saison. Ils déchiraient à belles dents ces superbes dentelles.

On les conduisait au Bois de Boulogne dans une voiture spéciale qui était la leur. Ils se couchaient sur les oreillers de velours ou regardaient aux portières, suivant leur bon plaisir. Ils avaient leurs gens.

On les mettait à table sur des chaises, et la grande punition était de les faire dîner par terre. Le vieux lord se persuadait qu'ils en étaient profondément humiliés. C'était là une étrange idée. Je crois que les chiens très aimés de leurs maîtres et gâtés simplement par eux sont beaucoup plus heureux que ceux-là.

Revenons à Moulins.

J'y retrouvai encore un souvenir assez gracieux de

ma mère. Il y a sur la place de l'Allier, la principale de la ville, un hôtel qu'on appelle aussi l'hôtel de l'Allier. Pendant la Terreur, ma mère se sauvait de Lyon ; elle cherchait à rejoindre Paris afin de s'y cacher plus sûrement. On ne voyageait pas alors facilement en diligence, une femme seule surtout ; les chaises de poste étaient réservées aux fournisseurs des armées et aux membres des comités révolutionnaires. On se transportait comme on pouvait, en carriole, en patache, en charrette, de façon à ne pas attirer l'attention, le moins possible du moins.

Cette fois, ma mère avait été accompagnée assez longtemps par une de ses amies, une héroïne dont les frères avaient émigré en Suisse. Mme d'Hivoley resta en France et s'accoutuma à porter des habits d'homme. Elle feignit un amour de la chasse excessif. On la laissait tranquille dans une petite gentilhommière, où son unique occupation, en apparence, était de tuer des lièvres et des chevreuils.

Elle prenait tous les déguisements possibles, celui de charretier assez souvent, et s'en allait à travers mille périls donner à ses frères de l'argent et des nouvelles. C'était un des agents les plus adroits et les plus actifs de la contre-Révolution. Elle portait des lettres et des messages qui devaient lui faire couper vingt fois la tête si elle était prise. Cette fois, elle allait remplir une mission, je ne sais près de qui ; et lorsque ma mère voulut se sauver, elle lui proposa d'être son protecteur jusqu'à l'endroit où elle se rendait.

Elles se déguisèrent, Mme d'Hivoley en artisan, ma mère en grisette. C'était un déguisement, alors, où chaque état avait son costume. Elles s'en allèrent à petites journées, dans une guimbarde, passant pour frère et sœur. Lorsqu'il fallut se séparer, ma mère eut une peur atroce. Elle trouva une place dans un cabriolet avec un fabricant de mousseline de Tarare. Elle eut ensuite le bonheur de rencontrer une voiture vide qui s'en allait à Paris. Le cocher la prit moyennant une petite rétribution et ils arrivèrent ensemble à Moulins, où ils descendirent à l'hôtel de l'Allier.

Toute la maison était sens dessus dessous; la table d'hôte traitait plusieurs sans-culottes renommés qui passaient dans la ville. C'était une grande cérémonie; ma mère, très effrayée, malade, demanda une modeste chambre et pria qu'on lui montât son souper chez elle.

Un peu après, on frappa à la porte; c'était l'hôtesse, une bonne grosse citoyenne, qui prit bien soin de refermer cette porte derrière elle, après avoir regardé si elle n'était pas suivie.

— Madame, dit-elle, pardonnez-moi de m'introduire chez vous sans y être appelée, mais vous avez une figure intéressante et je suis sûre que vous avez besoin de moi. Voilà pourquoi je suis venue.

— Je ne suis pas mariée, madame.

— Ceci ne me regarde pas, mais certainement vous êtes fuyarde et si je puis vous être de quelque secours, disposez de moi.

— Je n'ai besoin de rien, citoyenne, je te remercie, je ne suis pas une fuyarde, crois-le bien, je vais à Paris rejoindre mes parents.

— N'affectez pas un langage qui n'est pas le vôtre, madame, ne vous défiez pas d'une femme qui désire vous rendre service et permettez-moi de vous donner un conseil : ne vous faites pas servir ici, ces manières-là n'existent plus depuis la Révolution, surtout avec le costume que vous portez. Descendez résolument à la table d'hôte, autrement on voudra savoir qui vous êtes et vous avez tout à y perdre.

— Mais, madame, reprit ma mère ébranlée...

— J'ai une proposition à vous faire, acceptez-la; j'ai annoncé l'arrivée d'une nièce, elle ne viendra pas, je le sais, mais je n'ai pas démenti encore son voyage. On ne la connaît pas, passez pour elle; de cette façon, je pourrai vous protéger et vous garantir de toute insulte, le voulez-vous ?

Ma mère hésita encore ; à cette époque de sang on avait peur de tout ; enfin elle consentit ; il eût été au moins imprudent de mécontenter l'hôtesse et de refuser ses offres. Si elle ne pouvait faire du bien, elle pouvait assurément faire beaucoup de mal. Il fut donc convenu que ma mère se rendrait à la table d'hôte avec *sa tante*, elle serait censée appelée à Paris pour des intérêts inattendus et ne ferait que traverser Moulins. Une plus longue visite serait promise pour son retour. Tout ceci était assez vraisemblable et les convives pouvaient, à la rigueur, l'accepter pour réel.

Dès que la cloche sonna, la prétendue nièce se rendit à l'appartement de l'hôtesse, elles entrèrent ensemble dans la salle où la table était déjà entourée d'une guirlande respectable de jacobins, ceux du cru et les étrangers ; la nièce fut présentée, admise ; complimentée, elle répondit très mal aux amabilités qu'on lui adressait ; elle tremblait de peur et un dégoût insurmontable retenait ses paroles dans son gosier.

— Excusez, citoyens, dit la bonne femme, ma nièce est bien timide ; de plus elle est malade, ce qui la rend tout à fait sotte, et puis, elle n'est pas accoutumée à voir tant de monde, c'est une villageoise.

— Elle est b... jolie, répliqua le plus huppé de la bande, sorte de commissaire du gouvernement, venu à Moulins pour renforcer la guillotine et tout-puissant en conséquence.

Il se mit en face d'elle et la regarda tendrement tant que dura le repas, lui adressant avec ses œillades des phrases sentimentales très en usage parmi ces messieurs qui tranchaient la tête en faisant un madrigal, on le sait.

Comme toutes les personnes qui se cachent, ma mère n'avait d'autre idée que la crainte ; elle se figura qu'elle était reconnue et qu'on allait l'arrêter. Elle perdit le peu de présence d'esprit qui lui restait et répondit à tort et à travers, ce qui acheva d'exciter l'amoureux. Il attribua ce trouble à la séduction et ne continua que de plus belle, certain de remporter la victoire au dessert.

Les toasts furent nombreux, on but à beaucoup de morts et de ruines. Vous comprenez la situation de ma mère. Elle se sentait défaillir, la colère se mêlait à la peur. Tout à coup, au moment où elle baissait les yeux, essayant de contenir son émotion dont elle comprenait le danger, le citoyen *guillotineur* se leva, fit le tour de la table, s'approcha d'elle par derrière, lui prit la tête, la renversa en arrière et l'embrassa bel et bien devant les convives ébahis.

— Voilà, dit-il, pour assurer ma conquête.

La pauvre jeune femme se trouva mal, et il fallut l'emporter.

Tout fut bouleversé, les convives se levèrent, le jacobin voulut suivre la *victime*, les femmes l'en empêchèrent et lui représentèrent qu'il pouvait lui faire beaucoup de mal, si elle le voyait en reprenant ses sens.

— C'est juste, répliqua-t-il d'un air fat en se caressant le menton, attendons un peu.

Il prit des airs vainqueurs et fanfarons dont tout le monde s'aperçut. Assurément, c'en était fait de la *fuyarde* si ce terrible homme découvrait qui elle était, et les refus de cette beauté devaient le disposer à une sévérité outrée. Mme Legras — ainsi s'appelait, je crois, l'hôtesse, je n'en suis pas sûre — Mme Legras n'était rien moins que rassurée; c'était une femme de tête et de dévouement; néanmoins, elle rentra dans la salle en annonçant que sa nièce ne reparaîtrait plus, qu'elle était fort malade et que le citoyen commissaire aurait sa fièvre sur la conscience.

Sa réputation bien établie d'excellente patriote lui donnait son franc parler; elle tança vertement le jeune homme, lui dit qu'il avait des manières de ci-devant, qu'on n'agissait pas ainsi sous la République une et indivisible. Les bonnes mœurs étaient de rigueur, l'incorruptible Robespierre donnait l'exemple de la chasteté ; elle savait, de source certaine, qu'il exigeait la même rigueur de ses favoris et, si le citoyen commissaire voulait se perdre, il n'avait qu'à continuer.

Celui-ci tourna la chose en plaisanterie, assura que la Constitution ne défendait pas d'embrasser les jolies filles.

— Ou votre nièce est une bégueule, ou elle m'adore, il n'y a pas de milieu ; dans le premier cas, nous la guérirons avec deux ou trois leçons pareilles, ce sera un service à lui rendre ; dans le second, je comblerai ses vœux. Ainsi, il est inutile de parler de tout cela et de s'en tourmenter, nous apaiserons les tempêtes.

— Il y a encore un troisième cas, dont vous ne parlez pas, reprit un des collègues du citoyen qui le jalousait. Il se pourrait bien que la petite vous détestât.

— Allons donc ! on ne me déteste pas, moi, reprit-il d'un air terrible.

Mme Legras — je lui conserve ce nom — se sentit tressaillir. Elle ne comprenait que trop. Il ne fallait pas pourtant en avoir l'air.

— Enfin, vous avez si bien fait que voilà ma nièce incapable de reparaître. Je m'en vais auprès d'elle, elle a besoin de moi : pourvu que cela n'ait point de suites fâcheuses.

— Demain, je la reverrai et il n'y paraîtra plus.

— Ah ! demain ! demain...

Elle sortit sans s'expliquer davantage.

Son projet était arrêté. Lorsque tout le monde fut rentré chez soi et endormi, elle fit atteler la fameuse voiture, réveilla le cocher, lui dit qu'il fallait partir tout de suite dans son intérêt et celui de sa voyageuse et, lui indiquant les chemins de traverse jusqu'à Nevers, elle l'engagea à fuir la grande route ; elle voulait laisser apaiser le premier moment.

Ma mère partit ainsi, pénétrée de reconnaissance.

Il est bien certain que cette honnête femme s'exposait pour la sauver. Elle ne fut pas poursuivie ou, si elle le fut, elle l'ignora. Elle avait grande envie de savoir ce qui en était résulté, mais comment faire? En ce temps-là on n'écrivait pas, une lettre pouvait faire couper le cou. En repassant à Moulins deux ou trois ans après, elle s'en informa. Mme Legras avait quitté volontairement la ville et il ne lui était rien arrivé. Quand elle sut que j'y allais, ma mère me chargea de tâcher de la voir; je la demandai, elle était morte tranquillement dans son lit quelques années auparavant et très âgée. Je regrettai vivement de ne pas la retrouver, mais je fus heureuse d'apprendre que le service rendu ne lui avait pas porté malheur.

Le nouveau régiment, le 2e dragons, était parfaitement composé. Il s'y trouvait beaucoup d'hommes du monde. Les deux chefs d'escadrons, le comte de Beaumont, le vicomte de Brémont, des capitaines et lieutenants, le comte Camille de Rochefort, Osmont de Villarceaux, le comte de Léon Cosmes, le vicomte de Foumas, de Magninville et bien d'autres étaient aussi distingués par leurs manières que par leur naissance. Nous les voyions souvent. Ils allaient beaucoup dans la société, eux et tous les officiers.

Un autre chef d'escadron faisait le bonheur de toute la jeunesse, il s'appelait Scepte, dit *Rosis*, dans l'annuaire, et ne portait en effet que ce dernier nom. Il lui venait de malheureuses leçons de latin qu'il avait voulu prendre. Il alla jusqu'à *rosa, rosæ, rosis*, mais passé cela, on ne put rien lui fourrer dans la tête: *rosis*, il ne sortait pas de là. Des camarades se moquèrent de lui; il était sous-lieutenant alors. Rosis devint son sobriquet et, par suite, son nom.

C'était un vrai joujou pour les jeunes officiers. Il tremblait devant le colonel, qui se divertissait à lui faire faire toutes les gaucheries possibles. C'était une vieille culotte de peau, un vrai soudard; il n'avait aucune connaissance des usages et n'avait vu que le monde des casernes. Chaque fois qu'une circonstance le forçait à paraître, on ne manquait pas de lui faire la leçon, et Dieu sait laquelle! Ce qui ne l'empêchait pas d'avoir confiance en eux. Je choisis un de ses traits entre mille.

Il y avait un grand dîner chez le colonel : je crois, vingt personnes à table, des autorités, des officiers et quelques femmes. Ils s'en allèrent dire à Mme de Châteaubodeau, la meilleure des femmes, que le commandant avait un fort appétit, mais qu'il était très timide et que, si elle n'insistait pas pour le faire manger, il sortirait de table sans avoir goûté à rien, qu'il n'oserait pas. Puis ils recommandèrent au pauvre homme d'accepter tout ce que la comtesse lui offrirait. Il était malhonnête de refuser quoi que ce fût à une maîtresse de maison. Lors même qu'on n'aurait plus faim, on se force, chez son colonel surtout. Un d'eux se plaça à table à côté de lui pour surveiller la manœuvre.

Ce qui fut dit fut fait. Mme de Châteaubodeau se souvint de l'apostille, offrit de tout avec instance. Cela alla bien d'abord, mais après le premier service l'estomac ne voulait plus guère ; après le second il ne voulut plus du tout. Ils furent obligés de lui faire grâce du dessert.

Lorsqu'on apporta les rince-bouche, chose qu'il n'avait jamais vue, son bourreau lui souffla qu'il fallait avaler : il obéit, mais quelques instants après, l'eau tiède produisit son effet, il n'eut que le temps de se sauver et ce remède lui évita probablement une indisposition.

Ce pauvre Rosis avait une maîtresse; il l'avait baptisée *Frisée*. Elle était horrible et, quand on lui demandait comment et pourquoi il aimait un pareil monstre, il répondait :

— Elle a de si beaux bas blancs.

J'espère que c'est là un charme!

Il donnait ensuite la définition de leur amour mutuel.

— Je lui plus, *a me plut*, et nous nous plumâmes.

Il ne parlait pas le français, savait à peine écrire ; il est mort idiot et fit, en passant à Reims, une algarade à un vicaire général à la table de l'archevêque, dans son premier accès de folie.

Le régiment recevait tant de politesses des habitants de la ville qu'il voulut les rendre ; il fut décidé qu'il donnerait un bal. Ce fut une grande affaire, superbe, et on n'y épargna rien. Toutes les décorations de la salle étaient faites avec du drap garance, du drap vert, du drap rose et du coutil blanc, couleurs de l'uniforme. Il y avait des trophées de casques, de sabres, de pistolets, de carabines, très ingénieusement disposés. Puis, des guirlandes de feuillages, des glaces, des lumières à profusion. J'entends par glaces des miroirs. Tout cela brillait, reluisait, embaumait ; le souper fut splendide et les rafraîchissements sans nombre. La musique du régiment composait l'orchestre, c'était charmant !

On dansa depuis huit heures et demie du soir jusqu'à dix heures du matin le lendemain. Je promis par dérision, au commencement du bal, la trente-sixième contredanse et je la dansai ! Il est vrai qu'on valsait très peu, et les autres danses n'étaient pas encore inventées.

Le lendemain, il se trouva une quantité de victuailles de reste. Le colonel décida que, pour les manger, il fallait donner un autre bal. Il voulut que ce fût chez moi, la comtesse étant malade.

Nous montâmes en voiture le soir, pour faire nos invitations nous-mêmes, à cause de la brièveté du temps ; dans chaque maison nous trouvâmes au moins un officier assis au coin du feu dans l'intimité. On ne vit jamais une garnison pareille. Plusieurs de ces messieurs s'y marièrent, entre autres le capitaine

Petit. Il épousa une des plus jolies femmes que j'aie vues de ma vie.

Je ne parle pas de la ville, j'ai dit qu'elle était jolie. Ce qu'il y a de curieux, ce sont les cours, le tombeau du maréchal de Montmorency, élevé par sa femme, la princesse des Ursins, dans l'église de la Visitation; c'est une chose superbe, il est presque aussi beau que monument du maréchal de Saxe à Strasbourg.

CHAPITRE IX

M. et M°¹° de Praingy. — Leur château. — M. ***. — Ses aventures. — Sa vision. — Bourbon-Lancy. — Bourbon-l'Archambault. — Le château. — Le lac. — Le puits. — Le prince de Talleyrand. — La baronne de Talleyrand. — M. de la Guérenne. — *Le Destrier.* — *La Princesse de Nevers.* — Le gothique. — Le *Petit Jehan de Saintré.* — *Gérard de Nevers.* — *La Violette.* — Réflexions. — La différence des temps. — Départ de Moulins. — L'Allier grossit. — Physiologie des militaires d'alors. — Pourquoi je me suis attardée sur ces vérités *de mon temps.*

J'avais connu à Moulins M. et M°¹° Saulnier de Praingy. C'étaient les plus aimables gens du monde. Ils nous engagèrent à aller les voir à Praingy, charmant château situé à quelques lieues de Moulins, du côté de Bourbon-l'Archambault. Nous n'y manquâmes pas; ce petit voyage fut des plus agréables.

En même temps que nous se trouvait, à Praingy, un homme fort distingué, portant un nom connu dont je ne peux me rappeler. Il avait été attaché quelques années à l'ambassade de Constantinople, puis il avait quitté la diplomatie et s'en était allé aux États-Unis, où il avait séjourné longtemps et s'était décidé à s'y faire une fortune, si cela se pouvait; il s'associa avec un Américain fort riche déjà, fort intelligent et fort industrieux. Ils se lièrent d'une de ces amitiés comme on n'en trouve guère, tels Oreste et Pylade, Nisus et Euryale : leurs intérêts, leurs sentiments, tout fut commun. Cependant M. de***, accoutumé à nos usages, ne put rester longtemps à New-York sans prendre la nostalgie ; il avait besoin d'entendre parler français autour de lui. Il voulait voir la France et retremper son courage ; sa santé souffrait de cette absence. Son ami fut le premier à l'engager à un voyage ; il s'embarqua après avoir fait la promesse de revenir au bout de six mois.

A peine sur le sol natal, il se guérit. Il fallait l'entendre parler de ce pays modèle ! C'était à le faire prendre en horreur. On nous cite les Yankees comme le parangon de la civilisation perfectionnée, et c'est une société insociable. Rien pour les arts que de l'engouement quand on paye très cher. On les met à l'enchère, on s'enthousiasme pour son argent ; nulle politesse, aucun savoir-vivre, l'or et l'égoïsme sont les dieux adorés ; hors de là, le néant.

C'est un joli modèle à suivre !

Malgré sa tendresse exclusive pour son ami, il lui fut impossible de le rejoindre au délai fixé ; il avait trouvé dans son pays des affaires très embrouillées et qui nécessitaient sa présence. Ils s'écrivaient tous les jours et chaque paquebot apportait un volume.

Une nuit — on devait aller à la chasse de très bonne heure et l'on était rentré chez soi plus tôt que d'habitude — on vint vers les une heure réveiller les maîtres de la maison en leur disant que M. de*** était dans un état singulier et que, s'ils pouvaient venir dans sa chambre, il en serait très reconnaissant. Ils se levèrent et y coururent.

Ils le trouvèrent assis dans son lit, les yeux fixés devant lui et pâle comme un linge.

— Qu'y a-t-il ? demanda le mari.

— Venez près de moi et dites-moi, je vous en prie, si vous ne voyez pas un jeune homme appuyé sur ce dossier ?

— Je ne vois rien du tout.

— Quoi! vous ne voyez pas un homme blond qui me regarde, qui tient la main sur son cœur et qui se plaint?

— Pas le moins du monde.

— Je ne suis pas fou cependant. Je le vois et je souffre bien. J'ai été réveillé par cette vision, il y a une heure.

— Connaissez-vous cet homme?

— Si je le connais! C'est William, c'est mon ami!

On essaya de lui persuader que son imagination faisait tout, qu'il devait être sans nouvelles et qu'il s'en était frappé.

— J'ai reçu hier une longue lettre, tout allait bien chez lui; la santé, les affaires et les plaisirs.

— Et vous le voyez là?

Le châtelain se mit à la place indiquée.

— Que fait-il maintenant que j'y suis? où est-il?

— Il est à côté de vous, vous le touchez.

Tous les raisonnements furent infructueux: il persista. Lorsque le jour commença à poindre, la vision s'effaça graduellement et finit par disparaître complètement devant le soleil. Il en resta très frappé.

Par le courrier suivant, il apprit la mort de son frère de cœur; il avait succombé cette même nuit, par suite d'une rupture de l'aorte, sans qu'aucune maladie eût précédé sa fin.

Explique ceci qui voudra; tout ce que je puis dire, c'est que je le tiens de témoins oculaires et que ces témoins sont entièrement dignes de foi.

Nous allâmes aussi passer quelques jours aux eaux de Bourbon-l'Archambault et à celles de Bourbon-Lancy. Cette dernière petite ville est assez insignifiante et il y vient peu de monde. Bourbon-l'Archambault est un endroit charmant. Là est le berceau de l'illustre et grande maison des rois de France. Le château ruiné, situé sur la hauteur, est d'une vaste étendue; ce devait être un beau et noble manoir. Il domine un petit lac ou plutôt un étang. On nous montre un puits d'une immense profondeur, creusé dans le roc et enfermé dans le donjon, de sorte que jusqu'au dernier moment la garnison ne pouvait manquer d'eau.

Je vis là pour la première fois le prince de Talleyrand. Il y venait chaque année et se trouvait très bien des eaux minérales. Je vivrais cent ans que je ne saurais l'oublier. Quel sourire! quelle physionomie! quelles manières de grand seigneur! Mais en même temps quelle ironie! quel regard! comme il fallait être sûr de soi pour l'affronter!

Il jouait au whist chaque soir au salon; on n'osait pas s'arrêter pour le regarder si l'on n'était pas connu de lui, bien qu'il se montrât particulièrement aimable pendant son séjour aux eaux. J'eus la bonne fortune d'obtenir la permission de rester près de la table. Je passai une soirée à l'observer. Il avait l'air d'être occupé uniquement de son jeu et il voyait, il entendait tout, rien ne lui échappait. Il savait les tenants et les aboutissants de tout ce qui entrait et sortait et, en apparence, il semblait indifférent.

Il se vengeait par des railleries des fautes de son partenaire, et quelles railleries! toutes marquées au coin de la finesse et du bon goût. Cet esprit ne ressemblait pas à tous ceux que j'ai vus depuis que je suis mêlée à la société des gens d'esprit. Il ne se montrait que couvert pour ainsi dire; on eût cru qu'il cherchait à s'éteindre toujours, en apparence du moins. La diplomatie le dominait, l'habitude de dissimuler triomphait même de l'amour-propre.

Nous le retrouverons plus tard et alors j'en parlerai en grand détail.

J'avais rencontré à Moulins madame sa nièce, la baronne de Talleyrand. Son mari avait été préfet de l'Allier. La baronne est une excellente et agréable personne qui joue du piano d'une façon délicieuse.

Nous voyions aussi à Moulins un homme de talent,

M. de la Guerenne; il faisait des vers et de la musique sur ses paroles. Il y avait, entre autres, une certaine romance, intitulée le *Destrier*, que nous chantions du matin au soir.

C'était alors le commencement de la rage du gothique, qui fut poussée si loin plus tard. On lisait des romans de chevalerie; je me rappelle la *Princesse de Nevers ou les Mémoires du sire de la Touraille*. J'ai oublié le nom de l'auteur, mais cela nous semblait charmant. Nous le lisions et le relisions avec transport. Le récit était entremêlé de vers dans le style de l'époque; quelques-uns étaient jolis. Etait-ce un vieux livre ou une imitation? Je ne saurais le dire; je sais qu'on y puisait la fine fleur de la galanterie et du dévouement chevaleresque. Je n'ai pas oublié cette phrase du héros en parlant des femmes :

— Les respecter toutes et n'en aimer qu'une.

Nous lisions aussi le *Petit Jehan de Saintré et la Dame des belles cousines*, chef-d'œuvre de naïveté et de sentiment, puis *Gérard de Nevers*, dont on a fait un opéra-comique intitulé *La Violette*.

L'amour, en ce temps-là, avait une grande séduction pour les cœurs généreux et les grandes âmes; il se présentait dépouillé de toutes pensées charnelles, n'était que le rêve, l'idéal, l'union des êtres dans l'azur. On pouvait se faire illusion et ne pas se croire coupable tout à fait en aimant un de ces beaux jeunes gens qui arboraient encore cette devise des preux :

« Mon Dieu, mon roi, ma dame ! »

On ne peut nier la supériorité de ces sentiments sur ceux d'aujourd'hui, quelque envie qu'on ait de dénigrer le passé. Assurément, s'il y a progrès, ce n'est pas de ce côté-là.

Ces jeunes hommes qui nous faisaient la cour étaient braves, respectueux, dévoués. Si l'un d'eux manquait à ses devoirs d'honneur envers une femme, il était mis au ban de l'opinion, qui ne lui pardonnait pas. Quoiqu'on fût plus religieux, on était moins sévère pour les fautes des femmes, qu'on excusait, surtout si elles étaient malheureuses ; le monde se chargeait volontiers d'exécuter la justice à cet égard.

La moitié de notre jeunesse s'est passée ainsi ; ensuite la révolution de Juillet a porté le premier coup à ces idées de tradition. Les vertus bourgeoises ont remplacé la chevalerie, pour être remplacées à leur tour par le vice ordurier et malpropre.

Louis-Philippe, avant de s'en aller, a pu contempler déjà l'effet de son usurpation sur la société. La République de 48 a parachevé cette chute. J'ignore si nous nous en relèverons.

La France, suivant la rage d'égalité qui la possède, est arrivée à vulgariser la corruption. Autrefois, c'était un monopole dans la haute classe, maintenant elle est partout. Cette corruption se traduisait par quelques scandales, par quelques querelles d'intérieur, tout sentait le jasmin et la fleur d'oranger ; les maris les plus malheureux n'allaient pas au delà du couvent, les femmes les plus persécutées se bornaient aux vengeances du boudoir. A présent que les vices sont descendus dans la rue, on s'égorge, on s'assassine, on se suicide.

En ce qui touche l'amour, c'est un bouleversement complet. Les femmes ne sont plus adorées, elles sont estimées comme un bijou rare, d'après ce qu'elles coûtent ; si elles ne coûtent rien, elles ennuient. Oh ! l'étrange époque !...

Il faut que les femmes aient, comme Tartuffe, la chair *un peu trop prompte* pour se laisser séduire par des enchanteurs qui ne leur parlent que chevaux et donzelles et qui, assurément, les trouveraient très ridicules si elles osaient prétendre être placées avant le cheval favori ou la demoiselle à la mode.

Elles devraient se persuader qu'on les accepte *quoique* et non pas *parce que* ; ceci leur expliquerait tout.

Nous dûmes quitter Moulins à l'automne, et ce furent de grands regrets. Les mauvais plaisants assuraient que l'Allier avait monté de deux pieds à cause de toutes les larmes qu'il avait reçues. Les adieux se prolongèrent jusqu'au moment du départ. Depuis les officiers jusqu'au dernier trompette, tous s'en allaient le cœur bien triste et presque la larme à l'œil.

Je me suis attardée et je m'attarderai encore sur cette société éteinte qui ne renaîtra plus. Ce sont des habitudes de mœurs, qu'on pourrait appeler contemporaines, et qui semblent être séparées du temps présent par un siècle de distance.

Les vieux ont toujours dit : *de mon temps*, mais jamais avec autant de vérité que nous, il faut en convenir.

Nous voilà maintenant en route pour l'Alsace, où nous trouvâmes un autre pays, d'autres usages et d'autres gens.

CHAPITRE X

La route. — Les étapes. — Autun. — Ruines de la Rochepot. — Sainte-Marie-aux-Mines. — Tout change, même les paysages. — Neuf-Brisach. — Le bijou de M. de Vauban. — Le fort Saint-Pierre. — La ville et ses rues. — Les régiments. — Sentinelles, prenez garde à vous! — Bissheim. — Les juifs. — La population. — Le pays. — Règlement de la forteresse. — Union des diverses religions. — Les demoiselles *Bondesseing*. — Le bal et les anchois. — Le lieutenant du roi. — Les soirées. — La robe retroussée. — Colmar. — La société. — Les deux langues françaises. — M. M... — Mme de B... — La famille Géraldy. — Just Géraldy. — M. et Mme de Boubers. — La cataleptique. — La prédiction. — M. d'... — M. et Mme de P... — La bonne chère. — Ma charmante dévote. — Le roman intime.

La route était longue de Moulins à Neuf-Brisach, où nous devions nous rendre. Je voulus la faire avec mes chevaux, à petites journées, en suivant le régiment d'étapes en étapes. Je trouve cette façon de voyager fort agréable; au moins, on voit les pays qu'on parcourt; on peut en conserver le souvenir. Je me rappelle Autun et ses vestiges romains, plus célèbres peut-être qu'ils ne le méritent, mais qui n'en sont pas moins vénérables.

Je me rappelle aussi, en Bourgogne, les ruines de la Rochepot, situées sur une colline, et que je visitai.

Puis bien d'autres lieux que j'ai oubliés, près Sainte-

Marie-aux-Mines. Quand, pour la première fois, je me trouvai en face des montagnes, alors un peu sombres, c'était au mois de novembre. Mais quel merveilleux spectacle que les Vosges! On ne les estime pas à leur valeur; si elles n'étaient pas en France, on irait les chercher très loin.

Je parlerai des pays que j'ai vus, autant que des gens que j'y ai rencontrés. Tout change aujourd'hui, même la nature; les paysages n'ont plus le même aspect qu'en ce temps-là, les progrès de l'industrie transforment tout. On y gagne en richesse, on y perd en pittoresque, certainement. Si cela continue, il n'y aura plus de solitude, on verra des fabriques jusque dans les déserts.

Neuf-Brisach, où nous nous rendions, est une forteresse que M. de Vauban appelait son bijou. Au lieu de dominer les environs, elle est encaissée dans ses remparts, de sorte que l'ennemi ne l'aperçoit pas; le clocher seul est visible. Elle a trois enceintes de fossés, de bastions, d'ouvrages à cornes de toutes les espèces, des ponts-levis et autres, des voûtes; c'est effrayant! En cas de siège, par une combinaison savante, on lâche les écluses et le pays s'inonde jusqu'au fort Saint-Pierre, qui garde le Rhin.

La petite ville est si régulièrement bâtie qu'il est difficile de s'y reconnaître.

Au milieu, une grande place entourée d'arbres, où se trouvent l'église et la mairie. Tout autour, des maisons semblables, celle du commandant de place, entre autres. Puis quatre larges rues, absolument pareilles, aboutissant à quatre portes pareilles aussi. Les maisons n'ont qu'un étage, elles sont à la même hauteur, à peu près de la même étendue. Quelques rues transversales coupent les principales, et tout cela aboutit aux remparts, qu'on voit parfaitement du milieu de la place, attendu que tout cela est fort petit.

L'aspect de ce bijou est propre, uniforme et triste. Excepté la colonie militaire, très nombreuse il est vrai, les habitants sont rares. Il s'y trouve beaucoup d'officiers en retraite qui se rappellent ce petit coin ; la vie y était alors fabuleusement bon marché et excellente.

Le pays est admirable et la vue splendide. L'horizon se borne d'un côté par les Vosges avec leurs cimes couronnées de vieux manoirs, de l'autre par les montagnes de la Forêt-Noire, un peu plus éloignées. Dans le fond du tableau, par le beau temps, les cimes des Alpes bernoises neigeuses ; le Rhin, à moins d'une lieue.

Voilà ce que le bon Dieu donne à cette contrée dont Louis XIV nous a fait cadeau.

Il y a beaucoup de juifs dans cette province. En ce temps-là, ils ne pouvaient habiter la forteresse, les mendiants non plus ; ils n'y entraient même qu'à certaines heures et à certains jours. La consigne était très sévèrement observée. On prenait les mêmes précautions en temps de paix que si l'ennemi était derrière nous.

Comme j'en demandais la raison aux militaires, ils me répondirent que c'était pour l'observation de la discipline, qui ne souffrait pas de relâchement, et aussi à cause des poudrières remplies jusqu'aux toits ; les magasins de Neuf-Brisach étaient très considérables et la situation très importante. Nous avions de l'artillerie, du génie, de l'infanterie, rien n'y manquait ; on n'entendait que des sabres traînant sur le pavé, des trompettes, des tambours, des commandements, des musiques de régiment, et la nuit, les cris des factionnaires s'avertissant toutes les demi-heures :

— Sentinelles, prenez garde à vous !

Ces cris se répétaient de l'un à l'autre et faisaient le tour des remparts ; c'était effrayant, il fallait s'y accoutumer ; cela empêchait de dormir les premiers moments.

Les juifs, qui ne pouvaient rester dans la ville, ont bâti un village sur le bord du fleuve. Ce village se nomme

Bissheim ou *Pierheim*, je n'ai jamais pu le savoir au juste, à cause de la prononciation allemande. Il était déjà à cette époque beaucoup plus grand et plus considérable que la ville ; il a dû prendre depuis un grand accroissement. C'est le centre du petit commerce du pays. Situé en face de Vieux-Brisach, la ville badoise, de l'autre côté du fleuve, il correspond directement avec l'Allemagne et, malgré le poste de la douane, situé tout auprès, je crois que le libre-échange s'y exerce sur une grande échelle.

Il n'y avait absolument que des israélites.

J'ignore s'il en est encore ainsi. Il n'est pas rare, du reste, en Alsace, de voir dans le même endroit des juifs, des catholiques et des protestants parfaitement d'accord. Le rabbin, le curé et le ministre se visitent et sont très bien ensemble. On m'a assuré, ceci je ne l'ai pas vu, que, dans plusieurs communes, le même bâtiment servait alternativement aux trois cultes, chacun ayant son sanctuaire, qu'on fermait quand on n'y exerçait pas, afin de ne choquer personne ; le reste de la voûte appartenait à tour de rôle aux fidèles de chaque communion.

Les catholiques sont, je crois, en minorité.

A Neuf-Brisach, il n'y avait, de mon temps, qu'une seule église catholique ; cependant les autres devaient aller chercher ou porter leurs prières ailleurs.

Cette petite citadelle n'était pas précisément le paradis pour la garnison ; il s'y trouvait cependant quelques femmes et quelques jeunes filles, lesquelles, vieilles et jeunes, ne manquaient pas de soupirants. Jugez donc ! trois régiments et demi pour ces rares tourterelles ! Je me rappelle trois sœurs blondes, filles de la blonde Allemagne : c'était la fleur des pois ! elles portaient pourtant un singulier nom : Mlles *Bondesseing*.

Je me rappelle encore une dame un peu mûre qui donnait des bals où l'on mangeait de la salade de pommes de terre et de haricots. Elle s'en allait disant toutes les femmes :

— Il y a des anchois, mesdames, il y a des anchois !

Comme si elle eût annoncé une rareté.

On avait beau retourner et retourner encore : il n'y en avait pas un seul. Je ne sais quel sous-lieutenant en avait fait la rafle pendant qu'on ne le regardait pas, et s'amusait à la suivre afin de jouir du spectacle des déceptions.

Le lieutenant du roi était alors le comte d'Averton, dont la femme était Mlle de Forbin ; l'un et l'autre recevaient très bien, avaient l'habitude du monde et de très bonnes manières. J'ai vu chez eux une *dame du régiment* — on nous appelait ainsi — qui portait à chaque soirée sa robe de noces, en étoffe brochée blanche — elle n'en avait pas d'autre, je le crains. Avant de s'asseoir, elle ne manquait jamais de la relever, très ostensiblement et sans aucune vergogne, ce qui nous amusait bien, je vous assure.

Cependant les plaisirs de Neuf-Brisach me parurent un peu fades. Nous allions quatre ou cinq fois par semaine à Colmar, où il y avait une société fort dansante et fort animée. Cela ne ressemblait en rien à Moulins, c'était plus simple, plus amusant, plus naïf. Là, aucune aventure, les femmes s'occupaient uniquement de leur famille et de leurs devoirs, on vivait bien plus dans son intérieur.

Pas de jeu, très peu de parties le jour ; le soir, des bals où on sautait sans arrière-pensée, jusqu'à cinq heures du matin. Beaucoup de bonhomie, de sans-façon, peu de toilettes, peu de conversation, de la gaieté joyeuse et non risquée, des valses et des cotillons sans fin, aucune prétention, voilà ce que je rencontrai dans cet excellent monde assez uniforme de couleur. Je distinguai pourtant quelques personnes qui méritent de l'être.

M. M...., inspecteur supérieur des douanes, et sa

fille, Mme Anselme de B..., charmante jeune femme, dont le seul défaut était de parler trop bien le français et de faire des liaisons trop grammaticales, ce qui lui prêtait une affectation qu'elle n'avait réellement pas.

Certaines personnes ne veulent pas remarquer qu'il y a deux langues en France. Je ne m'occupe pas des patois et des langages incongrus. La langue écrite, qui est celle de la Comédie-Française, la langue stricte, et la langue de la bonne compagnie.

Cette dernière a des libertés qui sont devenues indispensables, sous peine de pédantisme et d'ostrogoterie. Allez donc lancer des subjonctifs, dire, comme certaines personnes, M. Charles *zun* tel, M. Louis *zun* tel, et vous verrez la figure qu'on vous fera dans les vrais salons. Ceci est un reste de la régence et de Louis XV, où l'on ne parlait que par abréviations paysannes. Je ne prétends pas soutenir que ce soit bien, je dis que cela est, et que, avant de le changer, on a beaucoup d'autres réformes à faire.

Soumettons-nous donc et n'ouvrons pas trop impérieusement la grammaire.

Je voyais aussi fréquemment la famille de l'intendant militaire, M. Géraldy. J'en ai rarement rencontré de plus agréable. Tous les enfants étaient artistes. La fille aînée, Mme B..., était superbe; la cadette, Mlle Flora, chantait, peignait, dessinait à ravir.

Des deux fils, Adolphe, maintenant grave magistrat, fut mon maître de valse, et on n'en pourrait trouver un meilleur. L'autre, Just, est l'artiste célèbre qui charme toujours. Il étudiait en ce temps-là pour entrer dans les mines, avait passé d'excellents examens et peu s'en fallut qu'il ne devînt un savant. Sa vocation l'emporta; il envoya sa science aux orties et devint ce que vous savez, un des barytons les plus remarquables que nous ayons.

Il serait sans intérêt pour le lecteur de citer quelques noms de personnes fort distinguées, mais qui n'ont pas quitté la province et dont la vie n'offre aucune particularité extraordinaire. Je passerai donc assez vite sur mes connaissances alsaciennes, sauf quelques-unes qui ne sauraient être oubliées.

Mme la baronne de Berckeim, devenue en secondes noces la comtesse de Boubers. M. de Boubers était secrétaire général des finances et très connu à Paris par son amabilité et sa bienveillance, comme madame sa femme l'était par sa bonté.

Je me rappelle une autre personne. Je l'ai retrouvée depuis; son mari servait dans un régiment d'infanterie en garnison comme nous à Colmar. C'était une très belle femme, fort malade et cataleptique naturelle. A de certains moments elle tombait en extase, elle voyait dans l'espace et devinait les événements à distance.

Il ne pouvait y avoir là de charlatanisme. On ne l'endormait pas, elle n'avait jamais entendu parler de magnétisme et elle en reproduisait les phénomènes les plus frappants; par les temps d'orage surtout elle était merveilleuse. *Je l'ai vue* et bien d'autres avec moi. Dans un de ses accès, elle vit une parente à elle qui revenait des Indes et annonça son naufrage. Ce fut la scène la plus dramatique du monde; elle en suivit et en raconta toutes les péripéties.

Je ne compte pas expliquer ce fait, je le constate encore, voilà tout. Cette dame est guérie maintenant, mais elle se rappelle parfaitement cette singulière maladie dont les uns se moquaient et dont les autres avaient peur.

Le hasard me fit rencontrer, à Colmar, une parente de mon mari, c'est-à-dire que son mari était allié d'assez près au mien. Son père, M. d'****, occupait à Colmar une place importante et M. de P..., son gendre, était dans la même partie, dans une situation moindre. Ils vivaient ensemble et leur maison était agréable. On y faisait une de ces excellentes chères de province qui valent les meilleures tables de Paris, surtout en Alsace où l'on avait de tout et à très bon marché; quel pays pour les gourmands ! Il n'y manquait que le poisson de mer; encore, l'hiver, y arrivait-il, bon, mais à fort prix.

Tous les poissons du Rhin ont grande réputation :

Les écrevisses de la Moselle et les truites des montagnes.

Les gibiers d'eau, celui des îles du Rhin, tous ceux de plaine et tous ceux des forêts.

Des volailles magnifiques, de la viande superbe.

Inutile de rappeler les foies d'oies.

Quant aux légumes, ils étaient exquis : je n'ai jamais mangé de pareilles asperges, de pareils artichauts, de pareils petits pois.

J'en parle en gourmet et je ne m'en cache pas. A un certain âge, je ne connais pas de plaisir plus vif qu'un bon dîner avec des amis et des gens d'esprit. Il faut bien se dédommager par quelque chose de la jeunesse perdue! Dieu dans sa bonté accorde des jouissances à tous les âges; celle-là nous est réservée pour la vieillesse, — n'oublions pas néanmoins que les indigestions sont les remords de l'estomac.

Mme de P... était une ravissante petite dévote, gaie, bonne, naïve, ne croyant pas au mal, n'en trouvant nulle part, toujours empressée à faire le bien, à être agréable aux autres. Indulgente, aimable, sa conversation avait un grand charme de jeunesse et d'entrain. Elle riait d'une mouche qui vole et s'amusait de tout comme un enfant.

Franche et loyale, elle ne croyait pas avoir besoin de rien cacher. Elle racontait ses pensées et ses actions en femme trop sûre d'elle-même pour avoir besoin de dissimuler, même ses peccadilles. Un matin, j'arrive et je la trouve emmitouflée de fichus; je lui en demandai la raison :

— J'ai un peu de fluxion, me dit-elle, je me suis démonté la mâchoire hier soir à force de bâiller et ma joue est restée sensible.

— Vous avez donc été à un dîner ennuyeux ?

— Non pas, je faisais ma prière, me répondit-elle tout simplement.

Je la vois encore d'ici et ne puis m'empêcher de rire à ce souvenir de dévotion.

Que de parties charmantes, que de courses de montagnes, que de lectures drôles j'ai faites avec elle! Quelquefois sa conscience timorée lui soufflait des scrupules.

— C'est peut-être mal, ce que nous disons là. Ah! bah! puisque je ne m'en doute pas, le bon Dieu est trop juste pour m'en vouloir!

Je vais finir tout de suite ce qui la regarde, bien que cette fin soit arrivée seulement quelques années après. Il me faudra pour cela parler d'une autre personne bien différente et très remarquable sous d'autres rapports.

J'ai écrit à peu près son histoire avec des variations, dans un ou deux livres, mais ici je puis la dire telle qu'elle s'est passée. J'en ai appris le dénouement seulement l'année dernière. C'est un vrai roman intime et auquel je n'ajouterai rien : la vérité est assez intéressante telle qu'elle est.

CHAPITRE XI

Constance. — Charlotte. — Son portrait. — Ses parents. — Son éducation. — M. O... — Saint-Preux et Julie. — Leçons. — Progrès. — Les ruines. — Promenades. — Quatre ans écoulés. — Le père. — La mère. — Refus. — Maladie. — Correspondance. — Départ. — Nouveaux refus. — Résignation. — Lutte. — Wintgenheim. — Le cottage. — Demande réitérée. — Désespoir. — Coup de foudre. — Dévouement. — Tromperie sublime. — Tout espoir perdu. — Il se marie. — Elle veut vivre. — Ses amitiés. — M. A... — Ce qu'il était. — Idée poétique. — Les arbres. — Cérémonie. — Un arbre arraché. — Un second. — Journée à Ribeauvillé. — Maladie de Charlotte. — Mme de P... la soigne.

Constance — Mme de P... s'appelait ainsi — avait une amie nommée Charlotte L... Je fis bientôt connaissance avec elle et nous nous liâmes également. Il y avait entre nous de frappants rapports qui la rapprochaient bien plus sérieusement de moi que de ma cousine.

Plus âgée que nous de deux ou trois ans, c'était néanmoins une jeune personne, grande, élancée, maigre, sans beauté réelle. Elle avait cependant un charme incontestable, tout entier dans sa physionomie, dans la douceur de son sourire mélancolique, dans je ne sais quoi de vaporeux et de singulier qui saisissait dès la première vue; on sentait que ce ne devait pas être une femme comme une autre.

Charlotte avait une grande intelligence, un penchant décidé pour les arts et surtout pour la poésie. Elle lisait beaucoup et appréciait bien ses lectures. J'ai d'elle des dessins fort remarquables qui tous portent le même cachet de rêverie, d'extraordinaire.

Son père était dans la magistrature. C'était un bon homme, s'occupant très peu de son intérieur et presque toujours dehors. Sa mère avait un caractère entier, elle dominait tout au logis : mari, enfants, servantes, tremblaient devant elle. Sa fille n'osait pas lever les yeux en sa présence. Cette contrainte eut sur elle une influence dangereuse. Elle la força à renfermer en elle ses impressions et les rendit plus concentrées, par conséquent plus profondes. Cette âme avait besoin d'expansion. Elle dut en chercher ailleurs. Poussée par la nature, elle contracta le goût de la solitude et s'exalta de plus en plus. J'ai rarement rencontré un caractère aussi romanesque et aussi passionné que celui-là.

Le hasard conduisit à Colmar un des hommes les plus éminents de ce siècle, M. O..., alors fort jeune et professeur à l'Université de Colmar. Une circonstance quelconque le mit en rapport avec Charlotte; elle avait quinze ans, son éducation n'était pas terminée, mais elle avait une teinture de tout. Selon ce qui m'a été raconté par ceux qui l'avaient connue alors, elle était charmante. Cette maigreur, cette pâleur qui lui donnaient un air maladif n'existaient pas. Elle avait de la grâce, une tournure svelte, un joli pied, des dents superbes. On conçoit très bien qu'elle fût aimée, surtout par un homme que leurs relations mettaient à même d'apprécier son esprit et son cœur, si rares et si précieux l'un et l'autre.

Il entreprit de l'instruire et se mit à lui donner des leçons. Ils jouèrent Saint-Preux et Julie, moins la faute. Leur amour en resta aux bonheurs éthérés, aux jouissances intellectuelles. Leurs âmes se fiancèrent, ils se promirent de se marier et, comme ce projet ne pouvait pas s'exécuter sur-le-champ, ils résolurent de le tenir secret, dans la crainte de le voir renverser par des obstacles.

Certains êtres ont des inconséquences de conduite inouïes. Mme L.... ne craignit pas de mettre ces deux jeunes gens en contact perpétuel, et pourtant elle était très décidée à chercher pour Charlotte un autre mari. S'aperçut-elle de leur intelligence? On ne le sait, elle fit du moins comme si elle ne s'en doutait pas et profita de la bonne volonté du professeur. Quatre années de leçons et de travail assidu firent de Charlotte une femme éminente. Une telle éducation aurait dû se payer au poids de l'or. Mme L... calcula seulement l'économie et le résultat. Sa fille désormais pouvait prétendre aux plus brillants partis sans qu'il lui en ait rien coûté. Bénéfice très clair.

M. O... n'avait d'autre fortune que sa modeste place, la jeune fille apporterait peut-être en dot vingt ou trente mille francs, ils trouvaient que c'était assez pour aller vivre et s'aimer dans quelque coin de leurs chères montagnes. Ils les parcouraient ensemble du matin au soir, quêtant partout les légendes, reconstruisant dans leur imagination ces châteaux ruinés, témoins de tant de belles actions et de tant de faits d'armes glorieux. Chaque cime des Vosges en porte au moins un. Il existe un livre où on les retrouve tous, avec de grands détails sur leur histoire. C'est l'œuvre de M. de Gosberry, conseiller à la Cour royale de Colmar, homme fort savant, qui est mort depuis quelques années seulement.

Charlotte et son fiancé connaissaient jusqu'au dernier sapin des forêts, jusqu'aux dernières pierres des manoirs — je raconterai plus tard ce que j'ai appris d'eux, c'est-à-dire d'elle, car je n'ai jamais connu M. O... que par ses œuvres, par ses lettres et par son élève, ce qui suffit pour l'apprécier.

Il peignait merveilleusement portraits et paysages, faisait de jolis vers, écrivait parfaitement. J'ai vu de lui des nouvelles sur les différents événements de l'histoire d'Alsace, qui n'ont point été imprimées et qui le méritaient. Quant à sa science, l'univers l'apprécie. Les hautes dignités où il est parvenu l'ont constatée.

Après ces quatre années écoulées comme un beau songe, les amoureux trouvèrent que le moment était venu de terminer leur roman. Charlotte en parla d'abord à son père, qui n'y mit aucune opposition; il était bon, aimait sa fille et trouvait que son bonheur valait bien quelques écus de plus ou de moins. Il promit d'en parler à sa femme, ce que Charlotte n'eût pas osé faire, parce qu'elle la redoutait par-dessus tout et ses craintes mêmes lui révélaient le danger de cette ouverture.

— Sois tranquille, disait le père, elle me croira; je lui prouverai combien elle aurait tort de refuser, elle ne trouvera jamais mieux.

Il hasarda la confidence et ses illusions se dissipèrent bien vite. Mme L... se mit dans une fureur épouvantable. Elle traita M. O... de séducteur et sa fille de dévergondée, pour avoir songé un instant à l'amour alors qu'il ne s'agissait que de leçons à prendre ou à donner. Il y eut une scène effroyable; la pauvre enfant fut presque battue et une lettre de congé, très injurieuse, fut adressée au téméraire professeur. On lui défendait la maison; on lui interdisait toute communication avec sa victime, sous peine de plaintes portées à ses supérieurs.

Il devait même éviter toutes rencontres, et, pour en être plus sûre, Mme L... défendit à Charlotte de sortir sous aucun prétexte.

Au bout d'un mois elle tomba malade: sa vie fut en danger, la mère ne céda pas. La jeunesse et la bonne constitution de la jeune fille la sauvèrent, mais c'en était fait de sa beauté; elle ne redevint plus ce qu'elle était auparavant.

Pendant sa convalescence, elle reçut un jour par la servante, plus pitoyable que sa mère, une lettre de son fiancé. Il lui apprenait son changement de résidence. Un protecteur puissant lui faisait obtenir à Paris le poste qu'il ambitionnait et qui devait mettre le comble à leurs vœux. Il allait en prendre possession ; son absence la délivrerait de sa prison douloureuse, on ne le redouterait plus, on la laisserait libre. Ils pourraient alors s'écrire avec quelques précautions.

Lorsqu'elle aurait atteint l'âge de majorité, ils réaliseraient leur projet chéri, sans que personne pût y mettre obstacle. Ils étaient trop sûrs l'un de l'autre, se connaissaient trop pour que le doute vînt les atteindre de près ou de loin ; ils s'aimeraient toujours et leurs pensées ne seraient pas désunies un seul instant. Il lui donnait son adresse pour lui écrire, et s'en reposait sur elle du soin de trouver le moyen de recevoir les réponses qu'il brûlait de lui envoyer.

Cette épître l'affligea vivement et la calma néanmoins. Il partait, mais il l'aimait plus que jamais, mais dans deux ans ils pourraient s'appartenir. La jeunesse se prend si vite à l'espérance ! Elle écouta sans sourciller les plaisanteries ironiques de sa mère, qui, ne la croyant pas instruite, lui annonça ce qu'elle appela la fuite de son amoureux. Il renonçait à elle et il partait : bon voyage ! Cela lui apprendrait à se fier à des coureurs de dot, à des mendiants, à des aventuriers, qui n'avaient pour elle qu'une affection intéressée et qui la *plantaient* là, quand ils voyaient leurs batteries démasquées. Elle avait à lui offrir, au contraire, un excellent parti, un homme très riche, titré, qui s'était épris de ses charmes, de ses talents et qui mettait à ses pieds sa fortune et sa main.

On lui eût offert un roi, que Charlotte l'eût refusé. Elle aimait, elle se devait à cet amour ; sa foi était engagée, elle ne se parjurerait pas.

La colère de Mme L... fut encore plus violente que la première fois ; on assure qu'elle battit la rebelle, qui ne l'avoua pas même à ses plus intimes amies. On le sut par le père tout désolé.

7.

De ce moment, commença une lutte qui ne devait finir que par la lassitude des deux parties. La mère persécutait sa fille pour la faire riche et grande dame, la fille refusait obstinément et protestant qu'à chaque prétendu elle raconterait la situation de son cœur; ni l'une ni l'autre ne voulut céder. J'ai encore vu les restes de ces batailles.

La famille possédait dans un village appelé Wintgenheim, une assez jolie petite maison, à trois quarts de lieue tout au plus de la ville. La situation en était charmante, au pied des montagnes, dans cette vallée qui ressemble à un jardin. M. L..., chassé de chez lui par les querelles, prit le parti d'y passer tout son temps. Insensiblement Charlotte l'y accompagna. Sa mère, lasse de son obstination, ne fut pas fâchée de la voir s'éloigner. Elles obtinrent ainsi un peu de trêve et le temps passa.

La désolée avait tout près de vingt et un ans, lorsqu'une nouvelle demande de M. O... parvint à la famille. Il avait voulu faire cette dernière démarche. Ce fut une tempête, et cependant sa position s'était de beaucoup améliorée. Son mérite commençait à percer, ceux qui s'occupaient de lui lui préparaient un brillant avenir. Il était devenu un excellent parti. Mme L... le haïssait trop pour en convenir, elle refusa plus que jamais.

Charlotte courba la tête, comprit qu'il faudrait recourir aux dernières mesures.

Quelques semaines après, un des amis de son père qui connaissait M. O..., peut-être dans sa confidence, vint lui faire une visite à Wintgenheim. Ils se promenaient dans le jardin, si rempli de souvenirs pour elle, lorsque le nom du professeur fut prononcé.

On avait eu de ses nouvelles, il marchait à grands pas dans sa carrière, et pouvait avancer bien plus vite encore en acceptant une alliance qui lui était offerte; grâce à ce mariage, il arriverait promptement à la fortune et aux honneurs. Par une bizarrerie inexplicable, il s'obstinait à la refuser, ce qui mettait sa position en péril.

Je tiens de Charlotte elle-même qu'en écoutant ces paroles, elle crut qu'elle allait mourir ; son dévouement et sa droiture lui dictèrent son devoir. Elle ne voulut cependant pas agir sans réflexion, car elle comprenait toute la gravité de la décision qu'elle allait prendre. La jeune fille resta trois jours seule à la campagne, errant dans ces lieux qu'ils avaient tant de fois parcourus ensemble; ce fut un vrai calvaire à gravir pour cette âme si tendre. Elle se décida enfin.

Elle écrivit à M. O... une lettre déchirante et sublime. Elle s'accusa de lâcheté ; au moment de prendre le parti des procès et de la chicane, elle ne s'en sentait pas la force. Elle avait trop souffert, elle ne pouvait plus soutenir le combat. Elle préférait mourir sous le joug que de le secouer. Ainsi donc elle lui rendait sa liberté ; elle le priait de contracter une nouvelle union et ne se regardait plus comme digne de lui, puisqu'elle ne trouvait plus dans sa passion l'énergie nécessaire à sa défense. Sans paraître instruite de ce qui se passait, sans faire parade d'un dévouement qu'elle voulait cacher, elle se donna au contraire un rôle presque misérable. Cette manière devait produire une vive impression sur son fiancé, et diminuer de beaucoup les regrets de sa perte.

— Je le savais, me disait-elle, mais je voulais qu'il m'aimât moins ; sans cela il n'eût pas consenti à me quitter.

Je n'ai vu que deux fois dans toute ma vie semblable abnégation. Nous retrouverons l'autre plus tard : je crois qu'elle fut moins complète, se laissa voir et attira nécessairement la reconnaissance. Celle-ci voulut se faire oublier, s'amoindrir, et y réussit.

Quelques mois après, M. O... était marié. Je ne sais si ce fut avec la personne qui devait servir à sa fortune ou si ce fut autrement. Charlotte ne s'expliquait jamais là-dessus, en parlait le moins possible, bien qu'elle conservât religieusement tout ce qui lui venait de lui, tout, jusqu'aux fleurs fanées de son herbier sentimental avec la date et le nom du lieu où ils avaient cueilli ces reliques.

Sa mère triompha. M. O... ignora toujours le sacrifice admirable de cette pauvre âme qui s'éteignait dans la douleur et qui, néanmoins, trouva la force de vivre par la volonté. Elle essaya de se créer un dérivatif dans l'amitié et s'attacha à Mme de P..., à deux ou trois de ses compagnes d'enfance, jeunes et simples filles, qui ne voyaient dans le changement de ses traits qu'une disposition maladive, un danger pour sa poitrine. Elle ne leur confia jamais sa désespérance. Constance et moi, nous la connûmes à fond, et nous fûmes les seules.

Mme L... ne la tourmenta plus que relativement après le mariage de M. O...; peut-être en eut-elle pitié, peut-être se repentit-elle plus tard lorsqu'elle vit où il était parvenu. Charlotte eut beaucoup plus de liberté. Elle fut presque la maîtresse à Wintgenheim et l'arrangea à sa fantaisie, en fit une retraite charmante.

Il lui vint un jour une idée bizarre et poétique; c'était pendant son premier séjour à Colmar. Depuis quelque temps un jeune homme venait souvent chez elle; je ne me souviens pas pourquoi il était dans le pays; il y occupait une place, il me semble. Ce jeune homme était M. A..., frère tri-cadet du général. Il avait une jolie fortune, quelque chose comme vingt à vingt-cinq mille livres de rente. Ce n'était pas un joli garçon, certes; il n'était pas brillant non plus, mais il avait un caractère doux, facile, agréable. Il parlait peu, écoutait beaucoup et savait presque tout ce qu'on pouvait avoir appris à son âge. C'était une de ces intelligences concentrées qui se montrent seulement à ceux qui les cherchent. Nous le voyions toutes avec assez d'indifférence. Charlotte, avec qui il était le moins timide, nous assura pourtant qu'il était fort bon à écouter, et qu'il devait y avoir, sous cette enveloppe terne et vulgaire, un esprit et un cœur hors ligne.

Constance et moi, nous ne voulions que rire, et il nous paraissait trop sérieux.

Pour en revenir à l'idée de mon amie, je ne sais si elle vint seule ou si elle lui fut inspirée par M. A...; tant il y a qu'elle fut mise à exécution, néanmoins. Elle avait dessiné un massif d'arbres dans ses jardins, il s'agissait de les planter; elle en fit une solennité; sa mère refusa d'y participer, mais M. L... fut des nôtres. Nous allâmes passer la journée à Wintgenheim et, après déjeuner, on procéda à la cérémonie.

Les personnes présentes étaient Mme de P..., M. L..., M. A..., les deux jeunes filles dont j'ai parlé — j'ai oublié leurs noms — et moi : chacun de nous avait fait choix d'un arbre différent, nous devions les planter nous-mêmes, c'est-à-dire leur jeter la première pelletée de terre, les trous étaient tout prêts.

— Plusieurs d'entre vous sont étrangers, vous vous en irez, disait la romanesque jeune fille, je veux avoir de vous ce souvenir quand vous serez loin. Je vous devrai un frais ombrage, et, si vous revenez, vous trouverez que vos arbres ont bien grandi dans l'absence, comme mon affection.

J'avais choisi un tremble, les autres avaient qui un bouleau, qui un sapin, qui un chêne ou un ormeau, enfin l'essence qui nous agréait le plus. On les mit assez loin les uns des autres, pour qu'ils ne pussent se nuire et qu'ils eussent la liberté de leurs branches.

Chose assez rare, pas un ne dépérit et tous poussèrent parfaitement.

Quelques mois après, une des deux jeunes personnes prit une fièvre typhoïde et mourut. Ce fut un grand chagrin pour Charlotte. Elle fit arracher son arbre et il y eut une place vide dans le petit enclos.

Un an après, mon amie reçut un coup plus terrible. Son père lui fut enlevé. Elle le regretta et le pleura amèrement; il avait toujours été bon pour elle et ce ne fut pas sa faute si la faiblesse de son caractère ne lui permit pas de faire pour elle ce qu'il aurait voulu, sans doute, ce qu'il aurait dû certainement.

Encore un arbre qui disparut.

C'est une ancienne coutume allemande, j'en ai trouvé la note, et Charlotte avait pris cela dans des vieux auteurs qu'elle affectionnait.

L'été suivant, j'étais partie alors, Mme de P..., Mlle L..., M. A... et une ou deux personnes s'en allaient passer la journée à Ribeauvillé, une ruine splendide dont nous raconterons la légende. Ils coururent toute la journée sur la montagne par une chaleur accablante. Charlotte eut l'imprudence d'entrer dans une grotte où elle fut saisie par le froid. Elle y gagna une fluxion de poitrine, compliquée d'une fièvre pernicieuse et, en quelques heures, fut aux portes du tombeau.

Mme de P... ne l'abandonna pas un instant; elle la veilla pendant quarante jours, comme si elle eût été sa sœur chérie, et la sauva.

CHAPITRE XII

Constance tombe malade. — Sa mort. — On la cache à Charlotte. — On la prépare. — Elle l'apprend. — Douleur terrible et concentrée. — Encore un arbre arraché. — Puis un autre. — Joie de Charlotte. — Sa corbeille. — Je l'envoie. — Pas de nouvelles. — Terrible lettre. — Mon arbre seul est debout. — Séparation éternelle. — Le ménage pendant le choléra. — Le dénouement à Baden. — Ce que l'on m'apprend. — Le mariage. — La mort. — L'Alsace. — Les Vosges. — La Forêt-Noire. — L'église. — Vieux-Brisach. — Sulkeinstein. — Fribourg. — La vie à bon marché. — La princesse Stéphanie. — Le Val d'Enfer. — Le rond Back. — L'Étoile. — La Suisse. — Excursion au Righi. — La famille prussienne. — L'orage. — Catastrophe. — Insensibilité. — Le lever du soleil.

Le jour où le médecin déclara Charlotte hors de danger, Constance se mit au lit. Son courage et sa volonté l'avaient soutenue jusque-là, mais du jour où elle ne fut plus nécessaire, elle succomba. Le lendemain même, la maladie se déclara ; elle en avait pris le germe près de son amie. Comme elle était beaucoup plus forte, le mal fut plus fort aussi ; il résista à tous les soins. On appela les docteurs les plus célèbres du pays ; ils y déployèrent leur science en pure perte. En moins de huit jours, Mme de P... fut emportée ; je ne crois pas qu'elle eût vingt-deux ans.

Mlle L... était trop malade pour qu'on pût le lui

apprendre. On lui dit qu'une lettre l'avait forcée de partir précipitamment, et que son mari n'avait pas permis qu'elle retournât dans cet air de fièvre qu'elle avait quitté, de peur qu'elle n'en ressentît en voyage la funeste influence. Charlotte le crut ; elle était si loin de se douter de ce malheur !

Aussitôt qu'elle fut transportable, on la conduisit à Wintgenheim. Elle recommença à s'alarmer du silence de son amie. On me pria d'aider à la tromper. Je dus raconter, en termes badins et les larmes aux yeux, que Constance était à Paris, près de moi, qu'elle s'était blessée à la main et que je lui servais de secrétaire pour raconter des folies. Ce manège dura jusqu'à ce que sa convalescence fût à peu près finie. Puis on lui dit que le bobo était devenu grave, enfin on la prépara peu à peu, de façon à ne plus lui laisser d'espérance. M. A... imagina d'arracher pendant la nuit l'arbre de Mme de P... et de conduire le matin Charlotte au massif; elle n'attendait plus que ce dernier coup, et devina.

Il n'y eut point de cris, même des pleurs très rares ; elle se concentra en elle-même, suivant son habitude ; une teinte de tristesse plus profonde s'étendit sur ses traits, et ce fut tout. Ses lettres étaient d'une poésie mélancolique remarquable. Elle écrivait en prose comme les plus suaves poètes le font en vers. Malheureusement, je n'ai plus sa correspondance ; sans cela, j'en aurais donné une idée en en citant des fragments.

Pendant ce même été, l'autre jeune fille amie mourut.

Il ne resta plus debout que mon arbre et celui de M. A...

Dans les premiers jours de 1830, j'étais à Paris ; je reçus une lettre de Charlotte toute pleine d'une joie inaccoutumée. M. A... l'avait demandée en mariage ; ses parents et elle-même y avaient consenti. Elle l'aimait, non plus comme elle avait aimé une première fois, mais avec une tendresse douce, ineffable ; elle était sûre de le rendre heureux, et elle serait heureuse de son bonheur. Elle me vantait ses qualités précieuses, le sentiment désintéressé et plein de délicatesse qui l'attachait à elle ; il allait lui faire partager son nom, sa fortune, ses espérances d'avenir ; elle ne lui apportait en échange qu'une faible dot, une santé détruite, un cœur épuisé, un esprit frappé par la tristesse ; c'était, disait-elle, une bonne œuvre, une résurrection qu'il tentait. Dieu lui accorderait bien la grâce de pouvoir l'en récompenser par l'accomplissement de tous ses vœux.

Elle me priait d'acheter sa corbeille, qu'elle voulait simple et que, lui, ordonnait somptueuse. Il avait vaincu les résistances de son frère qui lui souhaitait un bon parti. On était à la veille de la révolution de Juillet ; il est donc facile de deviner quelle position eût pu six mois plus tard occuper ce jeune homme, puisque, sans d'autres liens que ceux de sa famille, alors toute-puissante, selon la croyance universelle, le général avait épousé secrètement Mme Adélaïde, sœur de Louis-Philippe. Je ne vous donne pas ce bruit pour une vérité, il s'en faut, mais au moins la faveur qui l'avait fait naître était incontestable.

Je répondis, enchantée ; je fis les commissions en tâchant d'accorder tout le monde, et j'attendis les nouvelles de la noce. Un mois se passa, je ne reçus rien ; j'écrivis et la réponse ne vint pas ; j'écrivis encore.

— Ah ! me disais-je, elle se sera reprise à aimer, et le bonheur rend oublieux.

Enfin, une lettre m'arriva, mais quelle nouvelle ! Quelle lettre, celle-là ! Je puis la citer, je l'ai copiée dans le temps, lorsque je fis une nouvelle à peu près sur ce sujet. La voici :

« Comment vous dirai-je ce qui vient de me frapper encore ? Je suis brisée ; ces robes, ces bijoux, ces dentelles que vous m'avez envoyés sont arrivés pour orner un tombeau ; il est mort aussi ! Je suis maudite, mon amitié tue, je vous défends de m'aimer. Depuis aujourd'hui, il n'y aura rien de commun entre nous ; je ne vous reverrai jamais, je ne vous écrirai plus. C'est le seul moyen de vous sauver la vie, et je veux que vous viviez. Vous vivrez, car je ne vous aimerai plus. Je ne vous donnerai pas de détails, je n'en sais pas ; je sais qu'il est mort, que je ne dois le revoir qu'au ciel. Si je pouvais devenir folle ! Si je pouvais mourir ! Mais Dieu ne le veut pas ! Il me laisse ma raison et ma santé afin de souffrir plus longtemps. Adieu pour toujours, adieu à vous, adieu au monde, adieu à tout. Je prierai pour vous quand je pourrai prier. »

Cette lettre me fit un effet que je ne puis rendre. Je me hâtai de répondre ; j'écrivis de nouveau, jusqu'à huit ou dix fois, et sans recevoir une ligne. Tous mes efforts ont été inutiles. Depuis lors, *jamais* je n'ai eu le moindre rapport avec Charlotte ; elle est restée sourde à mes prières, à mes sollicitations. Lorsque j'ai commencé à écrire, je le lui ai fait savoir, j'ai raconté exprès presque son histoire sans obtenir le moindre résultat ; elle a persisté.

Lors du choléra, en 1832, une personne inconnue est venue plusieurs fois à ma porte savoir si je n'étais pas atteinte du fléau. J'ai toujours supposé que c'était de sa part.

Si le jardin de Wintgenheim existe encore, mon tremble doit s'y trouver tout seul debout ; les six autres arbres ont été arrachés. Cela m'a effrayée quelquefois.

Cette très véridique histoire ressemble à un roman ; elle y ressemble même par le dénouement, aussi étrange que le reste.

J'étais à Baden en 1862 ; je rencontrai aux salons une dame alsacienne qui vint m'attaquer un jour sur mes livres, dont elle avait l'indulgence d'être satisfaite, et sur ma prédilection pour son pays. Elle se rappelait m'avoir vue dans ma jeunesse à Colmar ; nous parlâmes de mes anciennes connaissances ; ma première question fut pour Charlotte.

— Ah ! me dit-elle, la pauvre Charlotte a eu une malheureuse vie et une triste fin. Elle végéta longtemps après avoir perdu son second fiancé, et se plongea, pour se rattacher à quelque chose, dans une étude assidue de la philosophie. Sa mère mourut ; elle se trouva absolument seule. Son unique frère n'avait jamais été dans ses idées ni dans ses habitudes. Elle se laissa persuader d'épouser un notaire de campagne et s'en alla dans une petite bourgade, où elle essaya, par le devoir, par la volonté, de se refaire une existence. Cette âme grande, insatiable, initiée par ses travaux et ses fréquentations passées, à un ordre d'idées si supérieur à son entourage, ne put s'y accoutumer. Malgré ses efforts, l'ennui et le découragement s'emparèrent d'elle ; un beau matin, elle s'asphyxia ; on la trouva morte dans son lit. Elle n'a laissé ni adieu ni explications ; elle paraissait résignée et ne se plaignait jamais.

Cette habitude de concentration, depuis sa première douleur, la suivit jusqu'au tombeau. C'était une de ces créatures délaissées, dès le berceau, qui auraient dû naître ailleurs et que la fatalité marque pour sa proie. Nul ne saura ce qu'elle a souffert, ce qu'elle a pensé pendant son passage sur la terre. C'est un secret entre elle et Dieu. J'ai peine à croire qu'il ne lui pardonne pas son crime ; elle a dû s'en repentir au moment suprême, car elle était croyante, et il a été certainement accompli dans un moment de désespoir dont elle n'a pas été la maîtresse.

Pauvre Charlotte ! Je ne saurais l'oublier.

Revenons maintenant à cette province d'Alsace, à ce joyau dont Louis XIV a doté la France et qui est devenu un des plus précieux de sa couronne. C'est un véritable paradis et plus encore la partie que j'habitais que les environs de Strasbourg. Colmar, ainsi que je l'ai déjà dit, est à une lieue tout au plus des montagnes. La plaine va jusqu'au Rhin et jusqu'à la Forêt-Noire ensuite, c'est-à-dire de l'autre côté du fleuve.

Pour le dire en passant, la Forêt-Noire n'est point une forêt ; c'est une province où, dans beaucoup d'endroits, il n'y a pas l'ombre de forêt. Parlons-en, puisque nous y sommes, nous prendrons ensuite l'Alsace.

Nous passions continuellement le Rhin, près du fort Saint-Pierre, en face de Vieux-Brisach, dont l'église domine la Meuse. Il y avait autrefois un pont, Louis XIV le fit abattre ; il n'a jamais été reconstruit depuis.

Ce Vieux-Brisach est une bourgade assez laide, excepté l'église très ancienne dont la terrasse a une vue splendide. De là à Fribourg, il y a quelques lieues seulement par une route adorable. Que de fois je l'ai faite à cheval ! On passait, je me le rappelle, par un village appelé Sulkeinstein, où se trouvait un ravissant château.

Fribourg est la plus jolie ville que je connaisse, un vrai bijou de Nuremberg. Elle est si propre, les maisons sont si bien alignées, si bien peintes, qu'on jurerait qu'elles sortent d'une boîte. La cathédrale, du même architecte que celle de Strasbourg, lui ressemble en petit ; elle est peut-être plus parfaite et assurément plus régulière ; elle n'a qu'une flèche, mais elle n'est pas faite pour en avoir deux, elle est achevée. On y resterait des années avant d'avoir admiré toutes les statues, tous les bas-reliefs. Je ne saurais en dire assez de la ville et de l'église ; ce souvenir m'est resté ineffaçable, et il y a longtemps !

La vie, à cette époque, était fabuleusement bon marché. Nous y voyions un neveu du bailli de Ferrette, fils d'un émigré français qui s'était marié dans le pays. Il avait une maison délicieuse avec un jardin. Sa femme, sa belle-sœur, deux enfants, trois domestiques, un cabriolet et un cheval — tout cela, y compris le cabriolet, vivait pour cinq francs par jour.

La princesse Stéphanie de Beauharnais, grande-duchesse douairière de Baden, avait une ravissante habitation à quelque distance de Fribourg ; elle y donnait des bals, où nous eûmes l'honneur d'aller. Il est impossible d'être plus charmante, plus gracieuse ; aussi était-elle adorée dans le pays, où le peuple et la bourgeoisie ne l'appelaient que la bonne duchesse. Elle faisait un bien infini ; jamais un malheureux ne l'approcha sans être secouru et consolé.

Non loin de la jolie cité, se trouvait aussi une des merveilles de la nature : le Val d'Enfer. C'est le commencement des montagnes qui vont jusqu'en Souabe. L'entrée rappelle celle du passage de Pancorbo, en Espagne ; ce sont aussi deux rochers à perte de vue, plantés comme des aiguilles, en sentinelles, à l'entrée du défilé ; la vallée va toujours en se rétrécissant, il n'y reste bientôt plus de place que pour le rond Back-le-Torrent et pour un étroit chemin. Ensuite elle devient plus large ; quelques maisons y sont jetées pour égayer le paysage ; une très jolie chapelle et l'hôtel de l'Étoile, où l'on mange des truites excellentes, sont les monuments les plus remarquables du village.

Mon Dieu ! que c'est beau, que c'est plein de rêverie, que c'est adorable et poétique. Je dis *c'est*, je devrais dire *c'était*. Depuis tant d'années, ce ne doit plus être reconnaissable ; je suis sûre qu'il y a des usines et qu'on y entend des marteaux. Le pittoresque petit moulin est remplacé par la vapeur ; l'industrie n'aura pas manqué de gâter aussi ce petit coin du monde où l'on pouvait si bien oublier le reste.

Nous fîmes aussi une excursion en Suisse, dans tout l'Oberland, jusqu'à Zug, Zurich, Lucerne, Constance, etc.

Je ne m'amuserai pas à décrire cette Helvétie que tout le monde connaît maintenant comme la place Vendôme. Je rappellerai seulement une catastrophe dont je fus témoin, et qui est aussi probablement la fin de quelque roman intime.

Nous étions montés au Righi pour admirer le lever du soleil; le soir, l'hospice était plein. Il s'y trouvait des gens de toutes les nations, mon mari et moi étions seuls de Français. Il parlait l'allemand, moi je n'en comprenais pas un mot.

Parmi les voyageurs, nous remarquâmes une famille prussienne, composée du père, de la mère et d'une fille de vingt ans à peu près. La femme était jeune encore; elle le paraissait probablement plus qu'elle ne l'était en réalité. Toutes les deux étaient jolies et coquettes comme des linottes. Le mari n'avait guère plus de quarante-cinq ans peut-être, mais il me sembla taciturne et sombre.

Un peu après le souper fait en commun et très mauvais, l'orage éclata dans la montagne, bien au-dessous de nous. Tout le monde sortit pour examiner ce phénomène, très commun dans les Alpes, et qui n'en est pas moins fort curieux. Nous dominions les éclairs, le ciel était serein au-dessus de nous.

Les Prussiens étaient à côté de moi; le mari ne parlait pas plus là qu'ailleurs. Tout à coup, j'entendis un grand cri, quelques mots allemands, et puis je le vis descendre, les bras en l'air, vers l'orage, en courant comme un insensé. Nous le perdîmes de vue derrière des arbres.

Les gens de l'hospice, les voyageurs commencèrent à s'agiter en criant dans sept ou huit langues ; pour moi, je ne me gênais pas de répéter :

— Il va se tuer! sans me soucier d'être entendue par personne.

On organisa un sauvetage, mais personne ne songeait à le suivre; on ne se rendait pas compte de ce transport. Les deux femmes étaient debout à la même place, gesticulant et semblant se disputer. Mon mari m'a dit qu'elles se rejetaient mutuellement la cause de cet accident. Je demandai ce qu'il avait dit, avant de partir. C'était littéralement ceci :

— Qu'on ne m'en impute pas la faute !

Nous rentrâmes, parce que le froid était excessif, bien que nous fussions dans les premiers jours de juillet. Personne ne se coucha, on attendait des nouvelles de ce pauvre homme. Un peu après minuit, on rapporta son corps ; il était brisé.

Vous jugez s'il y eut des commentaires ; les uns prétendaient qu'il avait été jeté dans le nuage et qu'il avait été foudroyé ; d'autres assuraient que ce n'était pas possible et qu'il avait dû tomber dans un précipice ; ceux-là étaient les savants. Qui avait raison ? Je l'ignore, moi qui ne suis pas savante, mais ce dont nul ne doutait, c'est qu'il n'eût mis fin exprès à sa vie, et on en chercha la cause dans la contenance et dans les manières d'être de sa femme et de sa fille.

Elles furent d'une insensibilité révoltante. On l'avait placé dans une chambre à part, respectant la douleur qu'elles n'avaient pas et qu'on leur supposait. Elles ne versèrent pas une larme, et toute la nuit, sous prétexte de prendre des conseils, elles firent demander tous les hommes qu'elles avaient remarqués la veille ; mon mari en fut un. Elles causaient tranquillement, accablèrent le défunt de récriminations et de plaintes, et laissèrent croire qu'elles étaient très heureuses d'en être débarrassées. Il était fou, disaient-elles, et fou furieux ; il les aurait tuées un jour ou l'autre, il valait mieux qu'il se fût fait justice.

Lorsque l'aurore parut, elles n'osèrent pas sortir, mais elles se mirent à la fenêtre, afin de jouir de ce magnifique spectacle, absolument comme s'il ne s'était rien passé. Elles ne comptaient rien changer à leurs projets et, une fois le comte inhumé, — c'était un comte, j'ai oublié son nom — elles visiteraient le reste de la Suisse et ne s'amuseraient pas à le pleurer. Je ne sais pas la suite de l'histoire. Je ne les ai jamais revues, mais c'étaient des femmes absolument sans cœur. Il n'était pas un être qui n'en fût révolté.

Je ne crois pas avoir rien rencontré de pis dans toutes les choses cruelles dont j'ai été témoin.

CHAPITRE XIII

Réflexions. — L'Alsace. — Colmar. — Les cigognes. — Les trois châteaux d'Eguishem. — L'abbaye de Marbach. — Le Hugueneck. — Le panorama. — Légende. — Marbach. — Le Hanensamberg. — Le Phlisbourg. — Légende. — La Dame noire. — Les flèches de Marbach et le moulin. — Le Haunek. — La vallée de Munster. — Les Hartman. — Le mont des Roses. — Les Haussmann. — Le Logelbach. — Ribeauvillé. — La maison de Ribeaupierre. — Encore trois châteaux. — Légende. — Le Hauen Kœnisbourg. — Kintyen. — La vallée.

Voyons maintenant l'Alsace et ses légendes. Il me semble que ce pays, qui est la France et dont personne ne parle peut-être à cause de cela, offre un intérêt réel; contrairement aux autres nations, nous n'aimons que ce qui ne nous appartient pas. Nous vantons ce que nous allons chercher loin et non ce qui est près; il semble que nous accordions notre admiration en proportion de la peine qu'elle nous coûte et non pour ce qu'elle vaut.

L'Alsace donc est assurément une de nos plus belles provinces; les Vosges sont aussi pittoresques que la Suisse, sur une moins grande échelle. Après cette grande plaine que le Rhin traverse majestueusement, l'horizon se borde d'une ceinture de montagnes élevées, couvertes de sapins et presque toutes surmontées de ruines. Il y avait là autant de *Burgs* que sur les bords du Rhin. Les uns sont tombés sous la faux du temps, les autres, tels que le Panen Kamsberg et le Panensberg, ont été démantelés sur les ordres de Louis XIV; ce sont les plus considérables, bien entendu.

La ville de Colmar est située à une lieue tout au plus des premières cimes. Le toit et le clocher de la cathédrale se détachent sur ce fond à tons chauds et bruns. Je voyais tout cela des fenêtres d'une petite tourelle dont j'avais fait mon boudoir. Sur le faîte de l'église était un nid de cigognes bien étalé sur une roue de charrette. Dans presque tous les pays que ces oiseaux habitent, ils sont sacrés, nul n'oserait leur faire de mal et ils sont une bénédiction pour les maisons qu'ils adoptent.

On emploie mille coquetteries pour les attirer. Les roues restent en permanence; afin qu'ils préparent leur place, on ne détruit pas les nids de l'année précédente. Quand la cigogne vient après les froids, elle retrouve son habitation telle qu'elle l'a laissée. Il est rare que ses souvenirs ne l'attirent pas. Ces grands oiseaux font admirablement dans le paysage; on les voit le soir, au moment où la nuit va tomber. Leurs silhouettes noires se détachent sur le ciel; l'une est ordinairement couchée sur ses œufs ou sur ses petits, tandis que l'autre se tient debout, sur une de ses longues pattes, le bec en avant, et monte la garde. Il y a des exemples inouïs de fidélité et de tendresse conjugale et continuelle de la part des cigognes.

La première ruine qui frappe distinctement les yeux quand on suit la chaîne des Vosges depuis Colmar, ce sont les trois châteaux d'Eguishem; les enceintes et les tours sont encore debout; une d'elles est complètement inaccessible. Que de suppositions sont faites sur ce qu'elle renferme! Elle n'a ni portes ni fenêtres, ni aucune ouverture quelconque. Les gamins y grimpent pourtant pour dénicher les oiseaux. Ils disent qu'il n'y a rien dedans, mais ce rien peut être quelque chose pour la science.

Ces trois châteaux, situés sur une côte pelée, étaient indépendants l'un de l'autre, bien qu'appartenant au même seigneur. Ils étaient presque toujours en querelle avec les abbés de Marbach, suzerains des villages de la plaine. De mon temps, on voyait encore des restes de l'église, dont les flèches étaient célèbres par leur hardiesse et leur élévation.

A côté des Eguishem, un peu plus bas, au milieu des bois, s'élève la tour bien plus modeste du petit château d'Hugueneck. C'est un bijou ; je ne connais pas de lieu plus propice à la rêverie, si ce n'est le Plixbom, que nous rencontrerons un peu plus loin. Il est dominé par les plus hautes cimes, le mamelon qu'il couronne est entouré de précipices et isolé, comme un pain de sucre. On ne voit de trois côtés que des gouffres verdoyants, des sapins magnifiques à qui l'hiver n'ôte pas leur parure, et de l'autre, la vallée immense, splendide, cultivée, les villes, les villages, les églises, les fabriques, le fleuve se déroulant comme un ruban à reflets argentés, les petites rivières, le canal, au fond les montagnes de la Forêt-Noire et les Alpes.

Là, vivait au xiv° siècle, une belle jeune fille, — il y a eu des belles jeunes filles depuis Ève et le paradis perdu. Un chevalier italien qui passait par la contrée, je ne sais pourquoi, en devint épris et la demanda à son père. La jeune châtelaine aimait le chevalier ; le seigneur ne lui refusa pas la main de son adorée, il y mit pour condition toutefois qu'il irait chercher lui-même le consentement de ses parents et les preuves nécessaires à son état.

Ils trouvèrent cette condition bien dure, mais il fallut obéir. Avant de se quitter, le fiancé fit promettre à la dame de l'attendre un an et un jour.

— Si je ne suis pas revenu alors, lui dit-il, vous serez libre, vous pourrez former d'autres nœuds, car c'est que je serai mort.

La jeune fille jura de l'attendre toute sa vie, de n'aimer que lui, enfin tout ce qu'on jure dans la passion et que l'on tient si rarement. Il partit.

L'année se passa, on n'en eut aucune nouvelle. En vain elle montait au haut de la tour, cherchant à découvrir un voyageur sur la route du midi ; en vain elle envoyait chaque jour un page à la découverte, nul ne paraissait. La seconde année s'écoula ainsi, puis une troisième. La belle fille, lasse d'attendre, lasse d'être seule, croyant son promis mort ou infidèle, ce qui est encore pis, entra à l'abbaye de Marbach, y prit le voile et y fit ses vœux, mettant sans regrets une barrière infranchissable entre elle et le monde, puisqu'elle ne devait plus le revoir.

A peine y avait-il trois mois qu'elle avait fait profession, qu'un pèlerin arriva au château et demanda l'hospitalité qu'on ne refusait à personne. On le fit asseoir au bas bout de la table ; il garda, sous prétexte d'un vœu, son grand chapeau qui cachait ses traits. Ce repas fut triste et sombre, comme ils l'étaient depuis le départ de la joie de la maison.

— D'où vient, dit le pèlerin, à un serf placé auprès de lui, que votre seigneur est seul sur son estrade, n'a-t-il donc point de femme, point de famille ?

— Il a une fille unique qui, après avoir attendu trois ans son fiancé, vient de se faire nonne à Marbach, de chagrin de l'avoir perdu.

Le pèlerin enfonça davantage son chapeau sur ses yeux et ne prononça pas une parole. Le lendemain, il se présenta à la grille du monastère et demanda madame l'abbesse. Celle-ci ne tarda pas à paraître.

L'étranger se jeta à ses pieds, lui assura qu'il était le chevalier italien, fiancé de la nouvelle religieuse. Des brigands l'avaient arrêté sur la frontière du Tyrol et l'avaient retenu prisonnier près de trois ans ; ils venaient enfin de traiter de sa rançon. Il accourait à Hugueneck, espérant la revoir encore libre et tremblant de la retrouver infidèle. Ce qu'il avait appris était affreux. Elle le croyait mort ou inconstant, il suppliait qu'on lui permît de lui parler une seule minute, de la détromper. Il jurait de s'éloigner d'elle ensuite, de ne plus essayer de la revoir, il versait des larmes amères, son cœur semblait prêt à se briser.

L'abbesse resta sourde à ses supplications, lui répondit que la jeune fille appartenait désormais au Seigneur, que personne, hors Dieu et ses compagnes, ne devait voir son visage et communiquer avec elle.

— Cependant, ajouta-t-elle, je n'oublierai pas ce que vous venez de me confier, elle le saura au lit de la mort; là seulement, la règle permet à un intérêt mondain d'arriver jusqu'à nous.

L'amant dut se contenter de ces douloureuses promesses, et sortit désespéré.

L'abbaye de Marbach, dont les ruines magnifiques existent encore près de Guebwiller, est située dans une gorge fort étroite. De chaque côté, les montagnes la dominent; il n'est pas de lieu plus sauvage et plus retiré.

A quelques jours de là, les paysans rencontrèrent un homme occupé à se construire une sorte d'ermitage sur des rochers placés à mi-côte et qui dominaient complètement l'abbaye. Il se bâtit seul une petite demeure qu'il surmonta d'une croix et d'une cloche, et dans laquelle il s'établit, entouré de mille privations. Mais de cette place on apercevait, au moment des récréations, les religieuses se promenant dans les cours et dans le préau et parmi ces femmes habillées de blanc, toutes semblables, il cherchait la femme aimée. Comme le soir, la nuit, le matin à l'office, agenouillé dans un coin de la chapelle, il cherchait la voix chérie au milieu de ces voix angéliques qui chantaient les louanges de Dieu.

C'étaient là ses seules jouissances bien douloureuses et bien pures.

Enfin il entendit sonner le glas des morts, il s'in-

8.

forma auprès du sacristain pour qui on demandait des prières.

C'était pour sa fiancée.

La pauvre femme avait assez souffert sur la terre, Dieu la rappelait à lui. Il se prosterna devant l'autel jusqu'à ce que la cloche en cessant de tinter apprît à tous que l'âme chrétienne était devant son juge. Ce moment fut le plus beau et le plus affreux de sa vie. Elle mourait, mais elle apprenait combien il l'avait aimée, elle apprenait qu'il avait vécu près d'elle, qu'il lui avait consacré toute son existence; quant à lui, il était très certain d'aller bientôt la rejoindre. Céleste et belle confiance de l'amour vrai, liant à jamais deux êtres dans la vie et dans la mort.

On rendit à la terre le corps de la jeune vierge; son amant, resté seul, languit encore quelque temps et s'éteignit en prononçant son nom, ainsi que le dit la touchante romance du comte de Moret :

> Il n'aima plus rien sur la terre,
> Le faux ermite sans efforts
> Devint un pieux solitaire.

Je ne sache rien de plus admirable que ces amours-là ; ils m'ont profondément impressionnée ; il est vrai qu'on me les a racontés au lieu même où ils se sont passés et que le cadre faisait encore valoir le tableau.

Au-dessus des Eguishem — on prononce Exem — le Hanensamberg étend sa vaste enceinte.

A gauche, sur un mamelon bien moins élevé, s'avançant sur la vallée de Munster, on découvre une tour et quelques pans de mur desquels se détache une ogive parfaitement conservée, garnie de clématites, de lierre, de liserons et d'autres plantes. Ce lieu ravissant s'appelle Phlisbourg ; là, se passa un drame sanglant dont le souvenir, tout ancien qu'il est, vit encore au milieu des veillées.

Le châtelain de Hanensamberg était un très puissant seigneur, maître d'une grande partie du pays et suzerain entre autres de ce château de Phlisbourg, toute petite bicoque en comparaison. Au temps des croisades, un châtelain de Phlisbourg partit pour la Palestine et laissa sa femme, jeune et jolie, seule dans ce domaine, où nulle visite ne devait, croyait-il, la distraire de l'absence. Son suzerain était un jeune homme, bien tendre, bien beau, qui aperçut un jour la veuve, se promenant tristement sur la montagne. Il l'aborda, lui adressa la parole, la ramena chez elle et, depuis lors, ils se virent chaque jour.

Bientôt le chevalier se montra plus attentif, la châtelaine moins sévère; ils en vinrent enfin à s'aimer de toute leur âme, comme on aimait alors, avec l'exaltation, le dévouement, si loin de nos tristes amours.

La fenêtre dont je vous ai parlé était celle de l'oratoire des dames de Phlisbourg; de là, on découvrait parfaitement les tours orgueilleuses d'Hanensamberg. La pauvre femme y passait sa vie à attendre un signal. Le soir, lorsque le suzerain devait venir la visiter, il allumait une petite flamme en haut du donjon.

Alors, elle était heureuse, elle faisait mille apprêts dans sa triste et solitaire demeure. Un passage souterrain conduisait d'un manoir à l'autre; l'issue en était dans cette pièce même, on arrivait ainsi. Quelquefois, c'était elle qui le visitait et ils variaient de la sorte leurs plaisirs et leurs entrevues.

Un jour, jour néfaste, jour affreux, le mari, prévenu sans doute par ses espions, arriva tout à coup. La malheureuse trembla à son aspect, fut tentée de se jeter à ses genoux et de lui demander grâce, mais il ne laissa rien paraître, se fit servir à souper et se retira sans montrer à sa femme qu'il eût le moindre soupçon. Restée seule, elle pleura; son amant allait se mettre en route, le signal avait paru, comment le prévenir? Aucun messager ne pouvait sortir du château à cette heure sans la permission du maître; elle se décida à aller elle-même au-devant de lui; elle s'arma d'un poignard, et, s'enveloppant d'un long voile noir, elle ouvrit l'issue secrète et descendit l'escalier, sa lampe à la main.

Bientôt des pas se firent entendre derrière elle. Elle redoubla de vitesse; celui qui la suivait, également.

En même temps le bruit de la marche précipitée de son amant lui arrivait; elle se mit à courir, car il fallait le joindre, le faire rétrograder avant que le vengeur n'eût pu les joindre aussi. Vains efforts, les pas se mesuraient sur les siens; elle sentait presque une haleine glacée sur son cou, mais courait toujours.

Enfin elle aperçut le chevalier; éperdue, elle lui cria de loin :

— Sauve-toi, mon bien-aimé, nous sommes découverts !

Il ne se sauva pas, il approcha au contraire. Elle resta immobile entre ces deux hommes : un qu'elle aimait, l'autre qu'elle avait trahi. Ils se reconnurent à l'instant.

Le seigneur de Hanensamberg, tout hardi qu'il était, baissa la vue, se sentant coupable.

Le châtelain de Phlisbourg tira lentement son épée.

A ce geste, sa femme devina son intention; plus prompte que lui, elle fit briller à ses yeux la lame de son poignard.

— Touchez-le, dit-elle, voilà qui le vengera.

Son mari écarta l'arme meurtrière et, s'adressant à son rival :

— Ta vie m'appartient; quoique tu sois mon suzerain, je te laisse pourtant le droit de te défendre, si tu n'es pas aussi lâche pour me disputer ma femme que tu l'as été pour la séduire.

Ils se jetèrent l'un sur l'autre. La châtelaine resta quelques secondes spectatrice du combat; tout à coup elle se précipita entre eux; d'une main, elle éloigna le chevalier, de l'autre agita son poignard et, se le plongeant dans le sein, elle dit à son mari, en tombant à ses pieds :

— Il te fallait une victime, me voici, épargne-le, pardonne-moi.

Les deux hommes restèrent stupéfaits ; par un commun sentiment, ils essayèrent de la rappeler à la vie. Hélas ! Elle était bien morte, punie, dès ce monde, de la plus décevante des passions.

Le châtelain du Hanensamberg et celui de Phlisbourg se regardèrent alors ; toutes les idées de vengeance s'éteignirent, ils partirent ensemble pour l'abbaye de Marbach et s'y firent moines.

Aujourd'hui, deux hommes en pareille position se seraient massacrés ; dans ces temps de foi, la religion consolait de tout.

Depuis ce temps, toutes les nuits, assure la légende, la châtelaine fait le même trajet souterrain qui la conduisait près de son amant. Elle tient à la main son poignard et sa lampe, on l'appelle dans le pays la *Dame noire*, à cause de son voile : c'est bien autre chose que la Dame blanche, convenez-en.

J'ai oublié de vous dire que les flèches de l'abbaye de Marbach, chef-d'œuvre d'architecture gothique, avaient été démolies pendant la révolution douairière — je l'appelle ainsi pour la distinguer de ses filles — pour en faire un moulin.

Après le Phlisbourg, presque en face, est le Haunek, dont il reste peu de traces. Il domine la vallée de Munster, où se trouvaient les grandes fabriques de M. Hartman, le plus riche manufacturier d'Alsace à cette époque. Il avait des jardins superbes : entre autres merveilles, une montagne tout entière, couverte de roses du haut en bas. Il y en avait de toutes les espèces, le parfum en était enivrant.

La famille Haussmann qui est, je le suppose du moins, celle du préfet de la Seine, avait aussi une grande importance commerciale. Ses usines du Logelbach, près de Colmar, étaient citées parmi les plus belles. On y faisait, comme à Mulhouse, ces charmantes toiles d'Alsace qu'on a le tort de beaucoup moins porter.

En suivant la chaîne des Vosges pendant quelques lieues, par un chemin enchanté, on arrive à Ribeauvillé, petite ville, berceau de la famille de Ribeaupierre, d'une illustration si ancienne et si brillante dans toute l'Alsace, qu'on ne saurait rien lui comparer. Il n'en reste plus, depuis longtemps, un seul rejeton en France. La dernière branche a émigré en Russie, où elle tient à la cour un rang distingué.

Au-dessus de la ville, dans la position la plus étrange, sont les trois châteaux du même nom, bâtis sur trois pointes de rochers; l'une d'elles est devenue inaccessible; les deux autres annoncent l'importance de ces forteresses.

Il y a bien des siècles, ils furent construits par trois frères, qui, ne voulant pas se séparer et ne pouvant habiter tous le même manoir à cause de leurs suites nombreuses et de leurs grandes richesses, convinrent d'élever chacun un manoir à leurs frais.

L'aîné choisit la plus haute position, le plus jeune s'empara de cette pointe presque inabordable, le cadet se plaça au milieu. Une affection sans bornes unissait particulièrement ces derniers l'un à l'autre. Ils se quittaient peu; leurs chagrins et leurs plaisirs étaient communs et rien ne semblait plus touchant que cette union fraternelle.

Pour ne pas s'envoyer sans cesse des messagers, ils inventèrent une sorte de télégraphe pour s'avertir l'un l'autre et tiraient une flèche par la fenêtre. Un matin, l'idée d'aller à la messe leur vint presque en même temps. Ils s'avancèrent vers la croisée. Au moment où le plus jeune ouvrait le châssis de plomb, son frère lança son trait. Trop bien dirigé, il atteignit le malheureux au cœur et le tua. Je vous laisse à penser quelle fut la douleur du meurtrier.

Il légua tout ce qu'il possédait à son aîné et partit

pour la Terre-Sainte ; on n'en entendit plus parler. Le seul des trois frères si unis qui survécut, Ulric de Ribeaupierre, défendit qu'on ouvrît les manoirs inférieurs. Il les laissa tomber en ruines, en expiation du crime qui y avait été commis.

Depuis ce moment, le peuple assure que vers l'aurore, dans la saison des chasses, des ombres se montrent sur les murailles détruites et qu'à quatre heures précises, on entend le sifflement d'une flèche auquel répond un cri déchirant.

Ils font un signe de croix et s'éloignent. Ils sont superstitieux et niais, mais au moins ils croient à quelque chose.

En continuant encore, on arrive au roi de la contrée, au Hauen Kœnisbourg. Après Heidelberg, c'est la ruine la plus belle et la plus considérable à trente lieues à la ronde, il faut plus de quatre heures pour y monter, mais quel panorama, là-haut !

Sur un pic avancé est Kintyen, au-dessus Schlestadt ; le château a été rebâti, ou plutôt entouré de façon à le rendre habitable : il est ravissant.

Plus loin, sur la route de Lorraine, il y a la vallée de la Pontroye. Il y a encore bien des magnificences, mais je borne là mes descriptions.

CHAPITRE XIV

Excursion en Suisse. — Ma belle-sœur. — Épinal. — M. et Mme de Marsan. — La préfecture. — M. Doublat, receveur général. — Son jardin. — Les serres. — M. de Courtois. — Le gouvernement provisoire. — La marquise d'Hoston. — La comtesse de Ligneville. — Le duc de Choiseul. — Plombières. — Mme la duchesse de Berry. — L'allée Caroline. — La fontaine Amélie. — Les eaux. — La marquise de Béthizy. — Remiremont. — Les chanoinesses. — Les chapitres. — Leurs usages et leurs lois. — Les *preuves*. — Les novices ou nièces. — Leur costume. — M. de la Ponce. — M. de la Porte. — Saint-Dié. — Neufchâteau. — Les convives et les violons. — M. de la Porte et le château de Meslay. — M. de Salaberry.

Mon été se passa jusqu'au mois d'août dans ces courses de montagnes. Nous allâmes pendant trois semaines en Suisse, je l'ai dit, je n'en parlerai plus, ce serait recommencer le Guide du voyageur. Les impressions de voyages d'Alexandre Dumas défendent à personne de toucher à ce pays.

Au mois de septembre, j'allai chez ma belle-sœur, Mme Anatole de Pierres, dont le mari était dans les contributions, à Épinal. C'était encore un coin des Vosges et des plus pittoresques. M. de Marsan était préfet. Sa femme et lui recevaient à merveille, et cette petite ville était charmante. On se réunissait tous les soirs dans quelque maison, et il y venait très bonne compagnie.

Nous faisions de la musique, nous dansions, nous visitions les environs. Le receveur général, M. Doublat, avait une belle fortune, et le plus curieux jardin possible. Pour y arriver, on montait au second étage. La maison, fort belle, était située au-pied de la montagne qu'il avait reliée à une autre par un pont aérien. Ces deux montagnes composaient son jardin, couronné par un *vrai* vieux château en ruines.

Ce jardin était tantôt une forêt de sapins, tantôt une verte pelouse, tantôt un parterre, tantôt une rivière ou un lac. On avait fait monter l'eau là-haut, à force de dépenses. Des fabriques de toutes sortes, des grottes accidentaient le paysage; la vue en était splendide.

Les serres avaient une juste réputation; il y avait entre autres un héliotrope géant dont l'une d'elles était tapissée, et une plante qui semblait de cire et de velours, nommée, je crois, *asclépias*, et dont nous faisions des coiffures.

J'ai connu à Épinal un personnage qui a joué un rôle depuis dans les affaires publiques. On était loin de le prévoir alors. C'était M. de Courtois, major d'un régiment de hussards, en garnison au chef-lieu des Vosges. C'était un homme d'esprit assez caustique, on le craignait dans la société par sa clairvoyance et sa promptitude à saisir le ridicule. Il paraissait s'occuper fort peu de politique et songeait davantage à faire sa cour aux femmes, lorsqu'elles consentaient à l'écouter et même sans leur permission.

Il était aimable, galant, pas sérieux du tout, en apparence du moins; j'ai été fort étonnée quand je l'ai vu membre du gouvernement provisoire et commandant une partie des forces de la République.

Nous avions à Épinal une bonne vieille dame, la marquise d'Hoston. Sa fille avait épousé le comte de Ligneville, d'une des grandes maisons de Lorraine.

C'était, il me semble, un des *quatre grands chevaux*. Les ducs de Lorraine baptisaient les huit premières familles de leur État les grands et les petits chevaux.

C'est chez Mᵐᵉ d'Hoston que je fis connaissance avec le duc de Choiseul, le dernier de ce nom, que nous avons vu vivre si âgé, le grand-père du duc de Marmier actuel. C'était un étrange vieillard, très intéressant à entendre; il racontait une foule d'anecdotes sur la cour de Louis XVI, et même sur celle de Louis XV qu'il tenait des témoins oculaires lorsqu'il n'avait pas vu lui-même. Il avait conservé les usages et les manières de l'ancien régime, et ne voulait pas s'apercevoir qu'il n'avait plus trente ans.

Sa grande fortune lui permettait de vivre comme un grand seigneur. Il avait à Paris de longues habitudes qui n'excluaient pas les distractions; il papillonnait comme un jeune homme dans le monde et même ailleurs.

Il avait conservé des propriétés en Lorraine et il allait de plus aux eaux de Plombières ; il resta quelques jours à Épinal où on lui donna des fêtes. Il y fut plus gracieux que je ne le retrouvai plus tard à Paris.

Je viens de nommer Plombières, je n'y manquais pas une excursion, bien entendu. C'est un lieu sauvage et qui me plaît extrêmement. La ville et les bains sont dans un entonnoir. Les paysans lui donnent un nom peu séant et que je ne me permettrai pas de vous répéter, en assurant qu'il y pleut toujours.

Le pays était plein des souvenirs de Mᵐᵉ la duchesse de Berry qui, l'année précédente, y était venue; on l'adorait comme partout. Il y avait l'allée Caroline, la fontaine Amélie, nommée ainsi par elle en souvenir de Mᵐᵉ la duchesse d'Orléans, sa tante, qui fut quatre ans après reine des Français.

Les bains se prennent singulièrement ; tout le monde

est ensemble dans la même piscine, hommes et femmes. On y reste fort longtemps. Quelques personnes avaient, sur des tables de liège, leurs journaux, des livres, tout un établissement. Inutile d'ajouter que tout le monde est vêtu de longues robes de laine pour la décence. Ce n'en est pas moins fort étrange. Peut-être cela est-il changé, et peut-être le progrès a-t-il pénétré jusque dans ces détails.

Les eaux, en ce temps-là, se gouvernaient autrement qu'aujourd'hui, nos eaux françaises surtout. Il y avait toujours une reine, un astre autour duquel gravitaient les planètes inférieures, que toute la province admirait et prenait pour modèle. Elle donnait des modes qui faisaient loi jusqu'à l'année suivante. Les rapports étaient lents entre Paris et les départements, cette belle dame qui en venait imposait son caprice, nul ne songeait à le discuter.

La reine, cette année-là, était la comtesse de Béthizy, une des dames de Mme la duchesse de Berry, dont la belle taille et l'élégance faisaient fureur. Elle imposa, je me le rappelle, certains immenses chapeaux ronds en paille lisse et ferme comme un paillasson. On les garnissait avec une couronne de nœuds de rubans de couleurs différentes, placés en biais sur le fond. C'était bizarre, pour ne rien dire de plus. La mode était aux rubans ombrés, vous voyez cela d'ici.

Entre Plombières et Épinal, se trouve Remiremont, où siégeait l'ancien et célèbre chapitre des chanoinesses. Il n'en était pas en France de plus noble, après celui de Maubeuge. Les différents chapitres de Lorraine étaient classés ainsi :

Les *Dames* de Remiremont, les *Demoiselles* de Nancy et les *femmes de chambre* d'Épinal. C'était pour désigner les différents degrés de noblesse.

La Révolution a à peu près tout détruit, ce qui reste ne vaut pas la peine d'être vu, m'a-t-on dit, car folle jeune femme que j'étais alors, je ne m'en suis pas assurée par mes yeux, j'étais pressée d'arriver à Plombières pour un bal ; c'était une grande affaire.

Autrefois, ce monastère célèbre, si tant est que les chapitres fussent des monastères, était dirigé par une princesse de sang royal quelquefois, de la plus haute noblesse toujours. L'abbesse de Remiremont était une des plus grandes dames du royaume. Elle habitait un vaste bâtiment, une sorte de palais, où elle recevait magnifiquement les étrangers. Les officiers en garnison dans les villes voisines y venaient sans cesse, on s'y amusait beaucoup.

Les chanoinesses ne faisaient que des vœux temporaires ; elles pouvaient se marier moyennant des dispenses assez difficiles à obtenir. Le nombre n'en était pas limité. Chacune avait une petite maison autour de l'abbatiale ; elles y étaient indépendantes, vivaient chez elles, servies par leurs domestiques, ce qui ne les empêchait pas d'être dames et maîtresses des employés de l'abbaye et de la ville de Remiremont, où la justice se rendait au nom de l'abbesse et du chapitre par leurs baillis et leurs gens. Elles ne reconnaissaient d'autres supérieurs spirituels et temporels que le pape et le roi ; les évêques, ni aucunes juridictions ecclésiastiques ou laïques, n'avaient rien à démêler avec elles ou avec leurs vassaux.

Pour être chanoinesse de Remiremont, il fallait prouver trente quartiers de noblesse paternelle et maternelle sans interruption ni mésalliances. Très peu de familles pouvaient faire ces preuves-là. Quelquefois a faveur ou un peu de fraude venaient en aide à la noblesse de cour, lorsque quelque aïeul avait éprouvé le besoin d'épouser une fille de finance ; c'était ce que l'on appelait *fumer ses terres*.

Chacune des dames avait avec elle, dans sa petite maison, une novice ou nièce, soit qu'elle le fût par les liens du sang, soit qu'elle n'eût d'autres droits que l'adoption tacite. Les maisons chapitrales, lorsqu'elles avaient plusieurs filles, envoyaient de bonne heure à

Remiremont ou dans n'importe quel chapitre celles qu'elles destinaient à porter la croix; elles s'accoutumaient ainsi plus vite et n'en étaient que plus heureuses.

Cette vie-là était fort douce pour les filles de bonne maison; elles avaient dans le monde la même consistance qu'une femme mariée, sans les charges et les ennuis d'un ménage et les brusqueries ou les caprices d'un mari. Elles ne faisaient pas précisément vœu de chasteté, mais elles le tenaient au moins pour la convenance et l'on était fort indulgent pour elles. On ne leur demandait que de se cacher à peu près. Il y avait même un certain proverbe que je ne vous répéterai pas, et qui prouvait jusqu'à quel point on était disposé à leur pardonner.

Elles restaient souvent très longtemps loin du chapitre, pourvu qu'elles fissent acte d'apparition de temps en temps. Elles allaient à la cour, dans leurs familles et partout. Leur costume était une robe de soie noire faite suivant la mode du temps, bordée d'une fourrure d'hermine. La croix blanche à huit pointes était suspendue à un ruban bleu et placée au côté gauche du corsage.

Sur la tête, elles portaient un voile de dentelle noire, rattaché par un joyau en or ressemblant beaucoup aux épingles qui retiennent nos châles aujourd'hui. Ce bijou se nommait un *affiquet*. Les chanoinesses l'appelaient familièrement un *mari*; il leur en tenait lieu, c'était leur porte-respect. D'un côté étaient gravées les armes du chapitre, de l'autre celles de la dame à qui appartenait ce mari de convention.

Les assemblées des chapitres étaient magnifiques. Rien de plus imposant, de plus majestueux. Ces longs manteaux, que mettaient à l'église les dames de chœur, traînaient sur le tapis du sanctuaire. L'abbesse avait une crosse d'or incrustée de pierreries, les dignitaires étalaient leurs grands cordons en sautoir, et les novices chantaient des cantiques ravissants sous la direction de leur maîtresse.

Ces dames portaient, hors de Remiremont, tous les bijoux qu'elles voulaient, des diamants et des pierreries de toutes les couleurs. Il leur était permis, pour les noces et les autres occasions solennelles, de s'habiller en gris, toujours avec l'hermine et l'*affiquet*.

Elles étaient ordinairement fort bien élevées ; beaucoup ont joué un grand rôle dans la société. Elles ne faisaient pas vœu de pauvreté ; si elles avaient une fortune personnelle, elles la conservaient sans que l'abbaye eût rien à y voir. C'était un fait rare, ordinairement elles étaient pauvres ; à moins d'une vocation décidée, les filles riches se mariaient.

La noblesse de province, souvent peu fortunée, n'en était pas moins ancienne ; si la famille était nombreuse, la position d'une cadette à Remiremont ou ailleurs devenait tout de suite excellente et on y avait recours. Je ne sais ce que sont devenues à la Révolution les richesses accumulées dans ce lieu célèbre depuis tant de siècles. Elles auront été pillées ou dissipées sans doute, comme bien d'autres.

C'est pendant mon séjour à Épinal que je vis pour la première fois un ami bien cher, M. de la Porte. Nous ne fîmes que nous rencontrer, mais nous nous plûmes déjà mutuellement et je tiens à enregistrer la date.

Il était venu visiter un de ses parents ou un de ses amis, attaché à la préfecture comme secrétaire général, je crois, M. de la Ponce, charmant jeune homme, posé, mélancolique, un peu poitrinaire. Il semblait nourrir un amour malheureux. Quelques années après, il se fit moine. Il était déjà très pieux à cette époque.

Nous rencontrâmes ces deux messieurs, mon mari et moi, au moment de notre arrivée dans les Vosges ; nous étions ensemble dans la même auberge. C'était un vendredi, le dîner maigre était difficile à organiser pour des appétits de voyageurs. M. de Saint-Mars était très croyant, mais non pas cagot ; il pensait qu'en voyage surtout on mange ce que l'on trouve.

Nous allions donc nous mettre à table en face d'un très bon pâté de lièvre, d'une volaille rôtie, de truites du torrent et d'œufs frais, lorsqu'un char à bancs arriva portant deux hommes, l'un jeune, M. de la Ponce, l'autre âgé de près de soixante ans, grand, long, maigre, laid, mais charmant, mais affable, mais distingué, mais spirituel, mais savant et bon ! comme tout ce qui est bon sur la terre : c'était M. de la Porte, fils de l'ancien intendant de Lorraine, propriétaire du délicieux château de Meslay, près de Vendôme, où je devais aller si souvent plus tard.

Il ne restait rien à manger ; nous offrîmes à ces messieurs, inconnus encore pour nous, la moitié de notre dîner. M. de la Porte accepta, son compagnon ne mangea qu'un œuf. Il me semble bien que c'était à Saint-Dié, cette petite ville si bien située au milieu des montagnes.

Nous passâmes une partie de la journée et celle du lendemain ensemble ; ensuite nous nous séparâmes, après avoir tout vu. Ils quittaient Épinal, nous nous y rendions.

Nous avions visité aussi Neufchâteau, le pays de France où se trouvent les plus belles et les meilleures écrevisses et où il se fait de bons violons.

Voici une vraie phrase de dictionnaire géographique, convenez-en.

M. de la Porte était un homme rare, plein d'esprit, d'humour, fort instruit, écrivant bien, aimant les arts et les protégeant de son mieux. Bon, charitable, il avait ses petites manies auxquelles on se faisait facilement et qui n'étaient désagréables à personne.

Il subissait volontiers l'influence de ceux qui l'entouraient et celle du monde. Lorsqu'il n'avait pas sa famille chez lui, il se laissait aller volontiers à son penchant pour les choses de l'intelligence ; il pardonnait beaucoup à qui l'amusait et ne devenait sévère que quand on l'en faisait souvenir.

Très régulier, très fidèle et strict observateur des

lois religieuses, il avait pour les autres une indulgence sans bornes et ne croyait au mal que lorsqu'on le forçait à le voir. Gracieuse, excellente, aimable nature, sa conversation et son commerce étaient pleins de charmes, son amitié pleine de tendresse et de discernement.

Son château de Meslay, près de Vendôme, est un ravissant séjour, dans une situation délicieuse, près de la ville, sur le bord de la rivière. C'est un joli monument de la fin de Louis XIV ou de la Régence. Il est plein d'objets curieux, de tableaux anciens. On y voit entre autres plusieurs portraits de sa grand'tante, Mme de Caumartin, une des plus belles personnes de son temps, dont le mari, prévôt des marchands, a donné son nom à la rue Caumartin que tout le monde connaît à Paris.

Le père et la mère de M. de la Porte étaient adorés à Vendôme ; ils n'en furent pas moins arrêtés et mis en prison en 1793. Lui, était émigré ; il a écrit un charmant volume sur son émigration, où il se peint tout entier.

Sa bibliothèque était fort considérable, il la connaissait du haut en bas ; c'était son bonheur. Il a travaillé à beaucoup d'ouvrages ; on trouve entre autres plusieurs articles de lui dans la biographie de Michaud.

Très connu dans le haut monde et dans le monde littéraire et scientifique, il ne comptait que des amis et quelques envieux peut-être ; le mérite en a toujours.

Sa sœur unique avait épousé M. de Salaberry, le fameux député de la Restauration.

Nous retrouverons tout ce monde-là plus tard ; nous n'en étions alors avec M. de la Porte qu'à l'aurore d'une connaissance qui devait devenir une sincère amitié.

9.

CHAPITRE XV

Voyage dans les montagnes. — Une famille d'Épinal. — Départ. — Rencontre. — Les Sombreuil. — Le dernier des preux. — Un mariage interrompu. — Mlle de la Blache. — La comtesse d'Haussonville. — Trahison. — Les deux généraux. — Capitulation. — Héroïsme. — Hoche. — Les prisonniers. — Tallien. — Généreuse colère. — Suppositions. — On ne trouve pas de bourreau. — Exécution. — L'évêque de Vannes. — L'aîné des Sombreuil. — Dévouement. — Mort. — Réflexions sur Quiberon. — Justification des Anglais. — Mariage de Mlle de Sombreuil. — Un nom substitué. — Le comte de Sombreuil-Villclume. — Les cascades. — Les chemins. — Nouvelle manière de verser. — Gérardmer et son lac. — Longemer. — Chapelle de Saint-Florent. — Rêveries. — *S'il était là!* — M. de Lamartine. — Lord Byron.

Je veux raconter maintenant un délicieux voyage, que j'ai fait dans l'intérieur des montagnes. Personne ne connaissait ces merveilles, sauf les habitants des environs.

Il y avait alors à Épinal une charmante famille, dont le chef occupait une place importante. Les deux filles étaient fort bien élevées, pleines de talent, l'aînée surtout. J'ai encore mon portrait peint par elle dans la ruine du jardin Doublat. Le gothique et le vaporeux étaient à la mode; aussi je suis assise, en robe blanche, en ceinture d'or, au-dessous de l'ogive d'une tourelle par laquelle s'envole mon écharpe d'azur. C'était alors le fin du fin.

Nous arrangeâmes avec la mère et les deux filles, mon beau-frère et moi, une partie à Gérardmer; c'était l'affaire de trois ou quatre jours. Nous étions au mois de septembre, la plus belle saison pour les voyages.

A une lieue de la ville, nous rencontrâmes sur la grande route un officier de hussards dont le nom tient une grande place, et une place lumineuse, dans l'histoire de la Révolution. C'était M. de Sombreuil, fils de l'héroïne qui sauva son père par un si grand acte de courage, et neveu de celui que Napoléon Ier appelle le *dernier des preux*.

C'était une famille digne des temps antiques, on ne sait pas assez tout ce qu'elle a de glorieux dans ses fastes; ce trait de Mlle de Sombreuil laisse dans l'ombre, pour ceux qui n'approfondissent pas l'histoire, la valeur de ses frères.

L'aîné commandait l'expédition de Quiberon. Il quitta l'Angleterre pour obéir à un ordre précipité et profita des vents favorables, le jour même où il devait conduire à l'autel sa femme qu'il aimait, dont il était aimé, Mlle de la Blache, fille du comte de la Blache qui fit tant parler de lui à la fin du dernier siècle. Elle est devenue depuis la comtesse d'Haussonville.

On sait comment cette expédition échoua, par la trahison plus que par le sort des armes. Ces malheureux émigrés, la fleur de notre marine et de nos corps spéciaux, étaient enfermés dans un fort dont la mer baignait les murailles; les vaisseaux anglais s'éloignaient, en face étaient les républicains : plus de refuge d'un côté, la mort de l'autre.

Soutenir le siège avec très peu de vivres et de munitions, lorsqu'on avait avec soi surtout quantité de femmes et d'enfants qui s'étaient réfugiés là, était impossible. La révolte se mettait dans les rangs, la situation n'était plus tenable. Les grenadiers républicains eux-mêmes criaient à ces pauvres assiégés :

— Rendez-vous ! rendez-vous ! il ne vous sera pas fait de mal.

Le commandant en chef demanda une entrevue au général Hoche, et une suspension d'armes, par conséquent. Il sortit du fort avec une très petite suite, et, à la vue des deux partis, ces généraux se rencontrèrent. M. de Sombreuil exprima sa colère et son désespoir de l'infamie dont lui et tous les siens étaient victimes. Il ne pouvait tenir et se regardait comme responsable de tant d'existences. S'il était seul, il ferait sauter le fort et s'ensevelirait sous ses ruines, mais il devait compte à Dieu et au roi du corps expéditionnaire, il demandait à capituler pourvu que la capitulation fût honorable.

— Elle le sera, citoyen, elle le sera d'autant plus que si vous l'acceptez, vous êtes un homme de Plutarque.

— Qu'est-ce donc ?

— Je puis accorder la vie sauve et tous les avantages de la capitulation à tous les émigrés, excepté à vous ; vous seul, citoyen, êtes excepté.

Le visage du jeune chef ne pâlit pas, — il avait vingt-six ans, — il étendit la main vers Hoche et lui répondit avec un mélancolique sourire :

— J'accepte, général, recevez-en ma parole et donnez-moi la vôtre. Seulement, que cette clause reste absolument entre nous, car si mes officiers la connaissaient, ils se feraient tuer jusqu'au dernier plutôt que de l'accepter.

Hoche se connaissait en héros ; il resta un instant étonné et, saisi d'admiration :

— Vous êtes un brave parmi les braves, il en sera fait ainsi que vous le désirez. J'emploierai tous mes efforts pour vous sauver, mais ce sera difficile ; Tallien est ici et il est sans pitié !

Faites ouvrir les portes, et ne craignez rien pour

vos régiments, mes grenadiers les recevront comme des frères.

Une demi-heure après les deux partis étaient mêlés, les républicains partageaient avec les royalistes affamés leur pain et leur viande. Il avait été convenu qu'ils se rendraient tous à Vannes, et que là ils seraient relâchés et renvoyés chez eux. Ils se croyaient amnistiés et nul n'avait même le soupçon de l'héroïsme du comte.

On leur donna un seul régiment pour les escorter. Ils étaient deux fois plus nombreux que leurs gardiens, ils eussent pu les égorger en route et s'échapper d'autant plus facilement que les habitants étaient pour eux et que les républicains ne connaissaient pas la route; les émigrés les conduisaient, ils avaient l'air d'être les gardiens et les guides de leurs gardiens.

S'il n'y avait pas eu capitulation, ainsi qu'on s'est efforcé de le faire croire depuis, cela se serait-il passé ainsi? Les Vendéens seraient-ils allés, de gaieté de cœur ou de bonne volonté, se faire massacrer, alors qu'ils pouvaient faire autrement et qu'aucune parole ne les liait à leurs bourreaux?

On peut dire qu'ils furent trompés, j'y consens, mais assurément ils y croyaient; sans cela, pas un ne fût arrivé à Sainte-Anne-d'Auray et ensuite à Vannes; ils se seraient tous sauvés en chemin, le simple bon sens le dit. Dans tous les cas, ils ont été trahis depuis le commencement jusqu'à la fin, ceci on ne peut le nier.

Ce que je dis, j'en suis certaine, je le tiens de témoins oculaires dans les deux camps. Les républicains étaient aussi persuadés de la capitulation que les royalistes, vous en verrez la preuve tout à l'heure.

On les enferma d'abord dans une église où bien des blessés expirèrent; il s'y passa les scènes les plus touchantes; enfin, on les jugea.

Hoche n'était plus en Vendée. Après la prise du fort,

il alla trouver les représentants du peuple en mission à l'armée, Tallien et son collègue. Il annonça la triste victoire et la capitulation qu'il avait accordée.

— Vraiment, répondit Tallien, vous avez capitulé ! mais moi je ne ratifierai pas ce traité ; on fusillera au moins les chefs ?

Le général entra dans une colère facile à comprendre.

Il y eut entre eux une discussion terrible, à la suite de laquelle Hoche jura qu'il ne resterait pas une heure de plus avec des gens qui méconnaissaient sa parole. Il partit furieux et désolé. On prétend que cette protestation généreuse ne lui fut pas pardonnée et qu'elle contribua à son emprisonnement, à sa disgrâce et à sa mort.

Lorsque les émigrés furent condamnés à mort, les différents corps qui tenaient le pays refusèrent l'un après l'autre de les fusiller ; on vit le moment où le supplice manquerait faute de bourreaux. On fut obligé de faire venir une compagnie d'enfants perdus, le rebut de l'armée, des repris de justice, des vagabonds ; eux seuls consentirent à exécuter cette inique sentence.

Ils marchèrent à la mort en héros et en chrétiens. M. de Sombreuil refusa le bandeau ; il avait près de lui l'évêque de Vannes, un prélat vénérable, sa tête était couverte d'un grand chapeau. On leur avait lié les mains, M. de Sombreuil se servit de ses dents pour ôter ce couvre-chef.

— Monseigneur, lui dit-il, un prince de l'Église doit mourir la tête découverte.

Ils moururent.

Voilà donc la sœur et un des deux frères ; passons à l'autre, et puis vous me direz ce que vous pensez de cette famille-là.

Mlle de Sombreuil sauva son père le 2 septembre, mais les massacreurs se repentirent de s'être laissé attendrir et le reprirent quelques mois après, et ils arrêtèrent en même temps que lui son fils aîné.

La veille du jour où on devait les conduire au supplice, c'est-à-dire à l'échafaud, une femme qui aimait passionnément le jeune homme gagna le geôlier au prix d'une somme considérable; cet homme lui offrit de s'enfuir ensemble.

— Pouvez-vous sauver mon père?

— Non, il ne pourrait nous suivre; il entraverait notre marche, on nous reprendrait.

— Alors, je reste.

En vain on le supplia, en vain celle qui l'aimait vint elle-même et se jeta à ses genoux; il résista à tout. Il fut guillotiné le lendemain avec son père qu'il soutint jusqu'à la fin.

Que dites-vous de cette famille-là?

J'ai vu plusieurs échappés de Quiberon, bien qu'il ne s'en échappât guère, tous parlaient avec enthousiasme du comte Charles de Sombreuil. Je me rappelle un vieux chevalier de Tremault, à Vendôme : il avait les larmes aux yeux rien qu'en le nommant. Jamais mémoire ne fut plus bénie, plus adorée que la sienne. Il eût fait bien autrement parler de lui, s'il n'eût pas été enlevé si vite, à vingt-six ans.

Une autre chose, sur laquelle tous les débris de notre noblesse étaient à peu près d'accord, c'est sur la cause de ce désastre. Ils l'attribuaient non pas à l'Angleterre, comme on le croit généralement, mais à la jalousie de plusieurs chefs contre M. de Sombreuil et contre tous ceux qui venaient de Londres. Un faux message fut adressé à l'amiral anglais pour le prier d'éloigner sa flotte, et les émigrés furent vendus.

Voilà ce qu'ils m'ont attesté d'une façon solennelle et ce que bien des gens de mon époque ont pu leur entendre dire, bien qu'on n'en soit pas généralement persuadé et que l'histoire contemporaine assure le contraire. Certes, les gentilshommes français d'autrefois étaient loin d'avoir une passion aveugle pour l'Angleterre, et je suis tout à fait entraînée à les croire plutôt que les historiens.

Mlle de Sombreuil survécut à toute sa famille. Elle épousa le marquis de Villelume, que la Restauration fit gouverneur des Invalides, à Avignon; elle en eut un fils unique à qui le roi accorda la permission de reprendre le glorieux nom de sa mère, afin de le perpétuer puisqu'il ne restait plus d'héritiers; la Révolution avait tout fauché.

M. de Sombreuil-Villelume était alors un joli officier de hussards, très leste, très gai, très pimpant; il allait beaucoup dans la société, où on le recevait à merveille et où il tenait fort agréablement sa place.

Notre rencontre sur la grande route lui donna l'idée de nous accompagner, ce qui fut accepté par tous avec empressement.

Je ne compte pas raconter ici les incidents de notre voyage qui fut bien drôle pourtant. Mais je n'aime guère à parler de moi que lorsque je puis donner l'idée de choses qui n'existent plus ou de particularités curieuses pour l'étude des mœurs du temps. Ce dont je veux parler surtout, c'est du pays; ce que je désire faire connaître enfin, ce sont les Vosges et leurs délicieux paysages.

Nous rencontrâmes ou nous cherchâmes sur notre route plusieurs chutes d'eau que l'on appelle dans le pays des *sauts*: ainsi le *saut de Brot*, le *saut Bonchot*, le *saut des Cuves*, le *saut de la Cuve*, sont plus ou moins pittoresques; c'est une Suisse en miniature, on parcourt des sentiers délicieux au milieu d'immenses forêts de sapins; — je dis sentiers, mais depuis on a dû y faire des routes. Dans ce temps-là les trous et les pierres, les rochers même, vous procuraient des cahots et des secousses épouvantables; nous versâmes deux fois, sans nous faire de mal heureusement. J'entends encore mon pauvre beau-frère criant à notre écuyer cavalcadant:

— Sombreuil, vite! faites descendre ces dames! Voilà un abîme, je vais verser.

Nous descendîmes en effet en riant aux larmes. Nos

deux rosses de louage, surnommées *Bel-Amour* et *Brin-d'avoine*, faisaient deux pas en avant et la voiture tombait doucement, majestueusement, dans une ornière profonde d'où on avait bien de la peine à la retirer.

Nous arrivâmes au lac de Gérardmer, le plus grand des lacs de toute la chaîne, car le lac *blanc* et le lac *noir* que j'eus occasion de voir l'année suivante en Alsace n'en approchent pas. Il est entouré de montagnes et les villages n'étaient pas trop clairsemés sur les bords.

Gérardmer, la *capitale*, n'était qu'un petit bourg où l'on faisait déjà les bons fromages que tout le monde connaît. Nous y passâmes une bonne soirée dans une auberge excellente, la seule de l'*endroit*, on dansa même le soir. Il s'y trouvait des visiteurs de quelques villes des environs.

Il y a maintenant, m'a-t-on dit, un superbe établissement de bains et ils commencent à être très fréquentés. L'idée est bonne, elle doit fructifier. L'air est si sain, le ciel si pur et si transparent !

Les émanations des bourgeons de sapins sont d'un effet souverain pour la poitrine, et le lac est un vaste miroir reflétant cette immuable et noire verdure.

Après une bonne mais courte nuit, nous partîmes dès l'aube au lac de Longemer, le bijou de cette contrée. Que c'est ravissant ! quel panorama magnifique ! le lac est plus petit que celui de Gérardmer, mais combien il est plus pittoresque ! les montagnes sont beaucoup plus élevées et le rideau de sapins baigne dans les ondes, sans interruption tout autour et du sommet à la base.

Sur le bord du côté où nous arrivions, était une petite chapelle dédiée à Saint-Florent ; deux immenses chênes la couvraient de leur ombre ; ce groupe, posé sur un petit monticule vert, se découpait sur l'azur des eaux et du ciel. La flèche mignonne et la croix perçaient les branches et s'élevaient comme un hommage vers Dieu.

On eût pu rester des heures à rêver sur ces bords. Notre génération exaltée, romantique, comprenait autrement qu'on ne le fait aujourd'hui, les impressions de la nature.

Nous l'admirions profondément; notre gaieté disparaissait devant ces merveilles et la mélancolie s'emparait de nous. Nous avions la joie triste, parce que le sentiment s'y mêlait toujours.

La plus innocente, la plus pure d'entre nous avait alors le cœur et l'imagination révolutionnés; les âmes portées à la dévotion pensaient à Dieu et tombaient en extase devant ses ouvrages.

Celles dont la vie était heureuse, dont les affections étaient bien placées, sentaient mille fois plus leur bonheur et leurs affections se vivifiaient encore : elles les rapportaient toutes à l'objet aimé.

S'il était là, les jouissances se doublaient en se partageant; son absence laissait un vide affreux, les pleurs coulaient sans qu'on songeât à les arrêter, les lèvres murmuraient involontairement :

— Mon Dieu, que c'est beau ! Ah ! *s'il était là !*

Son souvenir, les regrets, jetaient un voile noir sur le paysage, on se reprochait presque d'admirer sans lui ce qu'il eût trouvé si admirable.

Celles qui n'avaient pas encore aimé et dont les sensations conservaient tout le vague de la première jeunesse, celles-là se sentaient prises d'un enthousiasme, d'un besoin d'amour que rien ne peut rendre. Elles composaient des romans inouïs, des dévouements, des passions, des sacrifices, des douleurs, que la réalité certainement n'égalait jamais ; il y avait aussi des extases, mais plus terrestres, que celles de la piété. La foi s'y mêlait encore pourtant, car rien n'était plus grand, plus noble, plus généreux que ces amours-là.

« J'oserais, Dieu tout-puissant, *le* nommer devant toi !... disions-nous toutes, — bien souvent il n'avait pas encore de nom, c'était *lui !*

M. de Lamartine était certainement coupable, si

tant est qu'il y eût faute en tous ces sentiments-là. Nous n'avions plus de corps, nous marchions sur les nuages, à la suite du chantre d'Elvire, et combien y en eut-il d'entre nous qui, sans l'avoir jamais avoué à personne, avaient pris le grand poète pour leur idéal, surtout après avoir vu ses portraits.

M. de Lamartine et lord Byron ont fait tourner la tête au quart, pour le moins, de la génération féminine de leur temps.

CHAPITRE XVI

Nouvelles réflexions sur ce temps-ci et sur l'autre. — Le tourniquet de Saint-Florent. — Le Hormack. — Le Ballon d'Alsace. — Départ d'Épinal. — La mort de mon père. — Voyage. — Chartres, Châteaudun, Vendôme. — Incendie de la cathédrale de Chartres. — Les cascades de feu. — La charpente. — Le cétacé. — Aperçu de la société de Vendôme. — La ville. — Le pays. — Le château. — L'abbaye de la Trinité. — Le collège. — Balzac. — Henri IV. — Gabrielle. — La dame de Musset. — Le Gué du Loir. — La meunière. — « La bonne aventure, ô gué ! » — Devise des Musset. — La chanson. — Rochambeau. — Le dernier marquis. — M. Achille Lacroix. — Naveil. — Le château de Ronsard. — Lavardin. — Kerhoënt. — Les grottes des druidesses. — Meslay. — Encore la société de Vendôme. — Le comte de Cambyse. — M. de Kersausie. — Étude de mœurs.

Je l'ai déjà dit souvent, il y a un abîme entre ce temps-là et celui d'à présent. Il semble qu'un siècle au moins se soit écoulé, les années sont plus que des lustres ; le bouleversement est complet dans les idées et dans les habitudes. Tout calcul d'intérêt nous était étranger ; par ce mot *amour*, nous entendions le dévouement, le sacrifice, le bonheur acheté par la souffrance, les joies du cœur et non les autres. Nous faisions plus que des romans, nous faisions des poésies, où tout était sublime, les pensées et les actions.

Telles d'entre nous qui succombaient à une faute devaient la racheter et l'expier, les remords entraient dans notre programme. Les plus exaltées ne voulaient pas d'accommodements avec le monde, à moins de se perdre ; elles n'étaient pas satisfaites tant qu'il leur restait un holocauste à offrir, leur idole ne leur semblait pas assez adorée ; de là les magnifiques extravagances dont on peut avoir gardé la mémoire.

C'était fou, c'était insensé, c'était coupable, mais c'était franc et vrai, c'était sans calcul et sans arrière-pensée.

Retournons à la chapelle Saint-Florent.

Les habitants des environs ont donné à ce saint une spécialité étrange : on va le prier pour qu'il guérisse de la colique ; j'ignore sa vie, aurait-il été médecin ou apothicaire ?

Quoi qu'il en soit, on a placé dans sa chapelle un petit tourniquet : en le faisant jouer ou en récitant une oraison au patron du lieu, non seulement on est guéri, mais encore on est préservé, disent les bonnes femmes.

Après avoir admiré Longemer, il reste encore à voir un autre lac, un vrai bijou de jardin anglais. Il est petit en comparaison des autres, mais qu'il est joli ! quelles eaux limpides et transparentes ! combien d'arbres se baignent dans ses ondes ! C'est un tableau fait exprès ; un peintre ne le composerait pas autrement. L'harmonie est parfaite, les bords sont escarpés et sauvages, les montagnes l'étreignent et l'enserrent ; à son extrémité est le Hormack, qui sépare la Lorraine de l'Alsace ; nous voulûmes monter à son sommet et nous distinguâmes toute la chaîne se dirigeant vers le *Ballon*, la plus élevée des montagnes françaises, — le Puy de Dôme est son cadet.

C'est magnifique, c'est splendide. Ce spectacle des montagnes est toujours nouveau comme celui de la mer. Nous revînmes coucher à Gérardmer ; on calcula que nous avions fait sept lieues à pied dans la journée, sans compter la calèche et ses chutes.

Je partis d'Épinal, enchantée de ce que j'avais vu, de mes nouvelles connaissances; nous retournâmes à Neuf-Brisach, où je ne restai que quelques jours : une terrible nouvelle m'appelait à Vendôme, où mon excellent père se mourait. J'eus la douleur d'arriver trop tard...

Les voyages étaient fort longs à cette époque. On mettait trois nuits et quatre jours pour aller de Colmar à Paris, dans la diligence. Le courrier marchait plus vite, mais il n'existait pas de malle allant directement, c'étaient des correspondances ne prenant qu'un seul voyageur, excepté sur les grandes lignes directes; quelquefois même la diligence portait les lettres et remplaçait la poste.

De Paris à Vendôme, il fallait un jour et une nuit, même plus, il me semble; je crois que les vingt-quatre heures seulement furent le premier échelon du progrès et qu'en 1826, il fallait encore trente-six heures. Le moyen de transport était la voiture des Jumelles, située rue Coquillière et, depuis, rue du Bouloi. On passait par Chartres et Châteaudun; on restait habituellement plusieurs heures, dans la première de ces villes, afin d'attendre d'autres carrioles des environs qui correspondaient. Je ne sais dans lequel de mes voyages nous fûmes arrêtés par une cause bien triste, l'incendie de la cathédrale.

Je n'ai pas vu de plus admirable spectacle dans cette immense plaine de Beauce si plate; on découvre de très loin les clochers; ces deux flèches, qu'on croit si près et dont on n'approche jamais, font la désolation du voyageur; on espère toujours arriver et on n'en finit pas.

Ce jour-là, nous vîmes d'abord une lueur assez mince, qui grandit peu à peu d'une manière effrayante, sans que nous pussions nous en rendre compte; nous étions si loin de songer à un tel désastre! Ce fut bientôt un foyer terrible, à éclairer tous les environs; les flammes montaient à une hauteur prodigieuse;

bientôt le vaisseau de la grande église fut tout à fait visible. On le distinguait de loin comme un objet fantastique, une de ces choses de l'autre monde qu'Hoffmann ou Erckmann-Chatrian ont rêvées. C'était d'une beauté sans nom.

Plus tard, ce fut plus beau encore; il y avait des cascades de feu, de toutes les nuances quand les métaux fondirent. Le plomb, le cuivre, puis le verre, tout cela tombait de la charpente dont il sortait des étincelles à éblouir. Jamais feu d'artifice ne fut aussi splendide, la combinaison la plus habile ne le produirait pas.

La consternation était grande à Chartres; on craignait que l'édifice entier ne brûlât, et la cathédrale est la gloire du pays. Tous les habitants faisaient la chaîne; on arrêta la voiture et on recruta les hommes qui s'y trouvaient, ce qui nous retint plusieurs heures. Enfin, on se rendit maître de l'incendie, lorsqu'il eut consumé la charpente, un vrai morceau artistique, en bois de châtaignier, qui datait de la construction de l'église. Il eût été impossible de la refaire.

On l'a remplacée par du fer. Pendant longtemps, on vit cette carcasse énorme sans être recouverte. On eût dit, de la route, le squelette d'un immense cétacé. Ce fut un grand et irréparable sinistre assurément.

Vendôme, en cette année de grâce, était habité par une société charmante; je ne l'ai connue que de reflet, mon deuil m'interdisant tous les plaisirs, mais j'ai suivi, en cette petite ville, les différents changements amenés par la politique et par la différence des idées et des mœurs. Elle peut servir de spécimen à toutes les autres, je n'en doute pas : le même travail s'est opéré partout.

Les villes de troisième ordre comme celle-ci, qui, par leur position géographique, sont éloignées des grandes artères de la civilisation, étaient fort curieuses à observer; elles avaient toutes une physionomie particulière, elles étaient bien elles-mêmes et n'empruntaient guère à Paris que les modes de l'année précédente.

Vendôme est une vieille cité, berceau de la maison princière qui porte son nom. Elle a une histoire fort intéressante, elle eut ses ducs et elle se trouve mêlée de très près à l'histoire générale de France et de la maison royale.

Le pays qui l'entoure est délicieux ; le Loir y dessine des méandres au milieu des prairies, au pied des coteaux, et tourne deux ou trois fois sur lui-même dans la ville pour aller tomber en cascade à l'Illette, au bout des anciens remparts. Sur la colline était le château, ses ruines dominent encore la contrée. Il était d'une grande étendue et très fortifié ; une ou deux tours sont restées debout.

Dans la ville même, deux monuments attirent l'attention du voyageur : d'abord la magnifique abbaye de la Trinité, appartenant aux bénédictins, devenue le quartier de cavalerie, et l'église qui en dépendait avec son clocher en campanile. L'église est une paroisse, la première. Elle est fort belle, le vaisseau très grand, très élevé et les stalles du chœur sont remarquables. Ces moines bénédictins donnaient un cachet artistique à toutes leurs demeures, dont ils choisissaient merveilleusement la situation. Celle-ci est au bord de la rivière, qui vient baigner les jardins.

Une autre illustration de Vendôme, mais beaucoup plus moderne, c'est son collège fondé par les oratoriens, et qui tient une place élevée dans les fastes du professorat français. De nos jours, il en est sorti des élèves très distingués, bien que les maîtres fussent des laïques. Balzac y a fait son éducation et il en a gardé un bon souvenir : il en parle souvent dans son immortelle *Comédie humaine*.

Henri IV est, de tous nos rois, celui qui a laissé le plus de traces dans tout le Vendômois. Il fit le siège du château, dont il s'empara après un assez long temps ; Gabrielle l'avait suivi, elle séjourna dans différents châteaux, ce qui n'empêchait pas son volage amant de lui donner des rivales. Parmi elles, celle qui marqua le plus, était la dame de Musset, une des aïeules de notre grand Alfred. Elle habitait au château qui existe encore, quoique fort délabré, dans un endroit appelé *le Gué du Loir*.

De l'autre côté de la rivière, qui fait une courbe gracieuse, était un moulin. Une belle meunière y demeurait. En dépit du voisinage, le vert-galant aima au castel et au moulin, il sut accorder toutes les exigences. Sa passion pour la dame de Musset se traduisit par la chanson :

La bonne aventure,
O gué !

Le manoir s'appelait-il déjà *la Bonne Aventure*, ou prit-il ce nom à cause de la chanson ? Je ne sais. Ce qu'il y a de sûr, c'est qu'il le porte même à présent. Les armes des Musset ont également ce refrain pour devise.

Peut-être le mot *O gué !* a-t-il été mis là pour la meunière ; il en était bien capable, ce grand mauvais sujet.

Parmi les châteaux qui touchent presque la ville de Vendôme, les deux plus renommés sont Meslay, dont il a déjà été question, et Rochambeau, propriété de la maison de Rochambeau, célèbre par le maréchal qui fit la guerre d'Amérique sous Louis XVI.

Ce sont d'excellents gentilshommes, illustrés par cette nouvelle gloire ; la maréchale est morte très âgée. Le dernier héritier de cette famille est le marquis de Rochambeau. Il n'a pas eu d'enfant. Ses sœurs, la marquise de Châteigner et la comtesse d'Ambrogera, n'en ont pas eu non plus, de sorte que pour ne pas laisser périr le nom, lui et la marquise ont adopté M. Achille Lacroix, cousin des deux écrivains, qu'ils avaient élevé. Il mérite cette haute fortune, par son excellent caractère et son intelligence.

Rochambeau est tout à fait au bord du Loir, un parterre seul l'en sépare. Le château est entre la rivière et une ceinture de magnifiques rochers, où sont creusées des grottes immenses. Il y a là tout un monde; le parc et les jardins sont fort beaux.

En suivant le cours des bois, il se trouve un autre petit château où Henri IV et Gabrielle ont habité pendant le siège; il est tout à fait adossé au rocher et aussi charmant que son nom, *Prépatour*. Ce nom lui vient sans doute des grandes prairies qu'il domine, où les boutons d'or, les pâquerettes et les lis des champs forment un tapis émaillé.

Tous ces environs sont adorables; il y a là une église de village, Naveil, dont la situation est à peindre au milieu de son cimetière. Elle me rappelle toujours le temple de Lamartine; c'est là que je voudrais dormir éternellement quand Dieu m'accordera le repos.

Bien plus loin, à quelques lieues, est la maison de Ronsard, assez bien conservée. On y voit surtout une cheminée tout à fait intacte et très bien sculptée. Le poète y est né et y a vécu longtemps. Sa famille, fixée depuis plusieurs siècles en Vendômois, était d'origine moldave, il nous le dit lui-même dans ces vers :

> Plus loin que le Danube, en une froide part,
> Vint un seigneur nommé le marquis de Ronsard.

D'un autre côté, près de Montoire, s'élève une autre ruine imposante et très pittoresque, le château de Lavardin. Un cadet de cette maison bretonne le fit construire sur une hauteur dominant une vallée ombreuse. Les Kerhoënt en héritèrent, et jusqu'en 93 le manoir porta leur nom qu'ils lui avaient imposé. Depuis la Révolution, il a repris celui de Lavardin, bien que les ruines appartinssent à Mlle de Kerhoënt, mariée à M. de la Rue du Camp.

Non loin de Lavardin, en suivant les rochers, on

trouve un grand nombre de ces curieuses grottes, si communes dans tout ce pays, et où habitaient les druidesses : quelques-unes sont creusées dans la terre et ont, par conséquent, deux étages. On y voit des autels grossièrement taillés dans la pierre et les grandes dalles consacrées aux sacrifices humains, où sont encore les rigoles pour laisser couler le sang.

Le Vendômois, la Touraine, toutes nos provinces de l'Ouest sont couverts de dolmens ; c'est là la vieille France, la Gaule, le berceau de notre nation et de la monarchie. Quant à l'erreur qui place dans la bouche des Blaisois le spécimen parfait de notre langue, il suffit d'avoir seulement passé par là pour en faire justice. A Blois, comme dans tous les environs, l'accent est traînard et désagréable. La vraie langue française se parle à Paris, dans la bonne compagnie. Elle se compose d'éléments très divers, mais réunis; ils forment un tout, où le langage s'épure et se règle.

Il est bien entendu qu'il est ici question de l'époque où l'on ne parlait pas encore l'argot.

La société de Vendôme était fort agréable ; il s'y trouvait un essaim de jeunes femmes, très bien élevées et appartenant à ce qu'il y avait de mieux dans le pays. On recevait beaucoup, on donnait des bals charmants. Les dames devançaient la mode de ces dernières années ; elles jouaient la comédie pour les pauvres, dans l'espèce de grange qui sert à Vendôme de salle de spectacle. Les régiments étaient fort bien composés, les officiers allaient beaucoup dans le monde et y étaient parfaitement reçus.

Parmi ceux qui obtenaient le plus de succès, j'en citerai deux, qui, depuis, ont beaucoup fait parler d'eux et qui ont suivi des routes très différentes.

L'un était le comte de Cambyse, devenu écuyer de M. le duc d'Orléans.

L'autre, M. de Kersausie, gentilhomme très breton qui, après 1830, se lança dans le parti républicain avancé, en dépit des traditions de sa famille.

M. de Cambyse venait assez souvent dans ma famille ; il s'occupait de littérature et il aimait les beaux vers, car il me prêta les *Méditations* de Lamartine, que je relus une fois encore avec tant de bonheur.

Cette bonne compagnie de province avait une toute autre physionomie que celle de maintenant. Elle était plus gaie, moins guindée, moins sévère. Elle avait un peu de la grâce facile des douairières d'autrefois, qui, à leur retour de l'émigration, s'étaient vues revivre dans cette jeunesse venue au monde pendant leur absence.

CHAPITRE XVII

Le comte Adrien de Sarazin : ses *Contes*. — Courtiras. — La voisine. — Rencontre. — Un âne entêté et une belle femme. — Curiosité. — Mme *** — Éducation d'Élise. — Voyage en province. — Premier début. — Triomphe. — L'ombre au tableau. — Une bonne mère. — Explications et offres. — Refus. — Persécutions. — On s'apaise. — Second début. — Chute. — Larmes. — Nouvelle tentative. — Chute plus grande. — Désespoir et consentement. — La lune de miel. — Ce qui séduit les jeunes filles. — Le revers de la médaille. — Essai infructueux de liberté. — Découragement. — Un poète. — Son amour et ses vers. — Élise l'écoute. — Il part. — Il promet de revenir.

Vendôme avait son poète, Adrien de Sarazin. Il a fait imprimer plusieurs volumes, dont un surtout, des *Contes*, dans le genre des *Mille et une Nuits*, est plein d'imagination et d'élégance. J'y ai particulièrement remarqué le *Bélier*. M. de Sarazin était de plus un homme de fort bonnes manières, de beaucoup d'esprit et de sens; il ne sentait pas la province; les salons les plus triés de Paris eussent été heureux de le recevoir.

Il est mort à un âge avancé.

Ma mère avait un cottage dans un ravissant village situé à une demi-lieue de la ville, tout au plus, au milieu du plus riant paysage. Ce village se nommait Courtiras. Hélas! que ne puis-je rester dans cette chère maison, nichée au milieu d'un bouquet! Combien la vie est douce aux champs, et que la solitude et le repos ont de charmes après les agitations de l'existence!

Tout près d'elle habitait une étrange voisine, dont la vie est un roman.

La première fois que je la vis, c'était au détour d'un sentier; je m'en allais seule, moitié rêvant, moitié chantant, alternativement triste ou gaie, suivant que le chemin plus ou moins ombragé accidentait ma pensée.

J'aperçus une femme qui venait vers moi, assise sur un âne qu'elle frappait avec distraction et qui ne paraissait pas en tenir compte. Il s'arrêtait quand il lui plaisait, broutait l'herbe, arrachait les dernières feuilles des haies; il me parut enfin tout à fait indiscipliné et incapable de subir un autre joug que celui de son caprice.

La femme qui le montait avait la tête baissée; je ne pus d'abord distinguer ses traits; elle était coiffée en cheveux avec des bandeaux lissés, parfaitement inconnus en ce temps-là. Elle tenait à la main une espèce de chapeau de paille, tout à fait propre à placer sur les arbres pour faire peur aux oiseaux. La robe de toile noire passée tombait en guenilles; un fichu très blanc en percale, ployé en pointe, paraissait en dedans autour de son cou et sur sa poitrine. Elle n'avait pas de gants et montrait des mains hâlées, dont la forme était digne d'inspirer un statuaire.

Lorsque je fus tout à fait près d'elle, elle m'entendit et releva la tête; je restai stupéfaite à la même place : un admirable visage pâle et mat comme un marbre de Paros, des yeux fendus en amande, frangés de cils de velours, un nez droit, semblable à ceux des statues antiques, un front dessiné avec une pureté exquise, une bouche en arc de corail entr'ouverte et laissant apercevoir des dents de nacre de perle; ses cheveux étaient noirs, légèrement teintés de blanc.

Sous ses beaux sourcils étincelait un œil entouré d'un cercle noir, révélant d'amères souffrances; son regard, empreint d'une mélancolie divine et d'un découragement profond, avait quelque chose d'indécis et de craintif; comme elle ne me connaissait pas, elle se détourna; je compris que son état, sa mise lui inspiraient une sorte de honte vis-à-vis d'une étrangère.

Je la saluai néanmoins; elle me rendit mon salut, et, forçant cette fois la négligence de sa monture, elle la contraignit à s'éloigner.

J'étais étonnée de cette beauté, et je ne me rendais pas compte de cette misère. Nous nous étions presque touchées; le sentier, fort étroit, conduisait à un autre village nommé Montrieux, depuis les Romains, et à bien juste titre, car c'est un des coteaux les plus riants que j'aie vus.

J'étais impatiente de rentrer pour prendre des informations; dès que j'eus raconté ma rencontre :

— Ah! me dit-on, c'est Mme *** : elle a tant d'envie de vous voir, elle a dû être bien contente.

— Elle ignorait que ce fût moi, elle a semblé plutôt étonnée et contrariée que satisfaite.

— Pauvre femme! elle avait peut-être été battue.

Tout ceci excita ma curiosité, je voulus savoir l'histoire de cette belle créature, si déplacée dans le milieu qu'elle occupait. Je l'appris d'elle-même, et la voici. Je n'ajoute rien, tout ceci est vrai; je pourrais lever les masques, et d'ailleurs bien des gens en ont eu connaissance, si ce n'est dans tous les détails, au moins assez pour qu'on puisse la reconnaître et se rappeler le reste.

Mlle Élise *** était certainement une des belles personnes de son temps; elle appartenait à une famille bourgeoise honnête, et qui n'était pas entièrement dénuée de fortune. Sa mère était ce que l'on appelle une maîtresse femme, très habile, très intéressée, très hautaine. Elle dirigeait tout dans la maison, et, en voyant sa fille devenir si accomplie, elle se dit qu'il y aurait folie à cacher la lumière sous le boisseau sans se réchauffer à ses rayons.

Élise avait une taille et une figure dans le genre de Mlle Georges, moins l'ampleur. Faite comme la Vénus antique, elle ne se déforma que dans ses derniers jours ; son port était royal ; sa physionomie, brillante d'intelligence, de distinction innée, n'eut pas besoin de professeur pour se développer.

On lui donna les meilleurs maîtres, elle devint excellente musicienne. Sa voix était superbe et son talent de composition incontestable. Son esprit brillant et vrai ne le cédait qu'à la bonté de son cœur. Malheureusement pour elle, ces charmes, ces grandes qualités étaient primés par une exaltation sans bornes, une imagination que rien n'arrêtait et capable de tout concevoir, de tout exécuter.

Sa mère la fit entrer au Conservatoire ; elle la destinait au théâtre, soit à l'opéra, soit à la tragédie, suivant que ses dispositions se développeraient.

Elle fit des études pour ces deux carrières et les fit très sérieusement, avec la volonté de réussir.

Quand elle eut atteint l'âge de débuter, la peur la prit ; elle sentit qu'elle n'aborderait pas sans trembler une des grandes scènes parisiennes et voulut s'essayer auparavant. On lui arrangea un début dans une ville de province de premier ordre. Il me semble que c'est Rouen ; je n'en suis pas trop sûre, pourtant, je sais seulement qu'elle joua *Armide*.

Elle fit une sensation qu'on ne peut rendre, mais qu'il est facile de se figurer ; cette beauté, cette jeunesse, cette voix, on n'avait rien vu de semblable. Le public fut transporté, la salle faillit crouler sous les applaudissements. La jeune artiste fut si heureuse que cette soirée est restée le point culminant de sa vie, rien n'a pu détrôner chez elle ce souvenir.

Elle rentra à son hôtel chargée de couronnes, ivre de joie, elle n'avait plus peur et appelait de tous ses vœux l'instant où elle pourrait révéler son génie à la capitale du monde.

Sa mère l'embrassa, la cajola, lui fit des compliments doucereux, tout en cherchant à éteindre son enthousiasme, à l'éloigner même de cette carrière qu'elle venait de lui ouvrir. Les jours suivants, elle fut plus empressée encore, trouva mille prétextes pour empêcher un second début, aussi désiré par elle que par ses admirateurs. Rien ne la liait qu'une convention verbale, elle pouvait donc faire attendre une nouvelle soirée, elle pouvait surtout repousser l'engagement qu'on vint lui offrir.

Elise ne s'expliquait pas cette indifférence de sa mère, naguère plus empressée que sa fille à hâter son entrée au théâtre ; elle ne tarda pas à en connaître le motif. Mme *** l'interrogea un matin sur ses dispositions, faisant briller à ses yeux des promesses de fortune, d'avenir ; elle lui représenta combien la position d'une artiste était précaire : elle pouvait perdre sa voix, sa beauté, la faveur du public ; il suffirait d'une maladie, d'un caprice pour la ruiner. Une situation moins brillante en apparence, mais plus solide, s'offrait à elle ; si elle était sage, elle n'hésiterait pas.

Un monsieur, d'un âge raisonnable, l'avait entendue, il était épris de sa voix au point d'en être jaloux. Il offrait de lui assurer une position, à la condition qu'elle ne chanterait plus que pour lui. Veuf avec des enfants mariés et complètement indépendants de lui, parfaitement maître de ses richesses considérables, il la conduirait à son château, elle tiendrait sa maison, elle serait absolument chez elle et, plus tard, lorsqu'ils se connaîtraient mieux, le comte promettait d'en faire sa femme. Si elle n'acceptait pas cela, elle était folle, elle s'en repentirait le reste de ses jours, car jamais pareille occasion ne se représenterait.

Elise laissa parler sa mère sans l'interrompre ; quand celle-ci eut fini, la jeune fille se leva.

— Eh bien! dit-elle, tout cela est superbe, mais je n'en veux pas.

— Consens seulement à écouter le comte, il te convaincra, je n'en doute point.

— Je n'écouterai personne! Qu'on ne m'en parle plus. Je veux rester au théâtre et j'y resterai. A quand mon second début?

Prières, supplications, raisonnement, tout fut inutile, elle ne changea pas; sa mère employa même la violence. Elise ne se plaignit pas, mais elle déclara que rien ne pourrait la faire céder. On ne la laissa pas sortir, on lui défendit de recevoir qui que ce fût, elle resta ainsi renfermée pendant plusieurs jours. Quand on vit qu'elle ne consentait pas, on comprit qu'on faisait fausse route, on se relâcha petit à petit de la surveillance, on lui permit de se montrer un peu. Le directeur fit un matin une invasion au logis; il supplia, Elise pleura, enfin Mme *** se laissa toucher et permit qu'on affichât le second début à trois jours de là.

L'artiste, au comble de la joie, dit en entrant en scène qu'elle se surpasserait. Elle fut surprise d'un accueil très froid, son jeu, sa voix s'en ressentirent; quelques murmures éclatèrent, elle se démonta davantage, enfin deux coups de sifflet partirent; elle se trouva mal, il fallut baisser la toile. Son évanouissement fut long. Le spectacle dut se terminer. On entendait les plaintes et les sarcasmes des gens qui se retiraient; elle était restée sur la scène, on n'avait pu la transporter.

— C'est une cabale, répétait le directeur désolé en lui faisant respirer des sels.

— Une cabale de tout le public, reprenait la jeune première, jalouse.

Élise ne perdit pas une seule des observations; chacun en faisait autour d'elle, excepté sa mère, qui se contentait de lui donner ses soins en silence. Dès qu'elle put se soutenir, elle rentra chez elle.

— Eh bien! ma fille, que te disais-je? Tu ne voulais pas me croire, tu vois.

— Oh! ma mère, c'est affreux, s'écria la pauvre enfant, éclatant en sanglots, le public est injuste. C'est une cabale, le directeur le sait bien. J'en triompherai à force de talent.

— Tu n'en triompheras pas, car tu as à combattre la jalousie de tes rivales : plus tu auras de talent, plus elles te poursuivront. Et puis je t'ai jugée ce soir. Le public a été injuste dans l'accueil glacé qu'il t'a fait, mais il a eu raison dans ses murmures. Tu t'es laissé décourager et tu as été mauvaise, avouons-le entre nous. Du moment que tu ne sais pas braver l'orage, tu ne peux pas rester au théâtre, mon enfant, tu périrais sous les sifflets.

— Je veux essayer encore, je m'y accoutumerai. Je sens que j'ai le feu sacré, je serai une artiste, ma mère. Je vaincrai tout, tu verras.

— Essaie, ma fille, je ne m'y oppose pas, je te laisse te convaincre par une triste expérience ; tu reviendras désespérée ; tu le veux, soit, tu ne me reprocheras pas du moins de t'avoir refusé la permission de souffrir.

Malgré ces observations, Élise s'obstina. Le troisième début eut lieu ; il fut encore plus désastreux que l'autre. En outre de la cabale, largement payée par le comte, il y en avait une autre, celle des actrices destinées à rester dans l'ombre, si cet astre apparaissait. Toutes deux se soutenaient ; elles manœuvrèrent avec tant d'adresse, qu'elles entraînèrent les spectateurs mécontents et les abonnés furieux d'avoir perdu leur spectacle, la représentation précédente, et d'avoir payé ce qu'ils n'avaient pas vu. On sait ce que c'est que la province. En pareil cas, elle s'engoue ou se détache avec la même facilité, et pousse l'un et l'autre à l'extrême ; les coteries s'en mêlent, c'est un entraînement auquel on ne résiste pas, à moins que des raisons particulières ne forment deux camps ennemis : alors on se bat.

Ici, nul n'y pensait ; Élise était étrangère, sans amis ; elle n'avait pas même eu le temps de se faire encore des partisans ; quelques enthousiastes de sa beauté et de sa voix cherchaient seuls à la défendre, mais sans y réussir. On avait répandu sur elle des bruits étranges, on l'accusait d'être bégueule, de mépriser la province et d'avoir dit qu'elle ne se donnerait pas la peine de chanter pour ces « ânes-là ».

Enfin, la trame fut si bien ourdie, que la malheureuse tomba à plat. Sa mère manœuvra avec une habileté extrême ; elle exalta sa colère, son désespoir, lui arracha son consentement et, quelques jours après, sans savoir presque comment cela s'était fait, elle se trouva établie au château du comte.

Le premier pas fait, elle n'osa pas retourner en arrière et se laissa installer magnifiquement dans cette demeure princière. Tout était à ses ordres : domestiques et paysans la servaient comme une reine. Le maître l'adorait. On l'entoura des jouissances, du luxe le plus raffiné, jouissances qu'elle ne soupçonnait pas. On invita tout le voisinage pour l'entendre et l'applaudir. On lui offrit des toilettes splendides, des diamants ; elle n'avait pas le temps de former un désir ; son succès comme femme et comme artiste fut porté aux nues. Elle eut bientôt tous les hommes du département à ses pieds ; les femmes s'abstinrent de paraître, elle n'y songea pas, elle n'était pas assez du monde pour s'en affliger.

Ces triomphes lui tournèrent la tête : ce fut un enivrement. De quel prix les paya-t-elle ? Il est facile de le comprendre ; ses principes religieux n'étaient pas assez solides pour l'arrêter, elle crut à un amour sans bornes, à des promesses de mariage réitérées, elle céda au désir de faire un heureux et non pas à son propre sentiment.

Après quelques mois, le charme s'évanouit ; elle était déjà blasée sur ces satisfactions futiles, son âme aspirait à d'autres sensations ; elle apprit aussi à mieux connaître le maître qu'elle s'était donné. Une fois les premiers emportements de la passion éteints, il se montra tel qu'il était : exigeant, vaniteux, égoïste au suprême degré, soupçonneux, emporté. Il avait tous les défauts qui rendent la vie difficile et qui avaient éloigné de lui ses enfants.

Élise, mieux éclairée, voulut partir ; sa mère, à qui elle communiqua son désenchantement et son projet, lui avoua dans sa réponse une triste vérité qu'elle lui avait cachée. Il ne lui restait pour vivre que la pension stipulée par le comte, et qui cesserait du jour où elle-même quitterait le vieillard. Cet abominable marché la liait pour longtemps encore, la mort seule de cet homme pouvait mettre fin à son supplice.

Élise était jeune, elle avait un grand cœur, aucune expérience, un caractère porté au sacrifice, pas d'initiative, et une disposition fatale au découragement. Elle accepta cette objection, elle oublia qu'avec son talent elle pouvait se créer, ainsi qu'à sa mère, une indépendance, sans avoir besoin de vendre son bonheur. Elle se soumit et commença dès lors son apprentissage du malheur. Il ne devait finir qu'avec elle, la pauvre créature.

Le comte, dont la santé se dérangeait, dont l'humeur devint jalouse, ne reçut plus que quelques rares visiteurs. La vie de ce château, si animée, se transforma en un ennui profond. Élise, triste, désolée, ne trouva pas en elle assez de courage pour se suffire. Elle s'abandonnait à la désolation et la rendait plus grande encore, par conséquent. Elle n'ouvrit plus son piano, elle ne prit pour distraction que d'interminables promenades, où son imagination et sa mélancolie s'excitèrent de plus en plus, et ne fut bientôt plus que l'ombre d'elle-même.

Sur ces entrefaites, le comte reçut de Paris la visite d'un jeune poète, M. E... Il connaissait sa famille et le protégeait beaucoup. Il avait vingt ans, la tête vive et les passions ardentes ; il s'éprit d'Élise en vingt-quatre heures, et la semaine ne s'était pas écoulée qu'il lui avait déclaré sa flamme dans des vers brûlants, qu'elle eut l'imprudence d'accepter, de lire et de relire encore, jusqu'à ce qu'ils eussent fait battre son cœur, et qu'elle eut entrevu ces rivages défendus du bonheur où elle ne croyait jamais pénétrer.

De ce moment elle fut perdue : elle aima.

Dans une nature comme la sienne, l'amour devait régner en despote. Sa première pensée fut de renoncer à tout pour celui qu'elle avait choisi ; mais, tout jeune qu'il fût, il calculait déjà que, en acceptant ce sacrifice, il se brouillait avec un protecteur puissant, ce qu'il ne comptait nullement faire ; il préférait de beaucoup le tromper et jouir de son bonheur à l'ombre de la responsabilité d'autrui : c'était plus économique et plus sûr.

Le comte ne se douta de rien. Cependant Élise était bien peu maîtresse d'elle-même. Elle eut beaucoup de peine à accepter le rôle que lui imposait M. E... et fut dix fois au moment de se trahir. Elle avait accoutumé le vieillard, depuis quelque temps, à tant de singularités, à des inégalités de caractère, qu'il ne s'alarma pas et crut à un accès plus fort. Les nerfs étaient alors fort à la mode chez les petites maîtresses.

« Madame a ses nerfs ! » répondait à tout, et couvrait toutes les excentricités.

Après un séjour de quelques mois au château, le poète revint à Paris, où le rappelaient les soins de son avenir et le besoin de revoir le monde. Il jura à sa bien-aimée une constance éternelle, et la supplia de l'attendre sans trop d'impatience et, surtout, sans se compromettre. Il reviendrait bientôt, elle devait y compter et ne point se créer de chimères impossibles à réaliser. L'amour était le premier des biens de ce monde, mais il ne devait pas empêcher qu'on ne conservât les autres et qu'on cherchât à les acquérir, lorsqu'on en était privé.

CHAPITRE XVIII

Correspondance. — Maladie du comte. — Ses enfants. — Sa mort. — Départ. — Arrivée à Paris. — Visite à M. E... — Son changement. — Déclaration de principes. — Rupture. — Désespoir. — Coup de foudre. — Elle veut être estimée. — Mariage. — Tortures de toutes sortes. — Découragement. — Un bon prêtre. — Suicide déguisé. — Accès incompréhensibles. — Une grande artiste. — Improvisations. — La maladie augmente. — Une statue antique. — Le secret découvert. — Il est trop tard. — Les derniers moments. — L'extrême-onction. — Elle s'éteint. — Ce que devint M. E...

La correspondance s'établit; elle fut d'abord très suivie et très tendre. Elle se ralentit ensuite du côté du jeune homme. Élise, au contraire, était de plus en plus empressée. Tout son cœur s'élançait vers celui qui lui échappait peut-être, et, nul doute qu'elle eût oublié les recommandations de sagesse, si la santé du comte ne l'eût retenue auprès de lui. Après une courte mais violente maladie, il devint infirme; elle sentit qu'elle ne pouvait l'abandonner sans être taxée d'ingratitude. Il était seul, livré à des mercenaires; ses enfants, enchantés du prétexte, s'étaient targués de sa présence pour ne pas approcher de leur père.

Elle leur proposa de leur céder la place; ils n'en avaient nulle envie et répondirent qu'il était trop tard, leur père n'y consentirait probablement pas et ils ne pouvaient se permettre de s'imposer.

Élise ne songea même pas à réclamer les promesses tant de fois répétées d'un mariage qui couvrirait sa faute. Son amant l'occupait seul, elle comptait les heures et les minutes qui la séparaient de lui et ne donnait plus au vieillard que des soins indifférents. Il ne pouvait se plaindre, tout était prévu, tout était convenable, mais sans tendresse, sans sourires; un moins égoïste, un moins occupé de lui-même en eût été glacé.

Ses derniers moments furent pénibles, la jeune femme reçut mille humiliations. Les enfants, craignant quelques détournements, accoururent pour surveiller l'héritage. Ils accablaient Élise de mépris. Ils firent venir un prêtre qui l'exila du lit du comte, au nom de la religion. Poussée à bout, elle eut un moment de révolte.

— Monsieur l'abbé, dit-elle, au lieu de m'éloigner, vous devriez obtenir de votre malade qu'il tienne les serments tant de fois prononcés, et qu'il efface, avant de mourir, le scandale que nous avons causé. Une autre les réclamerait sans doute, ces promesses, moi je me retire et je n'y tiens pas, je vous l'assure. J'ai été trompée, je ne veux pas d'une réparation *in extremis*.

Elle se hâta de fermer ses malles et partit sans demander à voir les parents; elle chargea le vieux valet de chambre, investi de toute la confiance du comte, de lui expliquer la cause de son départ en lui portant ses adieux et ses regrets.

A peine arrivée à Paris, sans se donner le temps de se reposer, elle courut chez M. E... Elle le trouva occupé d'un ouvrage qui devait lui rapporter de l'argent et des éloges. En apercevant Élise, il pâlit. La crainte qu'elle n'eût pas obéi à ses recommandations et qu'il se trouvât chargé d'elle se présenta tout d'abord à son esprit. Quand elle lui eut raconté ce qui se passait, il devint plus aimable, sans cesser néanmoins d'être froid et embarrassé; il eût fallu être aveugle pour ne pas le voir.

— Je vous dérange, dit-elle, retenant ses larmes.

— Pas du tout, mais j'étais loin de vous attendre et j'avais disposé de ma journée ; ce travail qui m'attend en prendra une grande partie et pour le dîner j'ai promis dans une maison, où je ne puis manquer sans risquer de perdre son appui certain ; on compte sur moi, on ne me pardonnerait pas.

— Je comprends, fit-elle, nous nous retrouverons demain. Adieu.

Elle s'échappa ; une fois dans son fiacre, ses pleurs coulèrent ; elle ne se contraignit plus ; pourtant elle allait chez sa mère, à qui elle n'eût avoué pour rien au monde sa désolation.

Elle tâcha de se faire un visage de circonstance. La nouvelle qu'elle apportait la justifiait jusqu'à un certain point. Mme *** se montra sévère, elle la blâma beaucoup d'avoir cédé, ajoutant que si elle avait su s'y prendre, elle serait devenue comtesse, au lieu d'être chassée avec une misérable somme de cent mille francs pour tout dédommagement de ce qu'elle avait subi.

Peut-être était-ce vrai. Élise ne s'en préoccupait guère. Elle avait revu M. E..., elle avait lu dans ses yeux et deviné dans ses paroles l'indifférence, toutes ses pensées étaient là. Il lui semblait que le lendemain n'arriverait jamais, pour s'affranchir de ses craintes ou les confirmer. Elle refusa de loger chez sa mère, elle voulait être libre, afin de mieux penser et d'agir ensuite.

La nuit fut longue ; dès l'aurore elle était debout et attendait. Vers midi, il arriva tout composé, gommé, vêtu comme un homme officiel, raide et solennel, un vrai protocole enfin. Elle se jeta à son cou, il ne la repoussa point et ne l'accueillit pas non plus ; elle commençait à parler de sa joie, de leur union, de sa tendresse, de leurs projets d'avenir ; il l'interrompit et lui demanda de l'écouter un instant.

Puis, après des circonlocutions, des chefs-d'œuvre

d'éloquence, il lui peignit leur situation mutuelle sous des couleurs inattendues ; il l'aimait toujours certainement, ils avaient goûté un bonheur sans mélange, cependant il y avait temps pour tout dans la vie. Il fallait maintenant se créer un avenir : elle devait rentrer au théâtre ; lui, parcourrait avec succès la carrière des lettres ; ils resteraient amis, ils n'avaient plus le loisir d'être amants. Leur médiocre fortune leur interdisait de s'unir par des liens éternels ; il fallait à chacun d'eux une aisance qu'ils devaient trouver dans de riches mariages ; ils avaient tout pour parvenir en conservant leur liberté, ils se *couperaient le cou* en devenant époux certainement. Ils devaient donc, tout de suite, laisser les illusions de côté et commencer dès à présent le changement de leur situation.

Il parla longtemps dans ce style, sans que la malheureuse l'interrompît ; il lui semblait toujours qu'elle ne le comprenait pas, elle voulait se tromper elle-même ; ainsi que tous les gens qui aiment, elle se refusait à l'évidence.

C'est toujours cette délicieuse romance de Monterif :

> J'ai besoin qu'il ait une excuse
> Bien plus que lui !

Celui-là n'en avait pas, il n'en voulait pas, il tenait à persuader, à convaincre, afin de ne pas être ennuyé, suivant l'expression des gens qui n'aiment plus. Force fut donc à Elise d'ouvrir les yeux ; elle reçut dans le cœur un coup dont elle devait mourir : elle en est bien morte, je vous en réponds.

Elle n'accepta pas cette déclaration, sans tout faire pour en empêcher l'exécution. Elle essaya de toutes les manières : la colère, les larmes, les menaces, les prières, les cris et le désespoir, rien ne fut épargné, mais en vain. E.... était bien résolu, il avait d'autres vues ; elle pourrait être un obstacle pour sa vie, il l'écarta durement, sans précaution, sans se soucier des suites pour la malheureuse fille.

Il cessa de la voir et, pour ne plus être importuné de son souvenir, il partit pour la campagne ; elle se lassa de s'informer de lui et, suivant la pente de son caractère, elle se résigna, en se rongeant le cœur.

Un soir, elle était avec sa mère au théâtre Feydeau ; elle s'y était laissé conduire et n'écoutait que ses pensées. Cachée au fond de la loge, c'était encore pour elle une solitude. Tout à coup, la loge à côté, vide jusque-là, s'ouvrit : quatre personnes y entrèrent ; elle n'y prit aucune attention, jusqu'au moment où une voix connue frappa son oreille. Deux hommes causaient à demi-voix pendant que l'on chantait.

Ils discutaient : l'un accusait, l'autre se défendait.

— Vous vous trompez, monsieur, je vous assure, disait celui-ci, cette femme et moi, nous ne nous voyons plus, j'ai rompu avec elle et sans difficulté, je ne lui devais rien. On se débarrasse de ce genre de personnes quand on n'en veut plus, et ces liaisons-là ne comptent pas dans la vie d'un jeune homme.

— On m'en avait parlé tout autrement, je la croyais mariée.

— Non, monsieur, c'eût été bien différent. Elle vivait avec un vieillard, en province ; je l'ai connue chez lui, elle avait quitté le théâtre pour demeurer près de ce bonhomme. J'ai eu un caprice pour elle. Elle est fort belle, elle a du talent et de l'esprit, c'est une bonne créature, sans aucune importance, sans consistance dans le monde, ne tenant à rien. Ne vous en effrayez donc pas plus pour mademoiselle votre fille que vous ne songeriez aux étudiants du pays latin, au temps où je faisais mon droit. Ces folies passées sont, au contraire, une garantie d'avenir.

— Cette explication me satisfait complètement et rien ne s'opposera plus à votre mariage, je vous le promets.

Élise n'avait pas perdu un mot ; les causeurs se croyaient bien en sûreté au fond de cette loge, pendant que la pièce captivait l'attention de tout le monde. Ils n'avaient même pas soupçonné la curieuse, vêtue de couleurs sombres, blottie sur sa chaise et immobile. Ils se rapprochèrent des femmes, placées sur le devant : l'une d'elles était sans doute la fiancée.

Élise fut prise d'un vertige; elle se leva en même temps qu'eux et, dès lors, elle n'eut plus qu'un but, celui de se faire remarquer et de voir la rivale pour qui on la méprisait si fort. Au grand étonnement de sa mère, elle la pria de lui donner sa place, dans l'entr'acte; elle regarda obstinément dans la loge voisine. La pâleur de M. E... lui prouva qu'il l'avait reconnue; en même temps, une fort jolie jeune fille qu'elle supposa devoir être la prétendue, dit à une dame qui l'accompagnait :

— Voyez donc, ma tante, cette dame dans la loge à côté, comme elle est belle !

On comprend ce qu'Élise dut éprouver; pourtant on ne devinerait jamais ce qui en résulta. Le lendemain matin, à huit heures, elle réveilla Mme ***.

— Tu m'as dit, ma mère, qu'un monsieur d'une bonne famille, ancien militaire, ayant une propriété en Vendômois, me demandait en mariage?

— Oui, et tu l'as refusé, ce qui n'est pas dans ton intérêt.

— Tu le connais, tu en réponds? Fais-le venir tout de suite, dis-lui que j'accepte et que nous devons être mariés avant quinze jours, sans cela je ne veux plus.

— Tu le verras ce soir, nous conviendrons de tout.

Voilà comment Mlle *** fut mariée ; elle gagna son infidèle de vitesse ; en sortant de l'autel, elle lui écrivit à peu près ceci :

« Je suis mariée, je m'allie à une excellente famille, vous me devez donc des égards, en comptant avec moi. J'ai droit à votre estime à présent, et je vous défends de parler de moi, ainsi que vous l'avez fait; je ne suis plus seule au monde, j'ai un défenseur qui vous imposera silence si vous me forcez à le mettre entre vous et moi. Adieu. »

L'infortunée n'avait pris un mari que pour avoir le droit de revendiquer son titre d'épouse et d'écrire cette lettre. Elle partit le lendemain pour Courtiras, accompagnée de son mari, fort enchanté de ses cent mille francs et se souciant peu de sa personne.

C'était une espèce de sanglier féroce et mauvais, retiré dans sa bauge, ne songeant qu'à faire valoir ses terres, sans aucune éducation, sans manières, d'un caractère terrible, faisant tout plier autour de lui. Incapable de comprendre et d'apprécier sa femme, et ne prisant que ce qui lui manquait, des goûts semblables aux siens, une existence toute de matière et d'intérêt.

Ce ménage fut un enfer. Après les querelles vinrent les coups. Il la battit; elle se laissa faire et tendit le dos. Elle s'arrachait les cheveux de désespoir; la résistance n'était pas dans ses cordes, on le sait. Elle s'était fait quelques amis et amies; elle essayait de lui échapper et d'aller se distraire avec eux; il la rappelait bien vite, et les scènes devenaient plus violentes; elle renonça à ses sorties.

Ce furent alors d'autres tourments. Pleine de bonne volonté, elle se mit au ménage, espérant apaiser ses colères; c'était pis encore. Rien n'était bien, il lui faisait recommencer des travaux pénibles pour lesquels ses belles mains n'étaient pas faites.

Elle pleura nuit et jour et perdit le peu d'énergie qui lui restait. Le hasard la rapprocha d'un saint prêtre; il provoqua sa confiance, elle versa son cœur dans le sien. Ils se virent quelquefois, non pas chez elle, son aimable mari n'eût pas permis qu'il franchît jamais le seuil, car il avait l'horreur de tout ce qui se rattachait à la religion et se vantait tout haut d'être athée.

Il découvrit cette nouvelle connaissance et battit si

bien sa femme pour l'en dégoûter qu'elle en garda le lit. Elle ne put continuer à se rendre à l'église, ainsi qu'elle l'avait fait, et fut privée de cette consolation. Elle retira cependant des instructions et des conseils de l'abbé une résignation plus complète et éloigna l'idée du suicide qui la poursuivait sans cesse. La situation n'était pas tenable, on lui refusait même le nécessaire, les vêtements, la nourriture. Les furies devenaient plus terribles ; sa raison commençait à y succomber.

Elle trouva alors un compromis entre sa conscience et son désir de la délivrance prompte ; elle se fit mourir et choisit un singulier moyen ; elle se mit à boire de l'esprit-de-vin mélangé en grande quantité avec de la liqueur de ménage, qu'on fabriquait chez elle, et dont elle avait la disposition.

Elle s'enivra donc tous les jours et se brûla les intestins, de telle sorte qu'une maladie inflammatoire se déclara. Les médecins, qu'on appela tardivement, n'y comprenaient rien. Plusieurs la déclarèrent folle ; elle en avait les apparences, en effet ; l'on connaissait son malheur et on admettait parfaitement qu'elle eût perdu la tête.

Cette folie n'était que de l'exaltation. J'en ai été témoin, et c'est un de mes souvenirs les plus remarquables. On la fuyait, on en avait peur, parce qu'on ne se l'expliquait pas. Ses enfants surtout s'en effrayaient et c'était un de ses grands chagrins. Ils se sauvaient, les pauvres petits, dès que ses accès commençaient, et le matin, quand elle était tranquille et qu'elle les appelait, ils avaient bien de la peine à se décider à venir auprès d'elle.

Elle était superbe dans ses moments de délire. Sa beauté prenait une grandeur et un caractère merveilleux. Elle récitait les plus beaux vers de Racine et de Corneille avec une expression admirable. Je lui ai entendu dire un jour la déclaration de Phèdre de telle façon, que jamais tragédienne n'a pu en approcher. Ni Rachel, ni Mˡˡᵉ Duchesnois, meilleures qu'elle dans certaines parties de ce rôle, n'ont eu l'âme et la tendresse passionnée de Mᵐᵉ ***. Elle sentait et exprimait comme personne.

D'autres fois, elle chantait des morceaux d'opéra avec une maestria incomparable ; sa voix avait une étendue, une sonorité, un timbre d'harmonica qui tiraient des larmes, même sans entendre les paroles.

Quelles heures j'ai passées à l'écouter dans son petit salon ouvrant sur le jardin, sans lumières, éclairé seulement par la lune, dans les chaudes soirées d'été ! Elle ne me voyait pas, elle oubliait ma présence et se croyait en face du public.

Il lui arrivait souvent d'improviser des vers et de la musique, et cela avec un vrai talent.

Ces morceaux se ressentaient un peu de son aberration, lorsqu'on se les rappelait à froid, mais en l'écoutant on n'y songeait pas, on était tout à elle, et sa sensibilité touchante jointe à sa douleur était si vraie ! On ne pouvait que la plaindre et l'admirer.

Sa maladie faisait des progrès rapides ; l'inflammation était telle qu'elle se baignait dans la rivière en plein hiver ; elle cassait la glace pour s'y plonger. Quelquefois, dans sa distraction, cachée derrière les arbres du moulin à papier, elle oubliait de se vêtir.

On découvrit enfin son secret ; le médecin la supplia de s'arrêter ; elle s'y refusa. Il alla chercher le prêtre en qui elle avait confiance ; celui-ci parvint à la convaincre que le crime était le même, et la ramena à la religion. Malheureusement, il était trop tard pour la sauver ; les effets étaient produits. Sa constitution vigoureuse, son âge, luttèrent avec la mort pendant plusieurs années. Elle souffrait des tortures épouvantables ; les derniers mois, elle ne put même plus sortir sur son âne ; elle resta au logis, où son tyran avait fini par ne plus s'occuper d'elle. Lorsqu'on lui apporta les derniers sacrements, il soupait dans la cuisine, la porte ouverte sur la cour ; il vit entrer le prêtre et les assistants et ne se dérangea pas. Il n'en perdit pas un coup de dent, et en fit des gorges chaudes avec les paysans ses amis.

Elle mourut dans la nuit, en bénissant ses enfants et en pardonnant à son bourreau.

Je me suis étendue longuement sur cette femme, qui m'a semblé une individualité rare, en ce temps où tout le monde se ressemble et où il n'y a plus d'originaux. Elle m'a intéressée vivement, j'ai supposé qu'elle intéresserait.

Puissé-je ne pas m'être trompée !

Quant à M. E..., il est mort heureux, marié, et membre de l'Académie française.

CHAPITRE XIX

Départ pour Paris. — La société de la Restauration. — Les vieilles. — Les jeunes. — Gravité de la cour de Charles X. — Madame la Dauphine. — Souvenirs de la Révolution. — M. le Dauphin. — Mme la duchesse de Berry. — Son affabilité. — Son mépris de l'étiquette. — Le costume de cour. — Le manteau, les barbes, la mantille. — Les robes courtes. — Le *petit château*. — Ce qu'il était. — Amour de Madame pour les arts. — Chateaubriand. — Lamartine. — D'Arlincourt. — Ses aventures. — Le bracelet. — Fête en l'honneur de Madame. — La ruine. — *Le Renégat*. — *Ipsiboé*. — Ch. Nodier. — Le faubourg Saint-Germain. — Les étrangers. — Différentes classifications de société. — L'opposition. — Le maigre. — Une autre bonne compagnie. — Encore le faubourg. — Ses engouements. — Histoire de Mme ***. — La cassette. — Soixante mille francs. — Une bonne leçon.

Après un séjour de quelques mois à Vendôme, mon mari vint me chercher et nous nous rendîmes à Paris.

Ici commence ma vie mondaine en cette grande ville, où je devais plus tard fixer mon séjour. C'est donc le moment de jeter un regard sur cette société de la Restauration séparée de nous par un tiers de siècle à peine, et si loin cependant de ce que nous sommes aujourd'hui, bien que l'on s'en croie jeté à une distance infinie. Ceux qui y ont vécu disparaissent tous les jours, et bientôt il n'en restera plus rien que ce que les livres en auront conservé.

Cette société éminemment élégante et polie est le dernier reflet du savoir-vivre et des grandes manières de la cour de France. Les traditions existaient encore, tout ce qui était jeune les conservait par habitude et par respect pour les parents qui vivaient et qui n'auraient pas souffert qu'il en fût autrement.

Il y avait une foule d'aimables vieilles dont l'esprit était resté le même, et qui comptaient fort dans la société. Elles en réglaient le ton et leur suffrage était indispensable à qui voulait parvenir. Les femmes vertueuses n'avaient pas de bégueulerie, les femmes légères étaient indulgentes pour les autres et ne se déchiraient pas trop... sans nécessité absolue. Les mœurs étaient faciles, on s'amusait sans licence; je ne voudrais pas jurer qu'on fût toujours sur ses gardes et que quelques jolis péchés ne fussent pas commis de temps en temps : cela ne me regarde point, je n'ai pas mission de prêcher, je n'ai pas charge d'âmes et c'est affaire de confessionnal.

La cour était grave, excepté au pavillon de Marsan, où Mme la duchesse de Berry apportait la vie et la gaieté.

Le roi Charles X avait des cercles où l'on allait s'ennuyer en cérémonie. Bien que vieux et dévot, il était toujours charmant. Le désir de plaire lui prêtait ce que l'âge lui avait pris. Ses mots, et il en avait, venaient plutôt du cœur que de l'esprit. C'était peut-être un roi médiocre, je ne suis pas ici pour discuter cela, c'était assurément l'homme le plus aimable et le plus véritable chevalier qu'il y eût dans son royaume.

Madame la Dauphine, sérieuse et triste, se rappelait le passé et craignait l'avenir. Son esprit juste et pratique s'inspirait de sa mémoire; elle se souvenait de la Révolution, de la faiblesse de Louis XVI, plus grande que celle de son frère, et de l'énergie de Marie-Antoinette.

Elle avait vu en contact ces deux caractères si opposés, se contrariant l'un l'autre; elle se rappelait ce qu'ils avaient produit et se demandait quel parti valait le mieux avec une nation telle que la nôtre. Son excellent cœur penchait pour la bonté, et les spectres de la Révolution se dressaient devant elle.

Elle voyait, comme dans un rêve, les tortures de ses parents et les siennes, le sang répandu, les bouleversements dont le sol tremblait encore, et tout cela par l'excessive clémence du martyr arrêtant à Varennes les dragons qui voulaient charger en disant :

— Je ne veux pas qu'une goutte de sang coule pour ma cause.

Madame la Dauphine ne jetait donc pas beaucoup d'agrément dans le monde; on lui rendait ses devoirs et c'était tout. M. le Dauphin marquait bien moins qu'elle, même politiquement parlant. Excepté les offices et la chasse, il ne s'occupait guère de quoi que ce soit : il était bon, affable à sa manière, c'était tout aussi.

Mᵐᵉ la duchesse de Berry recevait moins qu'elle ne le fit plus tard, mais elle avait cependant des réunions où l'on s'amusait. Cette princesse n'était pas jolie : maigre, de petite taille, elle ne représentait pas. Ses cheveux blonds et son pied étaient tout ce qu'on pouvait citer d'elle. Ses gros yeux avaient peu d'expression, elle louchait; ses portraits la représentent assez bien.

Elle avait sinon un de ces esprits de mots, qui ne se trouvent guère parmi les femmes de son rang, du moins un esprit d'à-propos et un tact très sûr. Son cœur était excellent et son caractère agréable. Elle était très aimée à cause de la simplicité de ses manières et du bien qu'elle faisait.

Le costume de cour était une robe ronde garnie de fleurs, ou bien de ces bouillons, de ces fanfreluches qui reviennent à la mode aujourd'hui. Le manteau s'assortissait autant que possible à la jupe; cependant on en portait aussi de différents, tels que ceux en velours brodé. Les étoffes lamées étaient fort en vogue.

On avait ensuite la mantille en blonde ou en dentelle. C'était une garniture à deux ou trois rangs, allant en diminuant de hauteur et en mourant jusque sous l'emmanchure devant. Enfin, sur la tête, on avait de longues barbes de dentelle retombant dans le dos. Ces trois objets, le manteau, la mantille et les barbes, étaient indispensables pour se présenter à la cour et ne se portaient que là, sauf la mantille, qui depuis s'introduisit dans la toilette de ville.

On voyait quelquefois, dans le monde, des femmes avec des barbes; on savait alors qu'elles venaient de faire leur cour au roi ou aux princesses et qu'elles avaient laissé leur manteau dans leur voiture.

Les robes étaient courtes, très courtes : c'est tout simple, Mme la duchesse de Berry avait un si joli pied!

La société la plus triée, la plus enviée de Paris était ce que l'on appelait le *petit château*. Rien de plus malaisé que d'en faire partie; il fallait pour cela réunir des conditions très difficiles, il fallait être admis aux particuliers de la princesse et tenir dans le monde une de ces positions qu'on n'acquiert pas. Aussi jalousait-on extrêmement ces privilèges. Ils formaient autorité, on s'y soumettait par la force des choses, non sans murmurer toutefois.

Madame aimait les arts, les encourageait avec intelligence; dès lors, il fut de bon goût de les aimer aussi, de les cultiver même quand on pouvait. Les artistes en profitèrent, et bien des réputations datent de ce moment-là.

Chateaubriand était en plein dans la vie politique; mais il rayonnait de sa gloire littéraire. Lamartine faisait tourner toutes les têtes; il était jeune, il était beau, il n'était pas une femme qui ne rêvât d'Elvire. Un autre écrivain, bien célèbre maintenant, obtenait des succès prodigieux et les devait autant à sa figure, à son caractère, à ses manières de gentilhomme qu'à ses livres.

Il eut des aventures incroyables, des femmes qui

se jetèrent à sa tête; une entre autres arrêta le soir son cabriolet dans les Champs-Élysées. Il la prit pour un voleur : en ce temps-là, les voleurs seuls s'y promenaient après le coucher du soleil. Elle lui offrit un très beau bracelet, enveloppé comme un paquet, et le pria de le conserver pour l'amour d'elle. Elle ne lui donna pas le temps de la voir, lança la boîte dans la voiture et se sauva.

En rentrant chez lui, il vit ce beau joyau; des cheveux blonds étaient encadrés dans de l'émail et des diamants. Jamais il n'a su d'où cela lui venait. Les lettres pleuvaient et les déclarations anonymes aussi : tout cela pour des ouvrages de la force du *Renégat* et d'*Ipsiboé*. On a fait un opéra de ce dernier, j'en ai vu la répétition générale; pourquoi et comment? je ne m'en souviens plus.

Nous avions l'imagination bien facile à frapper en ce temps-là : j'ai admiré comme les autres ces romans étranges. J'ai rêvé de Clodomir. Et de quoi ne rêvions-nous pas?

M. d'Arlincourt eut l'honneur de recevoir à sa terre la visite de Madame, ce qui mit le comble à l'engouement. Il lui donna une fête splendide. Peu de temps après, le malheur vint le frapper. Il perdit une fille charmante qu'il adorait, et pour faire face à des événements de famille, il vendit presque tout ce qu'il possédait. Il se conduisit avec la plus grande délicatesse; le souvenir en est resté à ceux qui l'ont connu.

Ces poètes gentilshommes allaient dans tous les salons du haut monde, on se les arrachait. Les gens de lettres ne foisonnaient pas comme aujourd'hui, mais presque tous avaient une réputation brillante. Charles Nodier était un de ceux qu'on prisait le plus, bien qu'on ne le reçût pas comme les précédents.

Les lignes de démarcation étaient très tranchées.

Ainsi, le faubourg Saint-Germain n'admettait personne dans ses rangs. Pour en faire partie, il fallait y être né, y avoir sa famille, ou bien être étranger recommandé et riche. La recommandation est moins nécessaire que la richesse.

On ne se figure pas ce que l'on passe aux étrangers à Paris, dans des cercles même très difficiles, si l'on n'en a pas été le témoin. Du moment qu'ils ouvrent leurs maisons, qu'ils reçoivent bien, qu'ils ont de belles voitures, des laquais et des toilettes, on ne s'informe pas d'où ils arrivent. On va chez eux, c'est un terrain neutre. Ceux qui sont habiles prient une très grande dame de leur donner sa liste et de se regarder comme chez elle; dès lors, ils sont adoptés, ils sont naturalisés, on les vante.

Bien souvent on a dû se repentir de ces facilités, mais on ne s'en est pas vanté, et cela ne corrige pas.

Au moment où nous sommes parvenus, la société avait bien des subdivisions; je parle seulement du haut monde, le reste viendra ensuite. Les familles très attachées à la dynastie, soit par pur intérêt ou seulement par conviction, étaient dévotes, non pas avec intolérance absolue, mais assez rigoureusement. On faisait maigre, on allait aux offices le matin et au bal le soir.

Les restes de l'Empire, ceux qui se rattachaient à la maison d'Orléans, ceux qui visaient aux idées libérales, affectaient au contraire une grande indépendance religieuse. C'était une façon de faire de l'opposition. Les jeunes étaient presque tous de ce parti-là; quelques esprits exaltés poussaient fort loin ce parti pris; la mode était là.

Je me rappelle une lionne de ce temps m'engageant à dîner, me disant :

— Nous n'aurons pas de poisson, c'est vendredi, j'ai défendu d'en servir une fois pour toutes. Ce jour-là, on pourrait croire que je fais maigre.

L'opposition était ici poussée jusqu'à la niaiserie.

Ceux qui parlaient ainsi étaient presque tous des mécontents, cela se devine; ce qui ne les empêchait pas d'aller faire leurs révérences au château et d'épier les rayons du soleil, de se glorifier lorsqu'un de ses rayons venait réchauffer l'oubli qu'on redoutait si fort. Entre un censeur et un courtisan, il n'y a presque jamais que l'épaisseur de la réussite.

En outre du faubourg et de la cour proprement dits, il y avait une fraction de très bonne compagnie, moins difficile à aborder, et qui se mêlait davantage avec tous les mondes. Celle-là prenait un peu la crème de chaque subdivision. La noblesse y dominait, mais elle n'excluait pas la haute finance, les grands fonctionnaires, les enrichis de ce siècle, possesseurs d'une bonne maison et disposés à dépenser de l'argent.

Ces gens ne franchissaient pas les barrières du cénacle, bien que l'on vît quelquefois chez eux, de loin en loin, un de ces personnages de la camarilla, que des relations de famille ou des obligations y conduisaient. Ils étaient très faciles à distinguer, même pour ceux qui ne les connaissaient pas. On les voyait faire le tour des salons, examiner ceux qui s'y trouvaient, comme si l'on se fût senti mal à l'aise avec eux, échanger quelques rares saluts, quelques paroles plus rares encore, et disparaître. C'était une corvée accomplie, une grâce accordée et voilà tout. Cette nuance se sent mieux qu'elle ne s'exprime.

Le faubourg Saint-Germain a reçu quelques leçons pour s'être départi de la rigueur de ses principes. Je me rappelle, entre autres, celle qui va suivre; c'est le lieu de la raconter, bien que la chose se soit passée dix-huit ans plus tard, à peu près, sous le règne de Louis-Philippe.

Il arriva, de je ne sais où, une femme patronnée je ne sais par qui et qui se donnait pour une muse; on la crut sur parole et elle le crut plus fermement que les autres, du moment où on lui laissa voir qu'on l'acceptait comme telle. Son mari était un homme de loi de la plus basse espèce; il la rendait malheureuse, il la battait, elle le quitta.

Ce qui aurait perdu toute autre devint pour elle un titre à l'intérêt; on la plaignit, on accusa ce brutal. Elle avait sans doute quelque appui occulte dans le monde; il est certain, du moins, qu'elle fut présentée dans des salons éminents et qu'on s'engoua de cette nouvelle venue. On voulut lui créer une position, faire connaître son talent, on organisa des lectures, des souscriptions à ses livres; elle fut déclarée le premier écrivain féminin du siècle.

Mme *** n'était pas jolie, son bagage littéraire était mince, son origine fort obscure, ses manières peu aristocratiques, mais elle avait une finesse inouïe, une habileté et un savoir-faire rares : elle vit clair dans le jeu de ces gens-là, alors qu'ils n'y voyaient pas eux-mêmes. Elle se rendit justice, il n'y avait pas en elle assez d'étoffe pour soutenir longtemps le rôle qu'on lui avait fait; elle sentit que, pour conserver cette position et ses avantages, il lui fallait un appui et tourna ses visées sur un personnage important parmi les légitimistes.

Celui-ci se laissa prendre, devint attentif; elle sut en fort peu de temps le rendre si amoureux qu'il n'eut bientôt plus de secrets pour elle; les craintes, les espérances, les secrets de partis lui furent confiés; elle enregistra le tout dans sa mémoire, cela pouvait servir.

Un jour, une conspiration fut découverte. Quand je dis conspiration, c'est un mot bien ambitieux. Les royalistes ne conspiraient guère, ils parlottaient, voilà tout. Enfin, à tort ou à raison, la police fit des recherches : l'ami de Mme ***, effrayé, apporta chez elle certaine correspondance très compromettante pour lui; elle provenait d'un très auguste personnage et pouvait révéler bien des faits dangereux. Une cassette la renfermait, il en garda la clef, après avoir fait connaître à la dépositaire l'importance de ce qu'il laissait entre ses mains.

Le lendemain matin, il reçut une lettre de cette

digne créature qui, après bien des circonlocutions, lui posait l'ultimatum que voici.

Elle était sans fortune, elle avait des enfants à établir; les bontés qu'il avait pour elle lui fournissaient de quoi vivre honorablement, mais après, que resterait-il? Elle se devait à sa famille : il se présentait une excellente occasion, son amour maternel lui défendait de la laisser échapper. Elle le suppliait de ne pas l'accuser, la nécessité seule la forçait à agir ainsi; le ministère connaissait la cassette, il supposait qu'elle pourrait aider à la découvrir et lui offrait soixante mille francs si elle la livrait. Elle était prête à lui donner la préférence pour le même prix, le priant d'envoyer une réponse prompte, car on ne lui avait laissé que vingt-quatre heures de réflexion; s'il ne se décidait pas, elle aurait l'honneur de remettre les papiers à M. le Préfet de police, qui devait lui envoyer un de ses agents.

En recevant cette lettre, M. de *** fut atterré; il jeta les hauts cris, se plaignit à tous les échos, traita la perfide de tous les noms et marchanda avec lui-même et avec elle. Il lui écrivit pour avoir meilleur marché; elle ne répondit que par son chiffre immuable, assurant qu'elle y perdrait s'il en était autrement, puisque cette somme lui était offerte.

La soirée se passa en allées et venues, en gémissements, en cris, en menaces vaines; le temps s'écoulait. Enfin, il se décida vers le midi suivant : il envoya les soixante mille livres assaisonnées d'un écrasant mépris et d'une collection d'injures et de lamentations.

La dame reçut le tout sous enveloppe, et le lui retourna accompagné de cette fameuse phrase si employée de nos jours : « Il est trop tard. »

La cassette avait été livrée au plus vigilant et M. de *** en fut pour sa courte honte; il se repentit cruellement de sa confiance; ce qu'il y eut de pis, ce fut le dénouement.

Il s'en fut réclamer ses papiers, on les lui rendit vingt-quatre heures après, et, ce qui me semble profondément humiliant pour lui et son importance, c'est qu'il n'en manquait pas un seul.

On en avait sans doute pris copie, et la générosité ne fut pas sans résultats.

Vous devez penser si la dame trouva les portes fermées après un pareil trait; elle a changé de société, on assure même qu'elle a quitté Paris : ce qu'elle avait de mieux à faire.

CHAPITRE XX

La société de la Restauration. — Les fils de pairs. — Les femmes. — Les plaisirs du monde. — Les lorettes de ce temps-là. — Comment elles étaient traitées. — Les bals. — Soixante-trois de suite. — Celui du maréchal Soult. — Le cotillon à huit heures. — Rentrée à dix. — La vie d'une élégante d'alors. — Le galop. — La mazurka. — Qui les apporta en France. — Les manteaux écossais. — La coiffure en l'air. — Les épingles de six pouces. — Souvenir de la cour de Versailles. — Les premières robes *blouses tout autour*. — Qui les porta. — Les modes. — Les souliers. — Les fourrures. — Les manches à gigot. — Les chapeaux. — Le gothique. — L'Opéra. — *Joconde*. — Paul. — Mme Montessu. — Mlle Noblet. — *Le Siège de Corinthe*. — Rossini. — Nourrit, Devis, Dabbadie, Mme Damoreau. — Les Dabbadie gentilshommes. — La Comédie-Française. — Mlles Mars, Duchesnois, Levert, Dupuis, Brocard, Bourgoing, Desmousseaux, Demerson, Dupont. — Talma, Firmin, Michelot, Jouany, Lafond, Menjaud. — *La Mort du Tasse*. — *Louis XI*. — Mme de Genlis. — Le sucrier. — Son portrait. — Sa conversation. — Louis-Philippe. — La politique. — La Restauration.

En ce temps de la Restauration, la société proprement dite, la jeunesse surtout, ne songeait qu'à s'amuser. La politique occupait peu, on était confiant. On ne se passionnait pas, l'opposition se bornait à des niaiseries. Je parle toujours du haut monde, bien entendu. Pour les autres et même dans certaines régions de celui-ci, il n'en était pas de même : 1830 l'a bien prouvé.

Chacun avait sa voie faite à peu près. Les fils de pairs devaient succéder à leur père, de brillants mariages en perspective devaient assurer d'ici là leur fortune. Ceux qui avaient une valeur personnelle savaient bien qu'avec ces puissants leviers, ils parviendraient à tout. Ils ne se tourmentaient donc point et ne se donnaient point la peine de travailler d'avance, ils s'amusaient.

Les femmes profitaient de ces dispositions; tous les plaisirs étaient alors dans le monde, tous les plaisirs avoués du moins. Ce monde interlope d'aujourd'hui, qui entraîne tout, n'existait qu'à l'état latent. Certes, la vertu n'était pas plus commune, mais le vice se cachait.

Il existait des femmes faciles et vénales, cela a été de tous temps, seulement on ne les connaissait pas, elles ne se montraient pas en public avec leur écriteau et leur luxe. D'abord elles n'en avaient pas, excepté une ou deux *célèbres;* encore ne l'étaient-elles que parmi les hommes, les femmes ignoraient leur existence; il n'était jamais question de rien de ce genre, dans les conversations les plus intimes et les plus risquées, qu'à l'état de plaisanterie.

On savait par une indiscrétion que Monsieur un tel allait à de certaines heures chez une beauté prohibée, on en riait. Quelques curieuses risquaient des questions sur cette espèce particulière; des personnes comme elles en auraient fait autant sur des sauvages de l'Océanie, les relations étaient aussi éloignées que cela. On leur répondait tant bien que mal, de peur d'en trop dire, et l'on changeait de discours.

Aucun homme, quelque effronté qu'il fût, ne se serait montré en public avec une courtisane. Ils les conduisaient au spectacle dans les loges grillées et aux petits théâtres; ils soupaient avec elles, tout cela en se cachant. Ils leur donnaient peut-être des voitures, mais nul n'en savait rien et ils n'y montaient pas à leurs côtés. Ils ne se seraient pas exposés à rencontrer leur sœur ou leur mère sans pouvoir les saluer; les portes leur eussent été fermées.

Les bals étaient donc charmants, la belle jeunesse de l'aristocratie y foisonnait. Il y en avait tous les jours deux ou trois. Cet hiver-là, on put danser soixante-trois nuits de suite, sans rentrer jamais qu'à cinq ou six heures du matin. La dernière fête, le jour de la Mi-Carême, fut donnée chez le maréchal Soult; on voulut danser le cotillon à six heures, il fallut le remettre, il y avait trop de monde. On le reprit à huit heures et on sortit à dix. Nous traversions le Carrousel comme on relevait la garde des Tuileries.

La journée de presque toutes les élégantes se passait ainsi qu'il suit :

On se levait tard, bien entendu, puisqu'on veillait. On déjeunait en famille, ensuite arrivaient les visites d'hommes intimes et d'amies; c'était une sorte de petit salon du matin. A deux heures on partait pour le bois de Boulogne, soit à cheval, soit en voiture; à moins qu'il ne plût des hallebardes, on y restait jusqu'à la nuit, qui vient de bonne heure en hiver. Les plus zélées allaient faire des visites jusqu'au dîner. J'en ai vu, rentrant chez elles en habit de cheval, mettre une robe bien vite et courir à ce devoir généralement ennuyeux; c'était l'heure des visites sérieuses et d'obligation.

On dînait à six heures et demie, souvent on allait voir une pièce en vogue et l'on revenait ensuite s'habiller pour le bal, où les astres ne paraissaient pas avant minuit ou une heure du matin : vous savez le reste.

Quelle force et quelle santé il fallait pour résister à cette vie-là! Elle ne durait que deux mois à peu près, il y avait de quoi tuer un grenadier. Les femmes frêles et minces comme des joncs y résistaient. Ajoutez-y les soins de leur ménage, de leurs enfants, que ces grandes dames n'abandonnaient à personne, vous verrez que le temps était bien rempli.

Cet hiver-là vit éclore beaucoup de nouveautés.

Le galop, ce fameux galop qu'on a tant dansé depuis, fit son entrée dans les salons, apporté par Mlle de la Feronnays, son père, le vicomte Charles, et le comte Rodolphe Aponny. Quelques autres personnes l'apprirent ensuite, et il devint le favori du moment.

La mazurka fut aussi lancée à la même époque; comme elle était plus difficile à apprendre, elle se répandit moins. Les trois premières danseuses furent encore Mlle de la Feronnays et Mlles Cauffield, deux charmantes Anglaises. L'une, Fanny, s'est mariée dans son pays; l'autre, Henriette, a épousé le comte Achille Delamarre. Les hommes étaient les mêmes que pour le galop, plus deux autres et une autre femme, dont je ne me souviens plus.

On dansait la mazurka à quatre couples et c'était plein de grâce et d'entrain. Je me rappelle combien de peine on eut à apprendre le fameux pas tournant, et l'effet qu'il produisit.

On porta cette année-là les premiers manteaux écossais; ils étaient ronds, garnis d'effilés, avec un petit collet pèlerine.

La fameuse coiffure en l'air était dans toute sa gloire. Elle consistait en trois coques, très lisses, placées sur le sommet de la tête; entre les deux de devant s'échelonnaient des branches de fleurs supperposées qui menaçaient le ciel. Il fallait, pour les soutenir, des épingles longues de six pouces au moins. Les cheveux de devant étaient frisés en boucles légères très relevées. Il était impossible de s'asseoir dans une voiture, lorsqu'on était ainsi attifée. J'ai vu mettre des tabourets par terre et se placer dessus.

Du reste, nous n'étions pas en ce genre plus ridicules que nos devancières et nos remplaçantes. Des douairières m'ont raconté qu'elles faisaient la route de Paris à Versailles, pour aller faire leur cour, agenouillées dans leur carrosse, faute d'y pouvoir faire entrer leur crêpé et leurs paniers. Chacun sait ce qu'il fallait plus tard d'espace aux crinolines.

Chaque époque a ses travers, — ne nous en moquons pas, car à notre tour, on se moquera de nous.

Les jupes restèrent en biais ou froncées seulement devant, pour le matin, jusqu'à un bal chez le baron de Werther, ambassadeur de Prusse. Une très jolie et très agréable femme, Mme de Thorigny — Mlle Bocher — y parut avec une robe de crêpe lisse blanc, *blouse tout autour*, le dessous de satin était plat; néanmoins, ce fut le modèle et l'enfance des robes que nous avons portées si longtemps. On les a revues, corrigées, considérablement augmentées depuis lors.

Les souliers à cothurnes, et sans rosette, triomphaient, et faisaient très bien au pied. J'ai dit que les robes étaient courtes, on ne se figure pas à quel point. Il y avait une main entre le cordon du soulier ou le haut de la bottine et la jupe. C'était très laid quand on n'avait pas le pied et la jambe jolis. En revanche, celles qui jouissaient de ces deux avantages y gagnaient beaucoup, et puis c'était bien commode et bien dégagé pour marcher.

Les fourrures étaient des boas roulés au cou, des palatines longues, des Wilkschouras. On en bordait les robes de velours ou d'étoffes lourdes. Les manches à gigot étaient hors de toute proportion. Nous les avions bien plus grosses que notre corps.

Une petite femme avait une étrange tournure avec tout cela; nous n'y pensions pas alors, mais on ne peut s'empêcher d'être de cet avis, quand on y réfléchit de sang-froid.

Je me rappelle une charmante charge représentant une des plus jolies femmes de la société. Il y avait juste aussi loin du bout de son nez au bout de ses pieds, que du bout de son nez à l'extrémité de ses fleurs.

Les chapeaux étaient des cabriolets placés en l'air, et les bonnets *à la folle* formaient une auréole irré-

12.

gulière autour du visage. Il fallait être bien jolie pour l'être avec tout cela.

Un autre goût qui commençait à poindre, c'était celui du gothique et du moyen âge. On abandonnait les semblants de romain ou de grec, restes de l'Empire, pour cette nouvelle époque. A la scène, on abandonnait les tuniques abricot et les toques à créneaux. On commençait à faire de l'exactitude et de la couleur locale. Je vais tâcher de me rappeler les pièces en vogue.

A l'Opéra, on donnait un certain ballet de *Joconde*, où Paul et sa sœur, Mme Montessu, faisaient merveille; Mlle Noblet également.

C'était l'année du *Siège de Corinthe*; on parlait beaucoup de Rossini et de sa gloire, si bien établie partout ailleurs que chez nous, où il avait débuté, au moment du sacre de Charles X, par un opéra de circonstance. Le *Siège de Corinthe* eut bien des adversaires et des défenseurs; c'était une belle œuvre.

Les acteurs étaient Nourrit, Derivis, Dabbadie, Mlle Cinti, depuis Mme Damoreau, Mme Dabbadie. Ce nom de Dabbadie est des Pyrénées; il appartient à une très bonne famille de gentilshommes, soit dit en passant.

Après le *Siège de Corinthe* vint *Moïse*, qui ne fut pas goûté suivant son mérite.

Nourrit y débutait; nous reparlerons de ce chanteur, qu'on n'a pas remplacé pour l'universalité de son talent.

Mlle Cinti avait chanté assez longtemps aux Italiens; elle était jolie, distinguée, et, quant à sa voix, à sa méthode surtout, elles sont assez connues. Ce n'était pas encore la perfection comme nous l'avons entendue depuis, mais c'était délicieux.

Derivis avait une voix énorme; il était fort beau de toutes manières dans *Mahomet*.

L'Opéra était assez couru; on n'y allait qu'en grande parure; la société n'y était nullement mélangée, ainsi que je l'ai dit. Le monde interlope ne se montrait pas, parce que les hommes n'auraient pas osé s'y mêler. Quand je me rappelle ce temps-là, ses mœurs, et que je les compare à ce qui se passe, il me semble que j'ai cent ans.

La Comédie-Française était encore bien belle; elle avait d'abord Mlle Mars, son diamant, qui n'avait plus vingt ans, certes! Personne ne songeait à le lui reprocher. Elle tenait son emploi dans le répertoire, et quelquefois, rarement alors, dans des nouveautés. Personne, du reste, n'eût pu la remplacer, bien que la troupe de la rue de Richelieu fût alors admirablement composée.

Talma était mort, Lafont retiré. Mlle Duchesnois y était encore, mais elle jouait peu. La tragédie n'était pas en faveur, le drame commençait à faire invasion.

Mlles Levert, Dupuis, Bourgoing, Brocard, Mme Desmousseaux et bien d'autres; Mlle Demerson, l'excellente soubrette dont j'aurai occasion de parler plus tard; Mlle Dupont, soubrette aussi, qui, après la retraite de son chef d'emploi, a si bien tenu cette place, toutes ces artistes étaient *di primo cartello*.

En hommes, il y avait Firmin, Michelot, Jouany, Lafond, Menjaud; c'était une compagnie dont on ne verra plus l'équivalent. On avait joué la *Mort du Tasse* avec Firmin et Mlle Mars; on avait joué *Louis XI à Péronne*; on avait joué plusieurs drames qui n'étaient pas encore les drames de 1830, mais qui les précédaient; le romantisme commençait à poindre. Je me rappelle à cet égard une singulière conversation dont je fus témoin chez une dame amie de Mme de Genlis. C'est même la seule fois que j'aie rencontré le célèbre *gouverneur* des enfants d'*Égalité*.

On me conduisit un matin rue Joubert, où demeurait Mme D..., fort belle personne dont l'esprit n'était pas à la hauteur de la beauté, je l'avoue; elle était bonne et gracieuse, elle mettait tous ses soins à être agréable aux autres, mais elle parlait trop.

Ce jour-là, sa parente qui m'avait amenée chez elle m'y laissa une heure ou deux, afin d'aller faire une course, où je n'avais pas besoin de l'accompagner. Mme D... me montra une foule de brimborions qui dataient de loin et me donna un sucrier de porcelaine de Chine fort curieux; il portait les armes de France et il venait de Louis XV; sa filiation était facile à établir.

Le roi l'avait donné avec le service complet à M. le duc d'Orléans; celui-ci le donna à Mme de Montesson; Mme de Montesson le donna à Mme de Genlis, et Mme de Genlis à son amie.

Pendant que nous regardions cette collection curieuse, la porte s'ouvrit et je vis entrer une vieille dame vêtue d'une robe feuille morte et enveloppée d'une sorte de mantelet de taffetas noir; ses cheveux étaient crêpés et roulés, sa taille avait dû être assez élevée, mais elle me parut un peu courbée par l'âge, par la souffrance peut-être, car elle était fort pâle. Ses yeux étaient beaux encore, ils avaient une expression de vivacité et de finesse qui prêtait de la grâce à son sourire.

Elle nous vit tenant à la main ce sucrier et, sans autre bonjour qu'un signe de tête, elle dit à son amie :

— Quoi! vous l'avez encore? Je le croyais cassé; je suis bien aise de le voir, c'est une très ancienne connaissance.

Mme D... lui répondit par quelques mots très brefs, puis elle me présenta à elle et me nomma Mme la comtesse de Genlis. J'en fus toute émue. Ses ouvrages avaient fait mes délices au commencement de mon mariage, et j'en aimais naturellement l'auteur.

Je la trouvai très grande dame, très bienveillante pour la jeunesse, un peu pédante, un peu bas-bleu, un peu entichée d'elle-même et de son mérite; elle s'exprimait avec une facilité extrême et notre langue avait dans sa bouche un charme infini.

Je retrouvai tout à fait en elle les douairières de

mon enfance et les façons de l'ancienne cour, mais tout cela ne se révélait pas au premier coup d'œil; il fallait la voir et lui parler pour l'apprécier à sa valeur. Je ne sais qui a dit qu'elle avait l'air d'une sorcière : celui-là, assurément, n'avait fait que la voir passer.

Sa physionomie, lorsqu'elle ne parlait pas, exprimait la tristesse ; sa position n'était pas heureuse alors, disait-on ; elle n'était pas aussi contente de ses élèves qu'elle avait le droit de l'attendre. Elle les aimait tant! Elle les voyait avec une partialité si inouïe! Quand je pense que l'Adélaïde de Darmilly, des *Petits Émigrés*, qui m'a tant intéressée, est, selon elle, le portrait de Mlle Adélaïde d'Orléans!

Quoi qu'il en soit, je regardai cette rencontre comme une bonne fortune. Je m'efforçai de vaincre la sotte timidité dont je n'ai pas pu me guérir, encore à mon âge, et de profiter de cette occasion pour causer avec une femme célèbre. Je ne m'attendais guère alors à marcher un jour dans cette même voie littéraire.

J'écoutai beaucoup, je tâchai de placer mon petit mot. Mme de Genlis m'encouragea ; elle me questionna sur mes lectures, elle me *tâta* sur mes connaissances comme si j'eusse dû passer un examen.

Je reconnus bien là le gouverneur.

Cette petite difficulté passée, la grande dame reparut et la conversation devint brillante. Il était visible qu'elle la tournait volontiers vers les sujets politiques et littéraires ; je me la rappelle parfaitement, elle me frappa beaucoup.

Mme de Genlis, toute blessée qu'elle fût par son élève favori, avait de lui, en apparence du moins, une grande idée.

— Le roi est mal conseillé, dit-elle ; cet enthousiasme qu'on avait pour lui à son sacre, cet amour qu'il inspirait à la nation, disparaissent chaque jour. Il est impossible qu'il conserve le trône, s'il continue ainsi ; il a près de lui une personne de sens, Madame la Dauphine, mais il ne l'écoute pas. M. le duc d'Orléans est très sollicité par beaucoup de gens de se mêler des affaires publiques, et il s'y refuse ; pourtant lui seul pourrait sauver la France. Il a une grande influence et un grand cœur.

— Croyez-vous donc qu'il soit ambitieux ?

— Il ne peut manquer de l'être dans sa position : autrement, ce ne serait pas un prince complet.

— J'ai entendu dire qu'il conspirait.

— Il ne conspire pas, il connaît et remplit ses devoirs.

— Mais si on lui offrait la couronne ?

— Ah! il a des enfants, et alors…. On la lui a offerte plusieurs fois et il l'a refusée.

Elle comprit qu'elle avait eu tort, et voulut corriger son premier mouvement ; c'était peine perdue, pour moi du moins. Je ne comprenais pas qu'on pût mettre en question la chute du roi de France, et son remplacement par un prince de la Maison qui ne fût pas son fils ou son petit-fils.

— Tout se bouleverse, ajouta la comtesse, pour changer la conversation, je ne crois pas la Révolution finie, et maintenant, la révolution littéraire va commencer ; nous en voyons les préliminaires et Dieu sait où cela pourra nous conduire. Avant quelques années d'ici, on aura changé tout ce qui existe. La génération actuelle nous regarde comme des radoteurs, moi et mes contemporains ; elle s'attaquera plus haut, elle reniera toutes les gloires qu'elle se sent incapable de surpasser ; elle se créera des sentiers nouveaux. Je vois quelques-uns des jeunes auteurs dans une maison où je vais ; ils m'étonnent par leur outrecuidance et leurs innovations. L'un d'eux a lu des vers l'autre jour. Mathurin Régnier et les poètes d'avant Malherbe sont corrects en comparaison ; et puis, quel langage ! quels mots ! Il n'y a plus pour eux de langue poétique ; ils appellent toutes choses par leurs noms vulgaires ; l'un d'eux ne traitait-il pas Boileau de perruque, — vous savez qu'ils nomment ainsi les vieux !

— Ah ! ma chère ! reprit Mme D..., qui n'y voyait pas de si loin, de tout temps les vieux se sont plaints des jeunes et les jeunes se sont moqués des vieux ; c'est une question d'envie et d'amour-propre, le châtiment est indubitable ; ces jeunes d'aujourd'hui vieilliront à leur tour, et alors il y aura d'autres jeunes qui les appelleront perruques aussi.

CHAPITRE XXI

Théâtre-Italien. — Mme Pasta. — Donzelli, Garcia, Pellegrini. — Les bouffons. — Feydeau. — Chollet. — *Marie*. — Mlle Prévost. — Mme Rigault. — Mme Pradher. — Mme Boulanger. — Mme Desbrosses. — Mme Le Monnier. — Gavaudan. — Le Monnier et La Feuillade. — Les mousquetaires. — *La Vieille*. — Ponchard. — *Les Deux nuits*. — *La Fiancée*. — L'Odéon. — *Luxe et indigence*. — *Dominique ou le Possédé*. — Monrose. — M. d'Épagny. — Le Vaudeville. — Lafond. — Jenny Colon. — Les rousses. — Changement d'autrefois à aujourd'hui. — Conseils de coquetterie. — Règles de toilette. — Encore Jenny Colon et Lafond. — *Les Femmes voluntes*. — Ils s'aiment. — Ils se marient. — Minette. — Clara. — Pauline Geoffroy. — Mme Guillemin. — Fontenay. Les deux Lepeintre. — *Le Hussard de Felsheim*. — La fille de Minette aveugle et Mlle Mars. — Le Gymnase. — *Le Mariage de raison*. — Léontine Fay. — Jenny Vertpré. — Ferville. — Gonthier. — Paul. — Numa. — Bordier. — Julienne. Klein. — Mme Théodore. — Allan. — *Malvina*. — *La Seconde année*. — Les Variétés. — Vernet. — Brunet. — Odry. — Pauline. — Tiercelin. — Perlet au Gymnase. — Potier. — Ses différents rôles.

Continuons notre revue des théâtres, autant qu'il m'en souvient toutefois.

Aux Italiens, Mme Pasta régnait presque sans partage ; elle était bien belle et bien majestueuse, dans *Tancrède* surtout. Je la rencontrais chez Mme de Rumford, qui donnait de magnifiques concerts où la diva tenait toujours le premier rang. C'était une femme charmante dans un salon, très convenable, très simple. On l'aimait beaucoup dans la société où on la recevait admirablement bien, non seulement comme artiste, mais comme femme.

On était pourtant fort difficile, à cette époque, sur ce chapitre ; les artistes n'étaient point traités comme ils le sont maintenant ; le préjugé existait dans toute sa rigueur, et tout ce qui montait sur les planches était hors la loi sociale.

Il y avait encore Donzelli, Garcia, Pellegrini, ce merveilleux bouffe. On appelait les Italiens les bouffons. C'était le terme à la mode et encore mieux les *bouffes*, en souvenir de l'ancienne comédie italienne. C'était une stupidité. J'en demande pardon à ma jeunesse, mais on ne peut pas s'appeler les *bouffes* lorsqu'on joue *Othello* ou *Sémiramis*.

Les Bouffes étaient le théâtre par excellence de la bonne compagnie ; on eût dit un vrai salon, on ne s'y montrait qu'en grande parure et avant d'aller au bal. Tout le monde se connaissait. Le premier rang des loges appartenait en entier à la cour et au très haut monde.

Les Bouffes étaient alors dans la salle où est l'Opéra-Comique aujourd'hui ; l'Opéra-Comique était dans une salle démolie depuis longtemps, située près de la rue de Richelieu, à la place où est la rue Feydeau ; on l'appelait le Théâtre Feydeau, ou plus souvent encore Feydeau tout court.

C'était encore un reste de perfection comme à la Comédie-Française. Il me semble que Martin n'avait pas pris sa retraite. Dans tous les cas, Chollet y était déjà. Il chantait *Marie* avec Mlle Prévost, Mme Rigault, La Feuillade. Il y avait Mme Pradher, la plus jolie créature du monde ; Mlle Prévost, dont je viens de vous parler, et qui était aussi toute charmante ; Mme Boulanger, délicieuse toujours dans les rôles qu'on écrivait pour elle, comme Jenny de la *Dame blanche* et bien d'autres ; Mme Desbrosses, une duègne parfaite ;

Mme Le Monnier, qui était Mlle Renault, avait tenu le premier emploi; elle vieillissait. Il y avait Gavaudan à qui j'ai vu jouer une fois *Montano et Stéphanie;* c'était une ruine.

Deux acteurs avaient là un grand succès de distinction et d'élégance : c'étaient Le Monnier et La Feuillade. Le premier était un excellent comédien et, de plus, fort joli garçon. La Feuillade, aussi joli garçon que lui, manquait de distinction, tandis que Le Monnier en avait beaucoup. Ni l'un ni l'autre n'étaient remarquables comme chanteurs.

Je me rappelle une certaine pièce en un acte, dont j'ai oublié le titre, mais où ils étaient en mousquetaires Louis XV et n'avaient qu'un habit à eux deux. Ils firent courir tout Paris, et, disait-on, surtout tout Paris féminin. Il est impossible, c'est certain, de rien voir de plus accompli en fait de mauvais sujets aimables que ces deux mousquetaires-là.

Je me rappelle aussi Mme Pradher et Le Monnier dans la *Vieille*. Quel charme ils avaient tous deux !

Ponchard aussi était là, le père de celui d'à présent, le successeur d'Elleviou; il chantait comme un ange, avec peu de voix; il n'était pas beau, quoiqu'il eût l'air de ne pas s'en douter, mais quel talent !

On avait joué les *Deux Nuits* de Boïeldieu, sans grand succès, bien qu'on les eût annoncées à son de trompe comme le digne pendant de la *Dame blanche*. La *Fiancée* date aussi de cette époque. La *fiancée*, c'était Mme Pradher; Mme Le Monnier chantait aussi, puis son mari et Chollet, plus Henri, un baryton-basse, qui a créé bien des rôles. Nous aimions beaucoup l'opéra-comique; on n'en riait pas comme on en a ri depuis; toutes choses doivent passer en France sous les Fourches caudines du ridicule et bien souvent sans aucune raison.

J'avoue humblement n'avoir aucune souvenance de ce qui se jouait à l'Odéon. Je ne suis pas très sûre d'y avoir été. Dans tous les cas, rien n'est resté dans ma tête qu'une comédie, et je ne crois pas qu'elle ait été jouée dans ce temps-là, c'est *Luxe et Indigence* de M. d'Epagny. Il me semble qu'elle est plus ancienne. On a donné depuis, toujours du même auteur, *Dominique ou le Possédé*; c'était Monrose qui remplissait ce rôle avec un grand succès.

J'ai beaucoup connu depuis M. d'Epagny. Nous le retrouverons.

Le Vaudeville avait en ce temps-là Lafond dans sa beauté, dans sa jeunesse, et je vous prie de croire qu'on ne rencontre pas souvent un artiste de cette trempe. Il avait pour partenaire Jenny Colon, très jolie, très fraîche, très recherchée, quoique *rousse*. Cette couleur, si à la mode depuis que les blondes et même les brunes imaginent de se teindre pour être rousses, était en ce temps-là tout à fait proscrite.

Les rousses se peignaient avec des peignes de plomb, quelques-unes se rasaient et portaient perruque; elles étaient des objets de risée et presque de répulsion. On n'épousait pas une rousse à moins de convenances forcées, dans la crainte d'avoir des enfants roux. On demandait presque pardon au monde quand on avait ce malheur. J'ai vu des familles calculer la couleur des cheveux d'un prétendu par rapport à ceux de la prétendue, toujours dans l'idée des enfants.

C'était porter trop loin l'antipathie, certainement. Il y a de très jolies rousses, témoin Jenny Colon, qui m'a poussée à cette digression.

Depuis, les dames ont donné dans l'excès contraire. Elles ne calculent pas une chose très évidente pourtant, en changeant la nuance de leurs cheveux. Les rousses ont un teint particulier, leur blancheur est une vraie goutte de lait et nulle autre, fût-ce le blanc le plus éblouissant, ne peut atteindre à ce reflet nacré qui est par le fait leur beauté la plus positive, à part celles des traits et de la physionomie qui ne se discutent pas.

Une blonde donc et une brune ne peuvent prétendre à cette nuance ; il en résulte qu'elles perdent leurs avantages réels pour un avantage factice et très discutable : ceci est une leçon de coquetterie dont elles feront bien de profiter ; combien on pourrait leur en donner sur leurs toilettes actuelles et sur le goût qui y préside !

Un mot encore sur les règles de la toilette, si méconnues aujourd'hui ; il est bon de les rappeler, non pas que j'espère les voir reprendre de nouveau, mais au moins pour qu'elles ne se perdent pas.

Autrefois, nous tenions cela de nos mères qui le tenaient des leurs, autrefois donc, chaque saison avait ses toilettes et ses étoffes réglées, il ne fût venu à l'esprit d'aucunes d'en intervertir l'ordre.

L'hiver, on portait le satin, le velours, les tissus lourds, tels que les brocarts, les reps, les gros de Tours brochés ; tout cela existe encore avec des noms différents. Les dentelles avaient aussi leur saison : ainsi le point de Venise, le point d'Alençon ou d'Argentan, la guipure étaient d'hiver.

L'angleterres, la malines, le point de Bruxelles étaient d'été.

La dentelle noire n'avait pas d'époque, non plus que la valenciennes réservée exclusivement au linge. J'ai connu une vieille femme qui l'avait baptisée la *dentelle confidente*, parce qu'on la mettait aux chemises, aux jupons, aux draps et aux taies d'oreiller. Il était impossible de lui rien cacher, assurait-elle, elle assistait à tout.

Le taffetas se portait particulièrement l'été ; cependant on le tolérait l'hiver, surtout lorsqu'il était uni.

On ne s'habillait jamais en noir sans être en deuil, je crois l'avoir déjà dit ; quand cela arrivait, c'était une enseigne de misère. Une robe de crêpe noir doublée pour le soir, une de taffetas noir pour le matin étaient des selles à tous chevaux. Lorsqu'une femme les arborait, on disait d'elle :

— Elle est en deuil de sa garde-robe.

Lorsque la mode si universelle du noir est arrivée, beaucoup de vieilles gens ne pouvaient s'y faire ; ma bonne mère et M. de Laporte par exemple, je cite ceux-là parce qu'ils me viennent en mémoire, j'en pourrais citer bien d'autres.

Ils ne manquaient jamais de vous demander si vous aviez perdu quelqu'un. M. de Laporte ajoutait, quand il voyait dans les rues ou dans les salons ces longues files de femmes vêtues de noir :

— Il paraît que ce siècle porte son propre deuil : il a bien raison.

On poussait si loin le respect de ces conventions, que, dans les bals d'été, on avait des dessous et des souliers de taffetas, le satin appartenant à l'hiver.

On n'eût jamais garni des chapeaux de paille avec du velours, ni du cachemire avec de la dentelle. On n'eût jamais mis de passementerie aux chapeaux ni aux robes d'un tissu léger.

Le clinquant dans les toilettes était réservé pour la cour, et encore en usait-on sobrement partout ailleurs ; on le laissait aux saltimbanques et aux étrangères qui en raffolaient.

La simplicité était l'enseigne d'une femme comme il faut : pas de bariolages, pas de nuances éclatantes, les toilettes assorties étaient les plus recherchées. Le matin surtout, on s'étudiait à être remarquée le moins possible, on réservait ses magnificences pour les salons. Les grandes dames sortaient à pied avec une robe de soie noire ou de couleur foncée, une redingote ordinairement ou châle de cachemire de l'Inde, un chapeau fermé sans prétentions : c'était le cachet du savoir-vivre.

Pas de plumes à pied, même le soir, pas de robes tapageuses. Des modes un peu risquées s'adoptaient si l'impulsion venait de haut, elles étaient bannies si l'origine n'en était pas pure ; on ne s'occupait du théâtre qu'après mûres réflexions, excepté Mlle Mars, qui faisait autorité à cause de sa tenue irréprochable et de son goût parfait.

Je me rappelle une certaine façon de robe que portait Léontine Fay, dans une pièce de Scribe, *Louise ou la Réparation*. C'était un corsage montant ouvert devant, avec des revers, sur un fichu à collerette plissée figurant la chemise d'homme, attachée avec des boutons ; une petite cravate entourait le col. C'était fort joli, ce fut pourtant banni pour deux raisons : la première, parce que c'était trop masculin ; la seconde, parce que c'était *à effet,* et que les femmes qui veulent en produire ne manqueraient pas de s'en emparer. On se soucie bien de tout cela aujourd'hui ! Au contraire, les dames tâchent de copier les princesses du Bas-Empire, elles s'étudient à leur ressembler, elles leur font demander leurs modèles et prennent leurs couturières. Un grand triomphe pour elles est d'être prises pour ces demoiselles. J'en sais qu'on a invitées à dîner à une course de province et qui s'en sont trouvées fort honorées.

Jadis nous en fussions mortes de honte et de colère.

Revenons au Vaudeville et à Jenny Colon, qui nous a conduite à cette digression par la couleur de ses cheveux.

Quoique rousse, elle était charmante, et Lafond beau parmi les plus beaux. Ils jouaient ensemble, ils se faisaient des déclarations chaque soir. Je me souviens d'une bluette de je ne sais qui, intitulée *Les Femmes volantes*. Jenny roucoulait adorablement sur l'air : *C'est un soupir*, de Lafont, le violoniste nullement parent de l'artiste dramatique, — le nom ne s'écrit pas de même ; — Jenny donc disait :

« Qui m'apprendra ce que j'ignore ? »

Et Lafond répondait avec passion :

« C'est ton amant. »

Ils roucoulèrent si bien pour le compte des autres qu'ils finirent par roucouler pour le leur. Ils s'aimèrent, ils se le dirent et s'en allèrent se marier en Écosse, devant le forgeron, je crois. Tant il y a que le mariage ne fut pas valable et put être rompu, quand l'amour se fut envolé. Ils n'y avaient mis aucune mauvaise intention, mais ils étaient ignorants des lois, jeunes et très épris. Tout cela leur servit plus tard à devenir libres. Sancho Pança aurait dit : *Ils tirèrent deux moutures du même sac.*

Il y avait encore au Vaudeville : Minette, Clara, Pauline Geoffroy, Mme Guillemin, Fontenay, Le peintre aîné. Comme tout cela était ravissant dans le *Hussard de Felsheim !*

Pauline Geoffroy était une adorable fille, qui jouait les amoureuses, et qui est morte fort jeune. Clara était jolie et avait du talent. Minette était laide, mais son esprit était étincelant et elle jouait comme un vrai lutin. Sa fille, aveugle de naissance, a servi de modèle à Mlle Mars pour jouer *Valérie*.

Dans ce *Hussard de Felsheim*, elle et Clara jouaient deux pages, en travesti, bien entendu. On ne peut pas être plus charmantes! Mme Guillemin, excellente alors comme aujourd'hui, avait un joli rôle de vieille fille, et Lepeintre aîné jouait Brandt le hussard aussi bien que tout ce que nous avons vu de lui. Son frère, ce bon gros Lepeintre que j'oubliais, qui avait une si bonne face et qui disait si drôlement :

— Mon fisse!

pour mon fils, était le gouverneur des pages.

Enfin, Fontenay trouva une de ses meilleures créations dans le personnage de Frédéric Legrand.

Je ne me rappelle plus d'autres pièces au Vaudeville ; en ce temps, celle-là avait un grand succès et on la joua tout l'hiver.

La pauvre Pauline Geoffroy chantait si joliment :

Nos amours ont duré toute une semaine.

Ce joli air est resté, il est devenu populaire.

Minette avait épousé un homme riche et titré. Sa fille, atteinte de cécité, s'est aussi très convenablement mariée.

Le Gymnase était en plein *Mariage de raison*, c'est-à-dire en plein succès. Il s'appelait le théâtre de *Madame* et il occupait la bonne compagnie.

Prenons cette pièce, elle nous donnera le nom de tout ce qui était célèbre alors à ce théâtre ou à peu près.

D'abord Léontine Fay, devenue jeune fille, avec ses grands yeux noirs et sa physionomie pleine d'expression et de passion profonde et vive. Elle promettait d'être tout ce qu'elle a tenu, plus encore peut-être.

Jenny Vertpré, c'est-à-dire l'esprit, la grâce, la gentillesse, Mme Pinchon en personne enfin ; on n'est pas plus fine, plus jolie, plus complète. Sa petite taille, son sourire, son œil brillant la rajeunissaient à un tel point qu'elle semblait de l'âge des rôles.

Ferville, que nous avons vu jusqu'à quatre-vingts ans, — il n'avait pas beaucoup changé, — était, dès cette époque, le meilleur général que le théâtre pût trouver.

Gonthier ne jouait plus les amoureux, il était passé aux premiers rôles avec le même talent, plus encore peut-être. Il créa Bertrand d'une façon magistrale et devint le type des vieux soldats. Il en avait déjà joué un, Stanislas, dans *Michel et Christine;* il en joua bien d'autres depuis et de la même manière.

Paul, bien qu'il ne fût pas absolument joli garçon, était le type complet de l'amoureux de bonne compagnie. Quelle chaleur ! et pourtant quelle réserve ! comme il savait faire une déclaration ! comme il était de bon goût, jusque dans ses emportements ! Il ne déteignait pas pourtant sur ses personnages et il n'était jamais le même.

Numa, le vrai M. Pinchon, Numa, tel aussi qu'il est à présent dans les *Diables noirs* et dans ses nou-

13.

veaux rôles. Il a un peu vieilli, il a perdu quelques cheveux, mais c'est toujours lui-même, c'est toujours sa tête branlante, sa singulière façon de parler, c'est toujours cette gaieté, cette bonhomie qui lui ont créé une place à part. Il plaisait alors comme aujourd'hui.

Jusqu'à Bordier, le même Bordier apportant des lettres et disant ses deux ou trois phrases. Depuis que le théâtre existe, il a tenu le même emploi des utilités, et je ne vois pas de raisons pour qu'il s'en aille. Il paraissait encore dernièrement dans *Don Quichotte*.

Nous avions encore Julienne, la duègne merveilleuse; Klein et ses longues jambes. Je ne sais si Mme Théodore y était encore et si Allan y était déjà entré; il ne tarda pas du moins, car *Malvina* fut jouée peu de temps après le *Mariage de raison*, ainsi que la *Seconde année*, et il était de ces deux pièces.

Les Variétés avaient aussi de grands artistes.

Vernet, d'abord, un des premiers comédiens de ce siècle ; il jouait tous les rôles avec la même perfection : les vieux, les jeunes, les sérieux, les dramatiques, les farces, les niais, c'était la nature même. Il ne semblait pas avoir étudié, sa facilité et sa souplesse étaient merveilleuses.

Brunet n'avait qu'une corde, la bêtise, mais elle était sublime ! Il était impossible de lui résister.

Odry, qui depuis s'éleva si haut dans son genre par sa création des *Saltimbanques*. On jouait alors beaucoup de petites pièces, que je ne me rappelle pas, mais où ils étaient tous parfaits.

Pauline était charmante, Mmes Vautrin et Flore bien drôles, Mme Jolivet, une belle personne qui louchait malheureusement.

Je crois que Tiercelin était parti. Il me semble aussi que Perlet n'était plus au Gymnase; j'aurais dû parler de l'un et de l'autre, lors de mon voyage à Paris en 1828.

Tiercelin était un farceur dans toute la force du terme, mais Perlet était véritablement un comédien dans toute la force du terme aussi, et d'un grand mérite. Il avait un genre particulier, moitié comique et moitié sérieux ; il tenait admirablement la scène et aimait beaucoup par cette raison les pièces à tiroirs. Il ne resta pas longtemps au théâtre et il n'y a pas été complètement remplacé.

Il me revient maintenant que Potier était aux Variétés et qu'il y jouait les *Inconvénients de la diligence*. On a écrit bien des choses sur lui, mais rien ne peut en donner une idée quand on ne l'a pas vu. Il ne jouait pas un personnage, il l'était comme Vernet, il s'incarnait en lui ; comme lui aussi, il pouvait tout faire, excepté pourtant les amoureux, son physique s'y refusant, tandis que celui de Vernet était agréable.

Il créa les *Solliciteurs*, les *Petites Danaïdes*, qui ne sont plus supportables sans lui. Il créa plusieurs drames, entre autres *Antoine* où il faisait un vieux domestique, gardien du château de ses maîtres ; jamais le pathétique simple n'alla si loin, de même qu'il faisait rire à se pâmer.

CHAPITRE XXII

Les voleurs au théâtre. — *Mandrin* à la Porte-Saint-Martin. — Benjamin Autier. — Décorations. — *Poulailler* à la Gaîté. — *Cartouche* à l'Ambigu. — Bouffé. — Représentation par ordre à la Gaîté. — La famille royale. — Un mot sur l'institution de Saint-Joseph. — La *Salle de police*. — Spirituel couplet. — *Robinson*. — « Petit tonnerre à bon maître ». — Le baron de Poilly, son fils Henry. — Cartouche et Frédérick. — Ses mains. — Sa physionomie. — Franconi. — *La Diligence attaquée*. — Le cheval acteur. — *Le Vampire*. — Philippe. — L'écuyer Paul. — La cravache. — Réflexions. — L'écuyer et l'Espagnole. — Le bouquet. — Le premier pas. — Étrange aventure. — Un artiste et une grande dame. — Dégoûts et dédains. — Difficultés. — Quelques mots sur les femmes. — Maxime de La Rochefoucauld. — Revue des souvenirs. — La seconde faute. — Un bon ange. — Succès. — Correspondance. — Incertitudes et craintes. — La lettre *B*.

Les petits théâtres et la Porte-Saint-Martin étaient aux voleurs, on jouait à ce dernier un certain *Mandrin* de Benjamin Autier, devenu depuis un de mes meilleurs amis. La pièce était fort amusante et les décorations splendides.

Une ou deux, entre autres, furent très remarquées; celle de la forêt où le théâtre était divisé en deux dans sa hauteur. Il y avait en bas un souterrain où Mandrin et sa bande s'étaient retirés; au-dessus la forêt, avec de grands arbres dont les branches se perdaient dans les frises. Elle était praticable, les troupes du roi y passaient, elles découvraient l'entrée du souterrain, se creusaient une ouverture pour y pénétrer, et alors un éboulement de vraie terre se faisait du haut en bas.

Une autre décoration représentait le fond d'un puits, Mandrin en sortait, c'était effrayant.

La Gaîté avait *Poulailler*, et l'Ambigu, *Cartouche*.

Bouffé était alors à la Gaîté et y tenait l'emploi des comiques. Je me souviens d'une représentation donnée pour les jeunes princes, où je conduisis mon petit cousin Léon de Saint-Mars, qui était de l'Association de Saint-Joseph, présidée par M. le duc de Bordeaux.

Je vois d'ici cette salle.

On avait converti en loge tout le milieu de la galerie : Mme la duchesse de Berry, M. le duc, Mme la duchesse, Mlle d'Orléans, étaient assis sur le second rang ; devant eux étaient rangés M. le duc de Bordeaux, Mademoiselle, M. le duc de Nemours et tous les enfants d'Orléans avec un monde de gouverneurs, de gouvernantes et de gens attachés à la personne de ces petits-fils d'Henri IV.

On joua une pochade intitulée, je crois, *La Salle de police*. Bouffé était un conscrit en retenue et il chantait le *spirituel* couplet que voici, en montrant sur une planche la figure de plusieurs pelles ainsi décrites :

> Pelle noire, pelle blanche,
> Pelle avec son joli manche,
> Pelle en haut, pelle en bas,
> Et pelle qui n'en a guère.
> Pelle en haut, pelle en bas
> Et pelle qui n'en a pas.

On faisait bisser ces singuliers vers.

Après le vaudeville susdit, on nous donna *Robinson* où Bouffé jouait Vendredi et où il appelait les pistolets :

— Petit tonnerre à bon maître.

Les enfants sautaient de joie. J'étais à cette représentation avec mon oncle, mon jeune cousin, le baron de Poilly, qui y conduisait son fils, filleul de M. le duc de Bordeaux.

A l'Ambigu, Cartouche, c'était Frédérick Lemaître. Il était jeune alors et son talent était à peine remarqué. En revanche, on remarquait beaucoup ses mains et la façon dont il dansait une espèce de chacone, ou de je ne sais quoi.

Quoi qu'on ait dit, il n'était pas beau; son fils lui ressemble beaucoup, mais il avait une étincelle dans les yeux qui ne se comprenait pas alors, et l'on ne se doutait guère de ce qu'il deviendrait. Ce qui a beaucoup nui à la jeunesse de Frédérick, c'est qu'il n'avait pas l'air jeune. Ses traits étaient très accentués et son teint n'avait pas de velouté; je ne saurais expliquer cela, mais c'est un fait, et je me le rappelle parfaitement.

J'ai ensuite vu Frédérick dans presque tous ses rôles et je serais à même d'en parler.

Nous finirons cette petite revue théâtrale par Franconi. On y représentait une pièce qui enchanta tous les amateurs de bêtes. C'était la *Diligence attaquée*. L'intrigue du drame roulait sur un cheval qui tenait son rôle en perfection. Il arrivait à récompenser la vertu et à démasquer le crime, avec une précision et une adresse que bien des juges lui auraient enviées. La petite écurie où il mangeait pour de bon, où il faisait semblant de dormir, où il réveillait son maître pour défendre l'innocence, était un bijou.

Il y avait bien aussi, il me semble, le *Vampire* à la Porte-Saint-Martin, où Philippe était si beau. Je dis beau dans l'acception physique du mot; il avait un visage pâle, admirable avec ses vêtements noirs.

On parlait beaucoup d'un écuyer nommé Paul, au Cirque, qui était également très beau, mais très fat; il portait une certaine cravache, pour ses exercices, dont le manche étincelait de pierreries. Chacune, assurait-il, lui avait été donnée par une femme de la société, qui ne pouvait rien refuser à sa bonne mine. Il aurait bien mérité d'être cravaché avec leur présent. Il n'y avait pas un mot de vrai dans tout cela. Je ne sais comment il ne s'est pas trouvé un honnête homme pour le châtier.

Les femmes ne se jetaient pas ainsi à la tête du premier venu, et s'il s'en était rencontré *une* qui eût toute honte bue, c'eût été tout, encore je ne le crois pas. Léotard, dans ce temps-là, n'eût fait la coqueluche de personne, on n'eût pas pensé à le regarder autrement que comme un acrobate ; en admettant qu'il en eût été autrement, on eût mieux aimé en mourir de chagrin, que d'en laisser rien deviner à qui que ce fût ; on l'eût caché à son ombre.

J'ai vu plus tard une femme éprise d'un écuyer qui n'était pas le Paul dont je viens de parler. Elle était Espagnole, au teint brun et aux yeux noirs ; il lui rappelait sans doute les toréadors de son pays.

Quoi qu'il en fût, elle en devint folle, et s'oublia jusqu'à lui jeter son bouquet en plein cirque. Ce fut une rumeur ; on lui ferma les portes, elle n'y fit aucune attention, sa passion l'absorbait totalement. Elle lui donnait des rendez-vous au bal de l'Opéra, et ils s'y rencontraient ; à dater de ce moment, pas une femme ne voulut la recevoir ni lui parler.

Cet homme avait cependant, de plus que Léotard et Paul, beaucoup de talent, une excellente éducation et de l'esprit naturel. Il écrivait fort bien, c'était un fort honnête et fort galant homme, mais il avait ce chien de métier, cette barrière qui le séparait du monde et qu'une femme ne pouvait franchir sans se déshonorer.

Ce qui fait la grande difficulté des amours de ce genre et ce qui entache la femme qui le laisse éclater, c'est qu'elle est obligée de faire les premiers pas.

Jamais un artiste, depuis le plus haut jusqu'au plus infime, trouvât-il une femme adorable, n'osera le lui avouer. La rampe est pour lui un fossé infranchissable.

Il n'a aucune occasion de la rencontrer, ils ne voient pas le même monde; il faut donc que la femme fasse les avances, ce qui est profondément humiliant pour elle et ce qui est un oubli de sa dignité.

Lorsque c'est un grand artiste, un chanteur, un comédien de premier ordre, lorsque le talent peut parler au cœur ou à l'imagination, cela se conçoit, et cela s'excuse. Une tête vive se monte facilement au théâtre. Les hommes s'y exaltent, les femmes peuvent s'y exalter facilement aussi. Mais un homme dont tout le mérite est dans la force et les avantages physiques, ne peut parler ni à l'esprit ni au cœur, c'est une tout autre sensation, et celle-là, une femme qui se respecte, si elle l'éprouve, la combat et ne l'avoue pas.

Je sais une aventure bien étrange d'un artiste et d'une grande dame; elle s'est passée à peu près à cette époque, un peu plus tard, peut-être, mais je ne trouverais pas une meilleure occasion de la raconter.

Il y avait à un des théâtres de Paris, je ne veux pas dire lequel, un jeune homme d'une très jolie figure, d'une tournure distinguée et plein de zèle, plein du désir de bien faire. Il avait débuté, deux ou trois ans auparavant, avec assez de succès, et tout à coup, sans qu'on pût en deviner la cause, il avait été remis au second rang. Il jouait rarement, les rôles qu'on lui donnait n'étaient pas de ceux qui font valoir le talent et qui encouragent. Le public, qui s'était d'abord intéressé à lui, le suivit peu à peu avec indifférence et bientôt il en fut presque oublié.

Cependant quelques habitués, quelques amateurs s'informèrent de lui. Il courut une certaine histoire qui pouvait être fausse, mais qui n'en avait pas moins tous les caractères de la vraisemblance.

On prétendait qu'une certaine dame, toute-puissante sur le directeur, très connue par sa méchanceté et ses passions viles, s'était éprise du jeune homme. Donnons-lui un nom pour faciliter le récit; appelons-le, si vous voulez, Alcindor ; elle lui avait montré cette disposition d'une façon assez claire pour qu'il ne pût pas l'ignorer, mais il y resta insensible. Dès lors, cet amour se changea en haine et elle se mit à lui nuire de tout son pouvoir.

Il en prit un vrai chagrin, non pas à cause des tourments qu'elle lui suscita, mais parce qu'il se vit retardé dans ses progrès et parce qu'on l'attaquait dans ce qu'il avait de plus cher au monde, son art.

Un hasard conduisit, un soir, une grande dame à ce théâtre ; c'était une de ces femmes de trente-six à quarante ans, bien plus jeunes que leur extrait de naissance, au physique et au moral ; mais elles, qui savent leur âge, sentent que la jeunesse leur échappe, elles sentent que leurs moments sont comptés et que bientôt il ne leur restera plus rien de ce qui charma leur vie, plus rien que des regrets.

Ces femmes-là, lorsqu'elles ont de la beauté et de l'esprit, sont plus séduisantes qu'à vingt ans. Elles craignent d'avoir perdu leurs avantages, et elles cherchent à les remplacer par des coquetteries, par des soins, par des manières insinuantes, auxquelles on ne saurait résister.

Une femme de vingt ans se laisse adorer ; elle est fantasque, tyrannique, elle veut des esclaves à ses pieds ; si elle aime réellement, elle est si naïve qu'elle en devient maladroite, elle blesse sans le vouloir, faute de comprendre ce qu'elle éprouve et ce qu'elle fait éprouver. Plus tard, rien n'échappe, on profite de tout, on a acquis l'immense science de la douleur et l'on ne demande pas à la vie au delà de ce qu'elle peut donner.

La marquise de *** avait eu une affection très vive, brisée par les circonstances et terminée, comme les cinq dixièmes et demi des liaisons de ce genre, par le mariage de son amant. Depuis lors elle vivait inoccupée et triste, cherchant un intérêt ou un sentiment qui pût l'aider, la soutenir dans les épreuves qu'elle redoutait, qui pût la consoler d'avoir perdu le reste ; comme elle avait les délicatesses du cœur, elle était fort difficile et ne rencontrait rien.

La Rochefoucauld dit une grande vérité, parmi toutes celles que renferme son cruel et immortel livre :

— « Il est plus rare de trouver une femme n'ayant eu qu'un amant, qu'une femme n'en ayant pas eu du tout. »

Rien de plus vrai. On combat longtemps avant la première faute, on se cramponne à sa vertu, à la résolution de rester honnête, même lorsque l'on souffre ; mais quand une fois on a cédé, lorsqu'on a franchi ce pas terrible, rien de si difficile que de s'arrêter. Après le lien rompu on se retrouve seule ; un vide se fait autour de soi, on a pris l'habitude d'occuper son cœur et son imagination, on ne peut se résoudre à les sentir sans aliment et, malgré soi, on se laisse entraîner.

Une voix douce et charmante murmure à votre oreille un chant connu, regretté ; on écoute d'abord avec plaisir, l'on répète ce refrain tout bas, puis tout haut, puis l'on croit avoir ressuscité le bonheur perdu ; on s'innocente à ses propres yeux en se disant que, pour cette fois, on a rencontré un homme digne d'un sentiment noble et grand, il n'est pas possible qu'on soit toujours trompée et qu'il n'y ait ici-bas que des infâmes. On retrouvera ces délices infinies et tant regrettées, et on les retrouvera plus charmantes encore, car on les savourera d'avance sans craindre les déceptions, puisqu'on les connaît.

Je ne sais si tout le monde me ressemble, mais je suis plus étonnée de revoir ce que j'ai vu, d'entendre ce que j'ai entendu, que je ne le suis la première fois. Ainsi, les pays que j'ai parcourus me plaisent davantage que ceux que j'ignore ; la musique que je sais par cœur a pour moi plus de saveur que la nouvelle ; les livres que je préfère, ce sont les anciens, je les relis avidement, je vois venir les beaux endroits, les morceaux les plus touchants, les plus remarquables pages. Mes souvenirs se chargent encore de rendre à ce passé les charmes qu'il n'aurait pas sans eux.

J'ai entendu plus de cent fois *Robert le Diable*, *Guillaume Tell*, le *Barbier*, le *Comte Ory*, la *Dame blanche*, le *Pré-aux-clercs*, le *Domino noir*. Je revois sans cesse Molière, que je sais par cœur, je lis chaque année Mme de Sévigné et Walter Scott, je relis aussi et bien souvent les *Mousquetaires*, la *Reine Margot*, *Manon Lescaut*, *André* et les *Mauprat*, le *Voyage sentimental*, les *Méditations* de Lamartine, les poésies et les romans de Musset, que sais-je? bien d'autres encore.

J'aime, en un mot, mieux ce qui m'est connu que ce que j'ignore.

Pour ce qui tient à l'amour, on se fait à soi-même les raisonnements que j'ai dits, afin d'endormir sa conscience, on sent bien qu'une seconde faute a plus besoin d'être excusée que la première, on sent qu'elle doit vous conduire plus loin, on en a peur, on voudrait se la dissimuler à soi-même. Lorsque ce pas est franchi, on ne sait plus où l'on s'arrête; certaines femmes poussent ces raisonnements si loin qu'elles en perdent le nombre et qu'elles finissent par les oublier.

Alors on ne se raisonne plus, on s'étourdit.

La marquise avait de l'esprit, de l'instruction, un tact exquis, un jugement très droit. Elle se dit qu'assurément ce jeune homme n'était pas à sa place; elle lui trouva une très bonne tournure, l'air distingué et une manière de dire qui méritait mieux qu'un bout de rôle. Elle s'informa, elle apprit la vérité et s'intéressa vivement à ce pauvre persécuté; peut-être, s'il eût été laid et gauche, ne se fût-elle pas inquiétée de ses misères, mais sa figure mélancolique et charmante l'avait frappée; son malheur fit le reste.

Son imagination avait besoin d'aliments, il lui vint

à l'idée de se faire la protectrice et le guide anonyme d'Alcindor. Elle ne prit, bien entendu, aucun confident, ni aucun conseil, elle se lança dans une aventure qui lui parut la plus délicieuse du monde par son étrangeté.

Elle inventa des prétextes pour le voir dans tous les rôles et pour y conduire les gens de sa connaissance, afin de lui rassembler des prôneurs. Elle fit si bien qu'on en parla dans les journaux et que le directeur fut obligé de lui donner un vrai rôle ; l'opinion l'emporta sur le mauvais vouloir de son ennemie. Mme *** avait mis tant d'adresse dans sa petite intrigue, que son sentiment ne fut deviné par personne et qu'il porta ses fruits, sans la compromettre.

Elle assista, le cœur palpitant, à la première représentation de la pièce en question. Alcindor avait un costume délicieux ; il fut charmant et la salle battit des mains. La pauvre femme avait peine à contenir son émotion ; elle y réussit pourtant et eut assez de courage pour donner son avis, aussi froidement que si elle n'eût pas eu le premier intérêt de sa vie engagé dans cette lutte.

Rentrée chez elle et restée seule, elle écrivit, elle mit toute son âme dans cette lettre. Elle avoua sa position, elle ne cacha ni son amour précédent, ni celui qu'elle commençait à ressentir ; elle parla de cette délicieuse nouvelle de Mme Sand, intitulée *La Marquise*, un chef-d'œuvre. Elle ne prétendait pas jouer le même rôle et tenait surtout à l'estime de celui qu'elle aimait. Elle ne consentirait pas à se découvrir : un nuage resterait toujours entre eux et, quelque désir qu'elle en eût, elle ne le verrait qu'au théâtre.

Une correspondance devait s'établir au moyen de la poste restante, ce confident éternel des amoureux séparés par le sort. Elle ne lui cacha pas qu'il lui devait la recrudescence d'intérêt de la presse et du public en sa faveur et, par conséquent, son dernier succès. Elle serait surtout son amie, elle lui donnerait des conseils, elle le dirigerait dans ses démarches, elle s'arrangerait pour lui créer des protecteurs, elle lui chanta enfin dans toutes ses modulations l'air du *Domino noir* :

> Oui, je suis ton bon ange,
> Ton conseil, ton gardien,
> Et mon cœur, en échange,
> De toi n'exige rien
> Qu'un seul bonheur, et c'est le tien.

Il n'est pas de femme d'imagination qui n'ait pas répété ces vers du fond du cœur, au moins une fois en sa vie.

Il était inutile du reste qu'il cherchât à la deviner, ses précautions étaient prises de façon à déjouer toutes les recherches. Si ces conditions lui convenaient, il lui répondrait sur-le-champ, autrement il garderait le silence. Elle le savait honnête homme, et ne craignait pas de se confier à lui.

Cette lettre, écrite au courant de la plume et du cœur, était une page superbe, qu'elle ne relut pas. Le lendemain de bonne heure, sous prétexte d'une visite charitable qu'elle fit en effet, elle sortit bien voilée, bien embobilinée, s'en alla trouver un écrivain public, à deux lieues de son quartier, lui donna l'épître à copier, sans montrer le bout de son nez, et, cela fait, elle en alla chercher un autre à l'extrémité contraire pour lui faire mettre l'adresse.

L'œuvre ainsi complète et parachevée fut envoyée à sa destination ; l'auteur en attendit le résultat en tremblant de honte et de peur. Quelques jours s'écoulèrent et rien ne vint. Elle fut tellement désolée qu'on crut la voir tomber malade. C'était bien là une preuve de mépris ; elle sentit l'avoir mérité et ne se plaignit pas.

— Il ne croira jamais que je sois ce que je suis après une pareille démarche, car aucune femme de ma sorte ne l'aurait risquée, il a raison.

Tout à coup, une idée lui traversa l'esprit; dans son trouble elle avait oublié de lui donner une adresse, il ne pouvait donc répondre.

— Essayons, se dit-elle, cela ne me compromettra pas plus.

Elle lui envoya sur une feuille de papier, toujours de la main de l'écrivain public, ces simples mots :

« A la lettre B, poste restante. »

Puis elle attendit encore...

CHAPITRE XXIII

Réparation. — Mme *** reçoit une lettre. — La dentellière. — Correspondance. — Mystère. — Rendez-vous au bal de l'Opéra. — Différentes impressions des femmes et des hommes. — Le roman et le positif. — Diverses manières d'aimer. — Soumission d'Alcindor. — Ils se revoient. — Partie et bonheur projetés. — Elle n'écrit plus. — Elle ne vient pas. — Incertitudes. — Visite à la poste restante. — — Le convoi. — Il la croit morte. — Désespoir. — Avis du médecin. — Il veut reprendre ses lettres. — Elles n'y sont plus. — Elle vit ! — Une lettre. — Adieu. — Alcindor quitte le théâtre. — Solution du problème. — La marquise était malade. — Elle se retire en province. — Les yeux en broche. — Permission d'écrire l'histoire. — Les gens du monde. — Les bals de cet hiver. — Comment on s'amusait et comment on s'amuse. — Les maréchaux et le comte d'Apponyi. — Fêtes de l'ambassade d'Autriche. — Le galop. — La marquise de Portes. — Ma cousine. — Le doux fantôme. — Excuses pour la digression.

En relisant mon dernier chapitre, je m'aperçois que j'ai mal exprimé mon idée, ce qui devient une insulte pour les femmes de ce temps-ci. Je demande la permission de réparer ma faute. J'ai dit que, dans ma jeunesse, Léotard n'aurait pas eu le même succès qu'aujourd'hui.

Ceci semble impliquer que le célèbre acrobate a obtenu beaucoup de bonnes fortunes, parmi celles qui comptent ; telle n'a pas été ma pensée. Pas plus qu'autrefois, j'en suis persuadée, les femmes du vrai monde ne sont sorties des bornes imposées par les convenances à nos coquetteries. Il ne s'agit ici que des autres, que des excentriques. Celles-ci n'existaient pas jadis, ou du moins si peu que ce n'est pas la peine d'en parler ; il ne peut donc exister aucune comparaison entre ces deux époques.

Je ne veux non plus rien dire de désobligeant d'un jeune homme dont le seul tort fut de prendre un peu trop au sérieux les transports de mains de quelques personnes à l'endroit de ses exercices et de sa beauté. Elles jouaient les patriciennes avec les gladiateurs, et voilà tout ; c'est de l'histoire mise en action.

Quant à lui, c'est un garçon fort honnête, fort estimable ; il a reçu de l'éducation, il aime ses parents et il n'est pas tapageur. Il n'a rien d'échevelé dans ses manières, la tête lui a un peu tourné de ses triomphes et c'est concevable à son âge.

Tous ceux qui le connaissent s'accordent à louer son caractère et sa conduite, je n'ai donc nulle envie de le déprécier. Quant à ses trapèzes, c'est une chose merveilleuse dont je me garderai bien de diminuer le mérite certainement.

Cette digression finie, revenons à Mme ***.

Elle n'attendit pas longtemps ; dès le lendemain, elle reçut une réponse qu'elle fit prendre par une ouvrière en dentelles toute à sa dévotion, sa confidente dans sa première aventure et qui ne soupçonnait pas ce dont il s'agissait. Elle lui recommanda d'aller toujours à la poste en voiture dans la crainte d'être suivie, et de se rendre chaque fois dans un endroit différent pour plus de précaution.

La lettre était telle qu'elle pouvait la désirer : le jeune homme se montrait digne d'être distingué par elle ; ses nobles sentiments, la façon dont il répondait à un amour qu'il n'avait pas cherché était pleine de tact et de mesure. Il ne montrait ni fatuité, ni fausse modestie. Il était heureux, reconnaissant, il tâcherait de s'en rendre digne. Il promettait de ne pas lever le masque que l'on s'obstinait à garder, mais il suppliait qu'on ne le laissât pas toujours dans l'ignorance et qu'on daignât le récompenser de sa docilité en n'ayant plus de secrets pour lui.

A dater de ce jour, la correspondance devint des plus actives. Mme *** écrivait admirablement, non pas en bas-bleu, mais en femme de cœur et de bonne compagnie; elle exprimait et elle éprouvait un amour tel qu'un homme est fier de l'inspirer. Elle donnait d'excellents conseils, elle apprenait les usages et les grandes manières à son élève; le public trouva qu'il gagnait énormément, sans se douter qu'il eût un pareil maître.

Lui-même, rempli d'émulation et désirant plaire à celle qu'il aimait déjà sérieusement, travaillait avec ardeur. Elle allait souvent l'entendre, mais sans le prévenir d'avance, ce qui le tenait sans cesse en haleine. Elle lui écrivait simplement le lendemain :

« J'étais hier au théâtre. »

Puis elle lui faisait ses observations.

Il se désolait de ne pouvoir percer ce voile. Je dois avouer qu'il fit tout ce qu'il put sans y réussir.

Tout ceci dura plus d'un an.

Le second hiver commença; la marquise se sentit possédée de l'envie du bal de l'Opéra et d'y faire venir Alcindor. Elle combattit longtemps ce désir, elle se dit que peut-être, sans doute même, elle n'aurait pas la force de résister à ses prières, que quelque indice la trahirait et qu'elle allait perdre en une nuit le fruit de tous ses refus.

Un sophisme, un de ces compromis que l'on fait si facilement entre sa conscience et sa passion, la sauva.

Elle croyait connaître assez Alcindor pour compter sur une promesse de lui.

« J'irai lundi au bal de l'Opéra et je consens à
« vous voir à une condition, c'est que j'aurai votre

« parole d'honneur écrite de ne pas chercher à voir
« mon visage, de ne pas me suivre, de me quitter
« dès que je vous le dirai, enfin de m'obéir aveu-
« glément et sans murmurer. Si vous ne me le jurez
« pas, je ne consentirai pas à vous voir; choi-
« sissez.. »

Inutile de dire que l'amoureux promit; ce qui est plus rare, c'est qu'il avait la résolution de tenir.

Son impatience était vive, il lui semblait que le jour attendu n'arriverait jamais. Enfin, il se leva, et tout comme les autres jours; rien ne distingue les jours heureux de ceux où l'on souffre ; notre orgueil accepte difficilement cette vérité, mais elle n'en est pas moins vraie pour cela.

Le soir venu, Alcindor erra comme une ombre, attendant l'heure de ce bienheureux bal, qui devait être très longue à venir. Je ne m'arrêterai pas en ce moment sur les bals de l'Opéra de l'époque.

Le rendez-vous était pour une heure dans le couloir des secondes, devant le n° 22; il n'était pas difficile de se rencontrer, la foule n'était pas grande. Le jeune homme se plaça debout près de la porte et attendit; chaque femme qui passait lui donnait un battement de cœur; il espérait toujours qu'elles allaient s'arrêter près de lui et qu'il verrait au doigt de ce domino tant désiré l'anneau garni de turquoises qui devait servir de signal.

Il attendit ainsi plus d'une demi-heure.

Enfin, une main se posa sur son épaule et une voix murmura à son oreille.

— C'est moi !

Il en fut si ému qu'il ne put parler; la marquise l'était bien autant que lui. Ils restèrent quelques secondes à côté l'un de l'autre sans se dire un mot. Mme ***, plus usagée que l'artiste, plus impatiente peut-être, rompit la première le silence. Elle entama la conversation par une banalité, pour leur donner le temps de se remettre; mais, bientôt ramenés par leur impatience à ce qui les occupait uniquement, l'amour passa de leur cœur sur leurs lèvres.

Ils se promenèrent en causant, comme dit le si charmant poète chansonnier Mailhet de la Chesneraye :

« Main dans la main, cœur dans les yeux. »

Ils s'écoutaient mutuellement, ils se regardaient. Pourtant *elle* écoutait davantage et *lui* regardait plus. Il eût donné dix ans de sa vie pour apercevoir ce visage, pour voir cette femme qu'il aimait à l'adoration sans la connaître.

Lorsqu'un homme se laisse entraîner ainsi à l'inconnu, sa préoccupation constante est d'être sûr que la femme est jeune et jolie ; quel que soit son sentiment, il tremble à l'idée d'une vieille figure sans beauté.

L'homme le plus romanesque aime toujours dans une femme beaucoup plus le corps que l'âme, il n'en est pas de même pour nous, ou, peut-être, ne l'avouons-nous pas.

A ce sujet, j'ai fait une étrange remarque. Je devrais la passer sous silence, mais c'est un trait de mœurs et tous ici ont leur place marquée.

Dans ma jeunesse, en ce bienheureux temps où nous nagions en plein romantisme, nous nous étions fait des idées, des sentiments conformes à nos maximes. Nous ne jouions pas la comédie, qu'on le croie bien, nous ne posions pas, nous étions convaincues.

Quels magnifiques dévouements ! Pour nous, tout ce qui tenait à la passion devait parler avant tout. La passion était notre seul guide, aussi notre seule excuse. Nous ne vivions pas dans le vrai, mais dans le faux constamment. Que de chefs-d'œuvre d'extravagance nous avons accomplis, à nos dépens bien entendu !

Nous aimions d'imagination, de tête, d'amour-propre, de cœur, si Dieu nous en avait donné un, et c'était tout. Nous professions, à l'instar de Philaminte, un immense mépris pour notre guenille. Je ne sais si nous étions toutes sincères, je le crois, et cela peut

14.

s'expliquer; l'exaltation était toute morale, elle usurpait les droits de la nature réduite à ses seuls instincts, elle déplaçait les forces et nous emportait dans une sphère où la partie matérielle de notre être n'osait pas nous suivre.

Nous regardions généralement comme un dévouement, comme un sacrifice, l'abandon complet que l'amour réclame. Nous étions plus heureuses du bonheur donné que du nôtre. Il y avait toujours au fond de chaque faute un remords; nous n'eussions pas voulu céder, nous nous adressions des discours de morale, dignes des plus habiles prédicateurs, mais nous succombions néanmoins tout en le déplorant.

Cela était faux, je le répète. On est coupable dès qu'on aime en dehors de son devoir, dès qu'on permet des épanchements et des entretiens qui dégénèrent en faiblesse, le reste n'est que le complément nécessaire, inévitable en pareil cas; il n'y a point à sophistiquer, le fait est certain. Nous étions engagées dans cette voie et nous y marchions. Beaucoup d'entre nous ont payé trop cher ces transports et ces délires qui les avaient entraînées, il ne faut pas les leur reprocher.

Le seul bon côté de la chose, c'est que les femmes n'étaient pas perverties, elles pouvaient s'égarer beaucoup, — j'oserai même dire souvent — tout en restant d'honnêtes créatures, tout en ignorant les turpitudes dont on entend parler à présent aux héroïnes dès leurs premières défaites. Nous tenions des siècles de la chevalerie et des beaux temps de Louis XIV; aujourd'hui on est plutôt régence et bas-empire.

C'est certainement moins noble, mais c'est plus sage. Les déceptions sont moins profondes et moins certaines. On est plus sûr de triompher, lorsqu'on ne demande aux gens que ce qu'ils peuvent et veulent offrir.

Une chose positive aussi, c'était le désintéressement des sentiments à cette époque; on faisait des difficultés pour accepter un anneau et on s'empressait d'en rendre un autre. On n'eût point vu de scandales pour des notes de couturières, et le drame des *Lionnes pauvres* n'eût pas trouvé sa ressemblance, à moins que ce ne fût dans une classe très inférieure. Tout change.

Revenons à nos amoureux. Pour eux, la nuit passa vite. Ils s'assirent dans un coin du foyer et causèrent tout à leur aise. Mme *** découvrit dans Alcindor des trésors de droiture et de loyauté, qu'elle n'avait fait qu'entrevoir par sa correspondance; il montra beaucoup d'esprit, une instruction suffisante, et tout le feu d'une âme d'artiste très imbu de l'amour de son art.

Il fit bien des tentatives pour obtenir la faveur d'un souper où le masque tomberait enfin; il fut inhumainement refusé. On lui abandonna une main de duchesse qu'il couvrit de baisers; ce fut tout, et comme il n'insista plus, s'étant senti indiscret, la marquise lui en sut un gré infini et se promit à elle-même de l'en récompenser.

On ne se sépara qu'à la dernière heure. Alcindor dut quitter sa tigresse en bas de l'escalier et lui laisser chercher seule les moyens de rentrer chez elle. Elle en avait la tête tournée et lui écrivit le lendemain une lettre de huit pages, où elle lui peignait avec feu la passion qu'elle ressentait pour lui. Elle voulait le rejoindre le samedi suivant au même endroit, mais aux mêmes conditions. Il accepta, espérant sans doute que cet arrêt terrible finirait par s'adoucir.

Ils se réunirent ainsi trois fois, de plus en plus épris; le carnaval approchait et allait interrompre ces amères jouissances. Alcindor pria tant, il fut si soumis, si tendre, si généreux qu'il lui fut promis de souper avec sa déesse le mardi gras. Elle n'ajouta pas qu'elle laisserait dénouer les cordons du masque, mais elle le laissa entrevoir.

Une lettre vint confirmer sa promesse. Les jours

suivants, Alcindor attendit en vain; le mardi tant désiré, pas davantage. Il courut, dès que l'heure approcha, au bienheureux n° 22 : il n'y trouva personne. Aucun message, aucun contre-ordre ne lui parvint; il resta jusqu'au matin à la même place et retourna chez lui, désespéré, lorsqu'on le mit à la porte pour fermer la salle.

Il attendit avec anxiété le reste de la semaine, il écrivit trois lettres par jour, suppliant qu'on voulût bien lui donner quelques nouvelles, lui dire au moins qu'on n'était pas malade, qu'on l'aimait toujours; il n'en demandait pas davantage, il se soumettait à tout pour être tiré d'inquiétude, pour savoir seulement le motif de ce silence désespérant.

Il ne reçut aucune réponse.

Alors, il eut l'idée d'aller à la poste restante, il s'informa si l'on était venu prendre les paquets adressés à la lettre B. On lui répondit que non. Tous étaient là encore. Il eut envie de les reprendre.

— Espérons encore, se dit-il, et peut-être elle viendra les chercher ; si elle ne les trouvait pas, elle croirait que moi aussi je l'ai oubliée.

Il continua à écrire tous les jours.

Pourtant, il lui prit un tel découragement, qu'on ne le reconnut plus à son théâtre. On lui ôta un excellent rôle qu'il avait, parce qu'il ne se donnait même pas la peine de l'apprendre. Il l'avait accepté avec ravissement pour le jouer devant elle. Maintenant, à quoi bon ? Il passait son temps à parcourir le faubourg Saint-Germain, persuadé qu'elle devait l'habiter et qu'il la rencontrerait peut-être. En approchant de Saint-Thomas-d'Aquin, il y vit un matin un enterrement splendide, les tentures et le catafalque portaient des armoiries et des couronnes; il sentit ses forces prêtes à l'abandonner : c'était peut-être elle !

Il demanda le nom du mort à la porte, on lui répondit que c'était une comtesse. Il s'informa de son âge, ce devait être le sien. Elle succombait à une maladie de deux mois ; depuis deux mois il avait cessé d'entendre parler d'elle. Tout son sang afflua vers son cœur. Il entra à l'église, se mit dans un coin.

— C'est peut-être elle!

Cette cruelle pensée ne le quittait pas. Il suivit le corps jusqu'au cimetière, au grand étonnement de la noble assistance. Quelques personnes le reconnurent et demandèrent ce qu'il faisait là. Il comprit bien qu'il était étranger à ce monde aristocratique. Ce fut une douleur de plus par la certitude qu'il était aussi un étranger pour elle, qu'il ne pouvait entrer dans sa vie, qu'elle n'avait pas osé le faire prévenir, ni lui adresser un dernier adieu.

Il passa huit jours dans la désolation, sans paraître au théâtre; on lui envoya le médecin, qui dit au directeur :

— Alcindor est plus que malade, je crains qu'il ne devienne fou, accordez-lui un peu de repos ou je ne réponds de rien.

Il avait perdu le sommeil et l'appétit, la mort de Mme *** lui paraissait certaine, il se décida à aller chercher ses lettres très inutiles maintenant. Il ne voulait pas qu'un indifférent vînt porter des yeux profanes dans ce sanctuaire. Son étonnement fut extrême lorsqu'on lui dit que la personne ordinaire était venue demander la veille toute la correspondance.

Qui ce pouvait-il être? vivait-elle ou n'avait-elle fait qu'une absence imprévue et forcée? Il courut chez lui, son portier lui remit un billet arrivé pendant sa sortie, il reconnut l'écriture et se hâta de rompre le cachet. Ce qu'il éprouva alors ne peut se peindre. J'ai vu tout cela écrit de sa main, c'était bien remarquable, bien émouvant. Je voudrais fort qu'il m'eût été permis de le copier.

La lettre ne contenait que quelques lignes, un adieu déchirant : on avait été à l'article de la mort, des circonstances terribles, impossibles à vaincre, même par une volonté arrêtée, les séparaient. Ils ne se reverraient plus sur cette terre, elle l'aimerait toujours, et elle le suppliait de lui conserver un souvenir éternel. Elle s'était promis de le rendre heureux, de lui faire une carrière glorieuse, mais le sort en avait décidé autrement, ils devaient se soumettre.

Je crois qu'Alcindor vit encore; il a quitté le théâtre où il n'a brillé que pendant l'instant si court où cette main protectrice s'étendit sur lui. Il est rentré dans l'obscurité; j'ignore ce qu'il est devenu. Si ces pages lui tombent sous les yeux, il sera bien étonné d'y trouver la solution d'un problème qu'il cherche depuis si longtemps. Cette solution, la voici :

Le jour même où la marquise lui écrivit la dernière lettre, elle fut prise tout à coup d'une indisposition. Dans la nuit, la fièvre se déclara avec une violence extrême; le matin, elle avait le délire; les plus célèbres médecins furent appelés. Ils signalèrent une petite vérole de la plus maligne espèce. Elle resta deux mois entre la vie et la mort; enfin, elle en réchappa, mais pour être plus malheureuse peut-être. Sa beauté était complètement perdue. Son visage, couturé dans tous les sens, ne conservait plus trace du passé, ses yeux rouges et éraillés, son joli nez devenu une pomme de terre, ses dents jaunies lui firent horreur : la première fois qu'elle se vit, elle s'épouvanta et se trouva mal.

Il fallait renoncer à l'amour; elle le comprit, et dès lors elle renonça à tout sur la terre. Elle eût été un objet d'horreur pour cet homme qu'elle aimait d'autant plus qu'il pouvait moins lui appartenir. Elle voulut quitter Paris, se retirer dans sa terre, où je l'ai vue depuis, où j'ai appris d'elle-même cette histoire. Avant de partir, elle envoya un dernier souvenir à Alcindor. C'était la mode de porter en épingle ou broche l'œil d'une personne aimée, entouré d'un nuage. Quelques-uns se reconnaissaient à merveille, d'autres étaient impénétrables. Elle fit copier sur un portrait en miniature ses beaux yeux bleus aux cils noirs si connus et si célèbres et les fit remettre chez lui dans une de ces boîtes de maroquin où l'on monte les portraits.

Ce fut tout ce qu'il a jamais connu d'elle, avec la main moulée qu'elle lui avait donnée déjà.

Ainsi finit cette aventure vraie dans tous ses détails, mais dont on ferait très bien un roman.

Je dois ajouter que la marquise est morte. Lorsqu'elle me raconta cette histoire, je lui dis :

— C'est bizarre, prenez garde, je l'écrirai ; il ne faut se fier ni aux romanciers, ni aux chroniqueurs et je suis l'un et l'autre.

— Cela m'est égal et je vous le permets, me répondit-elle, pourvu que ma mère, mon mari et moi nous ne soyons plus de ce monde, pourvu que vous ne me nommiez pas et que vous dépaysiez les conjectures.

C'est ce que j'ai fait et je défie, même ceux qui l'ont le plus fréquentée, de la reconnaître à ce que j'ai dit de son visage, de ses habitudes et de sa position. Il n'y a de réel que le fait.

Les gens du monde, presque tous du moins, détestent être nommés dans les livres et dans les journaux. En croyant leur être agréables, beaucoup d'écrivains les blessent fort, même lorsqu'ils les accablent de louanges exagérées. Je ne parlerai donc que de ceux déjà livrés à la publicité, ou bien de ceux qui ont disparu de la terre et dont le souvenir m'est resté précieux. Ils me pardonneront de me les rappeler.

L'hiver, ainsi que je l'ai raconté déjà, fut d'un brillant merveilleux. Il y eut des bals à foison et l'on s'amusa énormément. N'en déplaise à la génération actuelle, j'ignore si on s'amuse plus que nous, mais la façon de s'amuser est complètement différente.

Maintenant, il faut d'abord éblouir. On ne saurait bannir des réunions le luxe et la toilette. Nous avions alors des fêtes magnifiques où l'on déployait une magnificence bien entendue, mais nous avions aussi de petites soirées, sans parure, sans somptueux soupers et nous y dansions jusqu'à cinq heures du matin en robes de mousseline toutes simples avec un chiffon dans les cheveux. On y riait, on y était à son aise, et cela sans se préoccuper des suites, les hommes n'abusant pas de la gaieté des jeunes femmes pour se jeter tout de suite dans le mauvais ton.

Il y eut une grande affaire entre les maréchaux de l'Empire et le comte d'Apponyi, ambassadeur d'Autriche. Sa maison était certainement une des plus agréables qu'il y eût à Paris alors. Mme d'Apponyi en faisait admirablement les honneurs, ses fils et ses neveux étaient cités parmi les meilleurs valseurs et les meilleurs danseurs de galop. On donnait à l'ambassade des bals et des matinées dansantes où l'on n'admettait que la quintessence de la bonne compagnie.

A propos de ce galop, je veux ajouter que presque toutes les femmes y étaient disgracieuses ; je n'en ai connu que deux qui fussent réellement charmantes en le dansant. L'une était la pauvre marquise de Portes, morte depuis plusieurs années, et l'autre, une de mes cousines que je ne veux pas nommer, mais qui se reconnaîtra bien si j'ajoute surtout qu'elle avait les plus belles épaules et les plus beaux yeux de Paris.

Hélas! il me semble voir encore ce doux fantôme avec sa courte robe de gaze blanche, montrant ses jolis pieds, sa taille mince comme une guêpe, et ses diamants splendides ornant ses cheveux blonds, entourant son cou d'une suprême élégance.

Il y avait dans le monde un cercle de jeunes femmes renommées par leur beauté, par leurs succès. Combien ont été enlevées par la mort! Combien ont suivi des routes différentes, et combien il en reste pour se rappeler ce dont je me souviens aujourd'hui !

Parmi celles-là encore, il en est, j'en suis sûre, qui préfèrent oublier, pour qui leur jeunesse n'est plus qu'un rêve effacé et dont les idées ont subi de tels changements, qu'elles repousseraient leur image si je les peignais telles qu'elles étaient alors.

CHAPITRE XXIV

Bal de l'ambassade d'Autriche. — Le maréchal Soult. — Son fils le marquis de Dalmatie. — Le duc de Reggio. — Le marquis et la marquise Oudinot. — La maréchale Masséna. — Le duc Maret. — Requête au roi. — Digression sur le mot *invité*. — Le roi se prononce. — La duchesse de Reggio dame d'honneur de Madame. — Mlles de Coucy. — Les Coucy. — Leur devise. — La vicomtesse de la Guérinière. — Les marches du donjon. — Un peu d'étiquette de cour. — Émeutes. — Revue de la garde nationale. — Silence sinistre. — Licenciement. — Patience des gendarmes. — C'était écrit. — Un homme à la mode *sans* le vouloir. — Enlèvement. — Amour profond. — Embarras d'une coquette. — Son portrait. — Étude de femmes. — La méthode en amour. — Les devoirs et le mari. — Les enfants. — Le crucifix. — Dernier numéro de la troisième série. — L'homme sublime. — Départ pour la campagne. — Le hussard. — Embarras. — Scène. — La logette. — Entretien. — Surprise.

Il y avait donc un grand bal à l'ambassade d'Autriche, la cour et la ville y étaient engagées et tout s'y passait suivant l'étiquette, à laquelle on tenait beaucoup.

Il y avait déjà foule lorsque le maréchal Soult, duc de Dalmatie, se présenta. L'huissier lui fit la question traditionnelle :

— Qui aurai-je l'honneur d'annoncer?
— Le duc de Dalmatie, répond le maréchal.
— M. le maréchal Soult, cria l'huissier.

Le vieux guerrier n'y fit nulle attention, d'autant plus que l'habitude générale était de l'appeler ainsi. Parmi les hauts dignitaires de l'Empire, quelques-uns étaient désignés par leurs titres, d'autres par leurs grades; rien n'était réglé à cet égard, l'on n'y pensait point. Le nom de Dalmatie était réservé pour le fils du maréchal, connu partout sous le titre de marquis de Dalmatie.

C'était le contraire chez les Reggio. Le maréchal et sa femme portaient plus volontiers le titre de duc et de duchesse, tandis que le fils aîné et sa femme se nommaient le marquis et la marquise Oudinot.

Après la maréchale Soult, la maréchale Masséna parut. Elle donna son nom de princesse d'Essling, on l'annonça :

— Mme la maréchale Masséna.

Elle se retourna étonnée, mais passa néanmoins. Il en fut de même successivement de tous ceux qui arrivèrent.

On commençait à en murmurer, sans cependant être encore sûr de rien; mais lorsque, au lieu d'annoncer M. le duc de Bassano, on annonça M. le duc Maret, il fallut comprendre qu'il y avait là une intention.

Les intéressés se réunirent sans affectation, et après quelques phrases échangées, eux et tous les leurs sortirent des salons. Le lendemain, l'histoire fermenta : il fut convenu que personne n'irait plus à l'ambassade d'Autriche parmi ceux qui tenaient de près ou de loin aux souvenirs de l'Empire.

L'on y vit une offense et l'on en demanda raison au roi. Ce furent des négociations diplomatiques sans fin; pendant ce temps-là, l'ambassade donna une autre fête; beaucoup de ses invités lui firent défaut. Il y avait dans l'air des dispositions hostiles.

Je demande pardon pour le mot *invité*, qui n'est assurément pas du vocabulaire du haut monde, mais notre langue n'en a pas d'autre et je suis absolument forcée de m'en servir. Elle est quelquefois très pauvre, notre langue, surtout quand on tient aux élégances et aux locutions distinguées.

Le roi se prononça en faveur de ses maréchaux et, après bien des pourparlers, la question fut résolue en leur faveur; mais cette circonstance jeta du triste sur la fin du carnaval. Il y eut des bouderies, des froideurs qui s'effacèrent par la suite. Sous la Restauration, à la fin surtout, l'ancienne et haute noblesse avaient franchement adopté les grands débris de l'Empire.

La duchesse de Reggio était dame d'honneur de Mme la duchesse de Berry, non pas parce qu'elle s'appelait Mlle de Coucy, mais parce qu'elle était la femme du maréchal Oudinot. Ce nom de Coucy n'avait d'ailleurs rien à voir avec la grande race des sires de Coucy, dont la fière devise était :

> Ne suis ni Roy ni prince aussy,
> Mais suis le sire de Coucy.

Cette maison est éteinte depuis plusieurs siècles et nous n'en avons aucune qui s'y rattache. La duchesse de Reggio et sa sœur la vicomtesse de la Guérinière étaient de Vitry-le-François, en Champagne. Leur père était probablement gentilhomme, je ne puis l'assurer, car je n'en sais rien, mais pour sûr il n'était pas un Coucy.

Madame le croyait pourtant et, sans doute, ces dames le croyaient aussi, car on citait, à ce sujet, un mot de la princesse, toujours si gaie et si affable. Elle visitait en 1828 ou 1829 les magnifiques ruines du château de Coucy, près de Laon. En haut du donjon sont des marches fort hautes et difficiles à monter; la princesse faisait de son mieux pour y arriver.

— Il faut convenir, duchesse, disait-elle à sa dame d'honneur, que vos ancêtres avaient les jambes plus longues que nous.

Puisqu'il est question de dame d'honneur, ajoutons

un petit mot à cet égard; j'espère qu'on ne le trouvera pas déplacé.

Il suffit qu'une dame soit près d'une princesse pour qu'on lui donne ce titre de dame d'honneur. Cela ne doit pas être. Il n'y a qu'une seule dame d'honneur, même chez une souveraine; les autres ont différents titres, mais pas celui-là. Nos reines avaient, outre la dame d'honneur, une dame d'atours, puis des dames du palais et des dames pour accompagner. La charge de surintendante de la maison fut créée pour Mme de Soissons sous Louis XIV; depuis, il y en a eu plusieurs; la dernière fut la pauvre princesse de Lamballe pour Marie-Antoinette. Ses fonctions étaient à peu près les mêmes que celles de la grande maîtresse auprès de l'impératrice. Cependant, la surintendante prenait les choses de plus haut, elle laissait tous les soins inférieurs à la dame d'honneur. Sa place était plutôt *honorifique* que *pratique;* elle était là pour représenter dans les cérémonies et ne s'occupait pas de grand'chose.

Cette tentative de l'Autriche de disputer à nos gloires les noms si chèrement acquis avorta complètement; le gouvernement français y mit une grande fermeté et cela ne se renouvela pas. Charles X fut parfaitement digne dans cette occasion, et ne céda pas d'un pouce à la maison d'Autriche. Elle ne s'y frotta plus.

Cet hiver de 1827 ne fut point tranquille; il y eut des émeutes provoquées par le licenciement de la garde nationale, qui s'était montrée plus que timide à une revue passée par le roi au Champ de Mars. J'y étais à une fenêtre de l'École militaire et je me rappelle ce silence, lorsqu'il entra dans les rangs, puis quelques cris isolés demandant l'abolition de la loi de justice et d'amour; ces cris devinrent plus nombreux, on les fit taire et le silence glacial se fit de nouveau.

L'impression fut générale. Je ne m'occupais pas de

politique, mais je ne pus m'empêcher de remarquer ce que tout le monde vit. Au retour, l'impression était pénible et triste. On sut le soir même l'ordonnance de dissolution ; excepté ceux qui voulaient être plus royalistes que le roi, selon l'expression de Louis XVIII, chacun en sentit la portée, les esprits sérieux s'en affligèrent beaucoup. Nous autres, jeunes femmes, nous n'en étions tourmentées que par le reflet ; j'avoue même que les discussions nous ennuyaient.

Je voulus aller voir l'émeute un soir ; c'était une centaine de polissons courant après les gendarmes sur le boulevard. Je ne me lassais pas d'admirer la patience de ces soldats, tant attaqués, tant calomniés par les révolutionnaires. Ils descendaient au pas à la porte Saint-Denis ; la pente était alors assez rapide ; cette marmaille les suivait en les insultant, en leur jetant des pierres et des bouteilles à la tête ; un d'eux fut blessé assez grièvement au visage. Il leur était ordonné de se taire, de ne pas broncher ; ils ne disaient pas une parole, ils s'en allaient le sabre au fourreau, bouillant d'impatience et de colère, sans doute, mais nul ne pouvait s'en apercevoir.

Tout fut apaisé en quelques jours heureusement, mais pour revenir cruellement et efficacement deux ans après. J'ai entendu dire souvent, en 1830, que ce licenciement de la garde nationale contribua beaucoup à la chute de la branche aînée et que, si elle n'eût pas été désorganisée, on aurait pu s'entendre avec elle, faire des concessions et empêcher la déchéance. C'était écrit ! il n'y a que cela à répondre, comme les fatalistes.

Un des hommes le plus à la mode, cette année-là, était un bon ami à moi, très peu préparé pour le rôle qu'on lui faisait jouer malgré lui et qui, loin de s'en faire un mérite, n'en éprouvait que fatigue et ennui. C'est là un exemple de ce que peut la célébrité d'un certain genre, même pour ceux qui ne la cherchent pas. Il avait eu à l'étranger une aventure éclatante dont on avait beaucoup parlé; on en fit tout de suite un héros de roman.

Très épris — il avait vingt ans à peine — d'une grande dame à la cour où il était de passage, ils ne trouvèrent rien de mieux que de se sauver ensemble. On les rattrapa avant la frontière; la dame fut envoyée dans un couvent, et lui dut sortir du territoire. Il revint à Paris précédé de cette réputation de séducteur et fut tout aussitôt le point de mire de toutes les coquetteries, et cela dans le haut et le bas monde. Je ne sais si on voulait être enlevée, mais cela en avait l'air.

Bon garçon, loyal autant qu'on peut l'être, incapable d'un calcul, très simple, cette célébrité l'ennuyait; il se débattait de toutes ses forces pour y échapper.

— Je ne m'explique pas quelle rage elles ont toutes de s'occuper de moi. Je ne suis pas beau, je ne suis pas riche, je ne suis pas élégant; sans être précisément une bête, je n'ai pas un de ces esprits brillants qui éblouissent. Je suis une honnête créature que son cœur et sa tête ont emportée au delà des bornes, voilà tout; il n'y a pas de quoi s'en vanter, et je ne suis pas, je vous l'assure, d'étoffe à faire un Lovelace.

On s'y obstina malgré lui; je pourrais citer deux ou trois personnes qui se compromirent au point de faire parler tout Paris, une surtout. Nous étions à un bal chez Mme de Montaigu. La dame dont il est question y arriva en sortant des Tuileries, où elle avait été faire sa cour au roi et aux princesses. Elle avait encore son manteau de cour qu'elle ôta et resta seulement avec ses barbes. Le jeune homme ne s'occupa pas d'elle; elle en fut si furieuse qu'elle brisa son éventail et fit presque une scène.

Au milieu de tout cela, il avait un amour au cœur, non pas pour la belle étrangère, mais pour une des plus jolies, des plus riches, des plus élégantes femmes de la société. Il l'aimait avec une tendresse, un dévouement, une loyauté chevaleresque, très rare même alors. Elle avait commencé par la coquetterie, par le désir de l'enlever aux autres, sans aucun dessein de lui rien accorder ; ensuite, elle s'y attacha, non pas passionnément, mais assez pour tenir à le conserver et pour mettre en œuvre tout ce qui pouvait le retenir, mais sans franchir néanmoins ce pas, si difficile à faire pour la première fois.

Il lui arriva ce qui arrive très souvent aux femmes ; elle se laissa entraîner et fut au moment d'être tout à fait coupable, faute de savoir comment reculer. Ici, elle fut sauvée par l'homme même qui l'avait égarée. En deux occasions elle s'abandonna à sa générosité et il consentit à ne rester que son ami. Ce fut certes une conduite sublime, car il l'aimait éperdument, et elle s'était avancée de façon à ne pas pouvoir se plaindre s'il ne cédait pas à ses prières.

Toute cette histoire resta fort inconnue, on bavarda à côté, on fit des suppositions de toutes sortes, mais nul ne sut véritablement ce qui se passait.

Il y a de singulières études à faire sur les femmes, et Balzac lui-même n'a pas tout creusé. J'en ai connu tout particulièrement une autre, dont je ne puis m'empêcher de raconter l'histoire. C'est une étrange vie que la sienne ; on pouvait dire de son mari, en toute sûreté, ce que le maréchal de Bellefonds disait de celui d'une des femmes les plus charmantes dont l'histoire nous ait transmis le nom et le talent.

— Je crois que le marquis de Sévigné s'en est tiré à son honneur devant les hommes, mais je le tiens pour.... trompé devant Dieu.

Celui-là l'était un peu plus devant Dieu et devant les hommes que le marquis de Sévigné assurément, d'autant plus que certain hussard... enfin on jugera.

La personne dont il s'agit n'était pas jolie. Elle avait une vilaine peau, une taille plate, les dents laides, les cheveux rares, la bouche disgracieuse, le nez rond un peu épaté; avec tout cela elle était charmante, mais si charmante que tous les hommes de sa génération ont été amoureux d'elle, à commencer par l'empereur Napoléon Ier, à qui elle fut présentée en se mariant vers 1808 ou 1809. Quand on la voyait pour la première fois, elle paraissait insignifiante, mais si on avait le malheur de l'examiner, on était perdu.

Cette femme, c'était la grâce, la volupté en personne; elle ne marchait pas, elle ne remuait pas, elle ne s'asseyait pas comme une autre. Tout en elle était séduction. Très ignorante comme beaucoup de filles élevées pendant la Révolution, à force d'adresse et de savoir-faire, elle parvenait à en imposer sur son éducation.

Son esprit, vrai kaléidoscope, variait à chaque instant; il avait mille facettes qui brillaient ou s'obscurcissaient suivant qu'elle les mettait en lumière. D'une finesse extrême en ce qui touchait ses intérêts et ses *souricières*, elle devenait maladroite lorsqu'elle entrait dans la voie du sentiment.

Coquette à en remontrer à Célimène, elle voulait plaire à tout prix, plaire à tous ceux qui l'approchaient, à un chiffonnier comme à un duc et pair, et ses façons de chatte lui étaient si naturelles, qu'elle n'avait pas besoin de les étudier.

Joignez à cela un coin de romanesque très prononcé dans l'imagination, un besoin d'émotions insatiable et jamais satisfait. Il manquait certainement quelque chose à cette organisation ; elle est toujours restée à l'état d'énigme pour tous ceux qui l'ont aimée, aucun n'a pu se vanter de la connaître parfaitement.

Il y avait deux classes parmi ses adorateurs: ceux à qui elle voulait plaire, et ceux qui lui déplaisaient.

Pour les premiers, c'était une coquette un peu plus attirante, un peu plus habile que les autres; elle cachait mieux ses manèges et elle savait les retenir plus longtemps à ses pieds.

Quant à ceux qui lui déplaisaient, l'étude devient plus curieuse. Elle était en même temps perfide et confiante, emportée et dissimulée. Pourtant sa manière se composait de contrastes; elle avait moralement toute la souplesse de son corps, on ne pouvait la saisir, elle s'échappait au moment où l'on croyait l'avoir fixée : de là peut-être les passions immenses qu'elle inspira.

J'ai connu plusieurs hommes avec lesquels elle avait eu des semblants de liaison, j'ai reçu leurs confessions dans leurs accès de désespoir, dans leurs mouvements de vengeance; avec tous elle procéda de même. Je sais de ces liaisons qui, en six semaines, ont eu leur développement et leurs péripéties, dont les héros ne furent ni plus ni moins favorisés que ceux dont le roman n'eut pas moins de trois ou quatre volumes par an.

Voici comment elle procédait.

Au commencement elle cédait toujours à un entraînement irrésistible, elle aimait véritablement. Unie à un homme d'honneur sans intelligence et sans dignité, on l'avait mariée presque enfant, elle ne pouvait avoir pour lui que de l'estime. Son cœur était vide d'amour, elle en avait soif, mais le sentiment de ses devoirs était trop puissant chez elle pour qu'elle y manquât jamais. Elle ne pouvait retenir un aveu arraché par un sentiment irrésistible, elle s'en reposait sur l'honneur de celui qu'elle aimait, pour ne pas lui demander davantage et elle se confiait entièrement à lui.

On comprend qu'en ce temps où la chevalerie avait encore quelque puissance, le premier mouvement de l'homme qui aimait était tout au bonheur et à la reconnaissance. Il promettait tout ce qu'on voulait; à quoi on lui répondait, avec enthousiasme, qu'il était un ange, un héros, on l'appelait mon sublime

15.

ami. On lui montait si bien la cervelle, on le mettait à un tel diapason qu'avant de se coucher il regardait si ses ailes n'étaient pas poussées et prenait son rôle d'ange au sérieux.

Cela allait bien ainsi pendant un temps plus ou moins long, suivant que l'homme était plus ou moins sublime ou que l'héroïne le destinait à jouer un rôle plus important dans sa vie.

J'ai connu un officier de la garde royale, plus tard grave général retraité, qui n'était pas sublime du tout et dont les pouvoirs étaient terre à terre. Elle l'avait attiré par sa coquetterie ; il était sérieusement pris, mais quand il vit qu'il *retournait trop cœur*, ainsi qu'il le dit lui-même, il n'alla pas jusqu'à la fin de l'épreuve et se retira. Ce fut l'affaire de quelques semaines seulement.

Après la période des nuages arrivait celle de la résistance, parce que le soupirant se lassait et redevenait par trop réaliste. Elle avait alors un second bastion, où elle se retirait : son amour maternel. Elle mettait ses enfants entre lui et elle.

— Ne me forcez pas à rougir devant eux ! s'écriait-elle.

Et Dieu sait les phrases, les pages interminables qu'elle écrivait là-dessus ; on en ferait un ouvrage considérable en les réunissant. Il aurait peu d'intérêt, une fois qu'on aurait parcouru une correspondance : elles se ressemblent toutes.

Ordinairement, les enfants servaient un peu, le postulant n'osait pas trop combattre un sentiment si naturel. Enfin, la patience lui échappait, il faisait marcher ses dernières troupes : elle se moquait de lui, elle était une coquette, elle ne l'aimait pas.

— Je ne t'aime pas ! s'écriait-elle à son tour, elle montrait les grandes marionnettes. Je ne t'aime pas ? Eh bien ! apprends tout alors et tu en jugeras, sache à quelle femme tu t'adresses et ne sois plus assez ingrat, assez lâche pour m'accuser !...

Je ne prétends pas me servir des mêmes mots, mais je suis sûre de rendre les mêmes idées, j'ai assez entendu la plaidoirie pour la connaître.

— Je vous ai opposé mon mari, mes enfants, mais je ne vous ai pas encore parlé du véritable obstacle qui nous sépare, c'est ma foi, ma religion, c'est Dieu. Celui-là est tout-puissant, et rien ne pourrait le vaincre. Le démon tentateur s'enfuit à son approche. Lorsque je suis loin de vous, lorsque je prie, je suis forte ; mais à votre aspect je me sens faiblir. Je ne veux pas succomber ; ne nous voyons donc plus : oubliez-moi, si c'est nécessaire à votre bonheur. Quant à moi, je garderai un souvenir impérissable du seul homme que j'ai aimé, vous....

Tout ce que vous voudrez dans ce genre.

Ordinairement elle partait pour la campagne après cette lutte, qui était la dernière de la série. Elle avait placé le crucifix entre eux, cela lui suffisait.

Trois fois sur quatre, l'amoureux se mettait en furie et lui écrivait mille injures qui le soulageaient ; comme elle ne répondait pas, il finissait par en prendre son parti et ne la voyait pas surtout.

> L'absence est à l'amour ce qu'est au feu le vent,
> Il éteint le petit, il allume le grand.

Rien de mieux et de plus juste. La baronne savait cela par expérience. Presque tous les feux allumés par elle étaient petits, ils s'éteignaient naturellement de leur belle mort... Elle passait à un autre.

Cependant, quelques-uns ne se laissèrent pas mourir si facilement. Les mauvaises langues parlent d'un lieutenant aux hussards de la garde, en garnison aux environs de son château et qui n'était pas celui dont je parlais tout à l'heure, — celui-ci était un grenadier. Elle avait pris le hussard, en attendant de partir à la campagne où elle s'ennuyait, mais elle n'avait pas le projet de dépasser avec lui le moyen des enfants.

Il en eut assez, et découvrit promptement qu'on se jouait de sa bonne foi. Il la traita à la hussarde, s'enferma dans sa chambre, au mépris de tout ce qui pouvait en arriver, et lui déclara qu'elle ne sortirait pas avant de lui avoir accordé, — comme Tartuffe, des réalités.

On assure qu'il fut plus heureux que sage et ne la revit jamais. Je vous donne ceci, non comme une certitude, je ne l'ai pas vu, mais j'ai vu le reste, comme un bruit généralement accrédité parmi ses connaissances.

Elle eut encore un grand embarras, et là, il lui fallut toute son adresse pour ne pas se perdre complètement. Elle avait chez elle son mari, son beau-père et sa belle-sœur, plusieurs collets montés et un amoureux dont la cervelle était tout à fait dérangée. Elle avait beaucoup de peine à lui faire entendre raison, et elle tremblait à chaque moment à l'idée d'être découverte. Il n'en était encore qu'au début et ne pouvait s'inculquer dans le cœur cette façon d'aimer.

Avant de quitter Paris, elle avait envoyé le dernier numéro à un peintre assez célèbre ; il avait paru s'en contenter d'abord, ou, du moins, il avait gardé le silence, ce qui pouvait s'interpréter de plusieurs manières ; pourtant elle se croyait tranquille de ce côté-là.

Un matin, elle eut avec le régnant une scène tellement forte, qu'il déclara qu'il allait partir immédiatement et que tout était rompu entre eux. Après le déjeuner, il fit effectivement ses adieux et s'éloigna tout de bon ; elle ne s'inquiéta pas, elle savait bien qu'il reviendrait ; elle était loin de prévoir comment.

Le soir, on était réuni au salon, dont elle faisait les honneurs avec sa grâce ordinaire ; sa femme de chambre entra et lui parla bas un instant.

— Très bien, répliqua-t-elle, je vous suis.

Elle prétexta une petite affaire d'intérieur et sortit.

Ceci n'avait rien d'effrayant en apparence, cependant elle trembla jusque dans la moelle des os. Elle monta dans sa chambre où sa camériste l'avait précédée, et là, elle apprit que le furieux du matin était caché dans la chambre de la pauvre fille ; il voulait rester au château sans qu'on y soupçonnât sa présence, ne voir qu'elle seule et ne plus être obligé de se contraindre pour les méchants, les indifférents qui lui étaient insupportables. Si elle n'y consentait pas, il ferait quelque esclandre regrettable, il se sentait capable de tout.

Elle l'eût désiré bien loin, pourtant elle comprit que la violence était un mauvais moyen ; elle lui fit dire de se cacher dans les combles, en haut d'une tour, où il y avait une espèce de logette, construite aux temps anciens pour le veilleur de nuit. Elle lui enverrait là ce dont il aurait besoin, et elle irait le visiter le plus souvent possible. Du reste, personne n'allait jamais de ce côté du manoir et il y serait en sûreté.

Ceci fait, elle rentra au salon, où l'œil le plus exercé n'aurait pu s'apercevoir de son inquiétude.

Après que chacun se fut retiré, quand elle n'entendit plus de bruit, elle se rendit à tâtons chez le révolté, bien décidée à tout faire pour le renvoyer, mais elle le trouva, au contraire, parfaitement décidé à rester. L'aventure était délicieusement assaisonnée de tout ce qui pouvait lui donner du piquant, elle avait bien plus de prix à ses yeux.

La baronne ne retourna chez elle qu'après avoir épuisé tous les arguments. Tout n'est pas rose dans le métier de coquette, exercé surtout sur une aussi *grande échelle*, et la journée du lendemain lui préparait une surprise qui devait singulièrement compliquer la situation.

CHAPITRE XXV

Je n'invente rien. — Nouvel incident. — Embarras inextricable. — Ils ne veulent pas partir. — Elle se sauve. — Ils la suivent. — Rencontre à la diligence. — Dernière aventure. — Nouveaux héros. — Son portrait. — Escarmouche. — Combat. — Amour. — Mêmes phrases. — La vertu expirante. — Dénouement. — Les lettres. — Il les refuse. — Brouille. — Précaution conjugale curieuse. — Les hommes à la mode — Physiologie. — Rivalité de Mlle Mars et d'une grande dame. — Le beau Fortuné. — Un autre galant. — Un homme charmant. — Un autre galant. — L'ambassadeur. — Le comte Charles O'Hégerty. — Madame la Dauphine. — *La Grande Dame*, de Scribe. — Véritable histoire. — Le préfet et son secrétaire. — Mauvais projet. — Absence. — Inquiétudes. — Faux amis. — Incrédulité. — On revient à la charge. — Soupçons. — Essai infructueux. — Ultimatum. — Maladresse. — Brouille. — Désespoir. — L'arsenic. — Message. — Triste erreur. — Vains secours. — Transports de rage. — Il arrive. — Elle meurt. — Légende. — Cela n'est pas vrai. — Les acteurs de la pièce. — Mme Grévedon, Léontine Fay, Paul.

Avant d'aller plus loin, j'éprouve le besoin de dire que je n'invente pas même un détail, tout ceci est de l'histoire. Depuis longtemps, je veux faire une étude sur cette femme et je n'ai pas osé dans un roman. On m'aurait accusé d'invraisemblance. La coquetterie poussée à ce point est si rare! mais aussi les inconvénients en sont si graves, et c'est une bonne leçon pour celles qui seraient tentées de marcher dans cette voie.

Ici, il est vrai, la coquetterie n'est pas le seul stimulant, il y a le besoin d'émotions, ce côté romanesque dont j'ai parlé, qui rend le danger plus grand et qui complique la situation. Elle ne pouvait être plus embrouillée qu'au moment où j'ai terminé le dernier chapitre. Après la nuit orageuse qu'elle avait passée, la baronne se promenait dans son parc, cherchant dans la solitude le moyen de tout concilier et ne le trouvant pas. Elle eût donné bien des choses pour que cet insensé se fût envolé vers Paris. La famille ne plaisantait pas; elle ne s'était maintenue bien avec elle qu'à force d'adresse, une étourderie de jeune homme pouvait la perdre à jamais.

Il fallait à tout prix le faire partir, dût-on lui promettre monts et merveilles, qu'on ne lui tiendrait pas.

Elle aperçut sa femme de chambre qui la cherchait, une lettre à la main, et prévit quelque nouvel embarras. La vue seule de l'écriture la fit trembler. C'était celle du peintre de Paris, celui qu'elle croyait enterré. Il était arrivé la nuit à un certain moulin à vent, situé assez près du château; il voulait la voir à tout prix; si elle ne venait pas, il irait la chercher jusque chez elle.

Cet ultimatum acheva l'aventure. Elle crut qu'elle allait perdre la tête. Enfin, après un peu de réflexion, elle crut en avoir bon marché et se résolut à le rejoindre. Elle lui envoya sa confidente et lui fit dire de se rendre à une petite fabrique abandonnée, en dehors du parc, dont elle seule avait la clef et lui promit qu'il ne l'attendrait pas longtemps.

Elle y fut, mais elle trouva un révolté, qui ne consentait pas à partir, et elle dut le garder trois jours dans ce kiosque où, heureusement, un lit de repos et quelques meubles étaient restés. L'autre était dans sa logette aux mêmes conditions, tous les deux criant, menaçant et ne voulant lâcher pied qu'avec des garanties. Elle et la femme de chambre leur portaient à manger la nuit

La baronne se trouvait dans une impasse dont toute autre qu'elle aurait eu de la peine à sortir. Elle ne voulait pour rien au monde accorder à ses prisonniers ce qu'ils exigeaient, et ne vit d'autre moyen qu'un coup d'État pour mettre un terme à ces perplexités. Elle annonça qu'elle partait pour Paris, appelée par une affaire grave, — elle faisait toutes celles de la maison, son mari ne s'occupait que de faire valoir. Elle inventa une nécessité et partit, laissant au château sa famille, qu'elle devait rejoindre sous quelques jours. En même temps, c'est-à-dire deux heures après son départ, la soubrette prévenait les deux entêtés qu'ils eussent à prendre le soir la diligence, attendu qu'ils n'avaient plus de raisons pour rester là, leur idole étant partie.

Ils ne se le firent pas répéter deux fois. Le joli, c'est qu'ils se rencontrèrent à la voiture, qu'ils se reconnurent parfaitement, qu'ils se parlèrent. Chacun inventa une histoire pour expliquer sa présence dans le pays, et ils ne se doutèrent de rien.

Une fois le champ de bataille transporté ailleurs, elle ne craignait plus rien ; elle se débarrassa de ceux-là comme des autres, mais toujours sans être tombée de son programme de rigueur.

La plus capitale aventure de sa vie lui arriva lorsqu'elle avait quarante-trois ans passés. J'ai été témoin de celle-là. Elle n'était donc plus jeune, mais elle avait toujours son charme et sa grâce inimitables. Le hasard lui fit rencontrer un homme qu'elle connaissait depuis vingt ans. Cet homme, plus âgé qu'elle de quelques années, était une nature tout exceptionnelle. Il avait été fort beau et en conservait des restes suffisants. D'une intelligence hors ligne, il avait des passions fougueuses, une jeunesse de cœur et d'imagination incroyable ; il écrivait comme un maître. Gentilhomme de haute race, il avait conservé les sentiments et les principes de ses ancêtres. Ils s'étaient rencontrés sans cesse dans le monde. Le vicomte l'avait fuie : ce qu'il avait entendu dire d'elle ne lui plaisait pas ; un de ses amis avait été victime de ses coquetteries, il ne voulait pas s'exposer à de pareilles déceptions et s'en éloigna.

Ils se trouvèrent à dîner dans une maison amie; elle l'attaqua sur ce qu'il n'avait pas voulu la voir. Très prévenu contre elle, il fut acerbe et lui dit les choses les plus cruelles, avec les adorables façons d'un homme de cour. Immédiatement elle se sentit revivre. C'était une lutte à engager, c'était une difficulté à vaincre; elle jura que cet orgueilleux arriverait à merci et déploya toute la science acquise par une expérience de tant d'années. J'y assistais. Moi et les autres convives, nous y prenions un plaisir infini. Comme tous, nous savions que le baron était un homme fort, que la baronne n'avait plus vingt ans; nous ne doutâmes pas qu'elle ne fût vaincue. Ils s'en allèrent ensemble le soir ; huit jours après, cette vaste intelligence était soumise. M. de *** adorait celle qu'il avait regardée avec dédain du haut de sa jeunesse.

Dieu sait quelles péripéties cet amour amena!

Il dura quatre ans et passa par toutes les phases que j'ai décrites, pour arriver au même résultat : néant. Elle le soumit et le domina à ce point de le mettre à sa merci et de l'engager d'honneur à la respecter. Il ne fut pas plus avancé que les autres.

Il fut sublime de dévouement et d'abnégation, tout cela en pure perte; elle ne dépassa pas le numéro fatal de la dernière série et se fit un rempart infranchissable de ses chapelets et de son confesseur. Je voudrais bien savoir si elle lui racontait jusqu'où elle menait les gens, et comment elle savait s'arrêter juste à la même distance ; il lui aurait dit, ce me semble :

— Puisque vous étiez assez maîtresse de vous-même pour calculer toutes les péripéties de votre roman, vous deviez l'être assez pour vous arrêter plus tôt et même pour ne pas commencer.

Si le héros de cette dernière aventure est vivant, il verra que je suis d'une exactitude scrupuleuse. Il voulait dans le temps que j'en fisse un roman ; c'était beaucoup, mais assurément l'étude de ce caractère de femme ne sera pas une des pages les moins curieuses de ces *Mémoires des Autres*.

Elle lui redemanda ses lettres ; déjà outré, il sortit des gonds ; ils se brouillèrent. Il ne put lui pardonner de n'avoir pas eu confiance en lui, après tant de preuves de loyauté. Elle n'eut pas sa correspondance, il la garda. Elle est curieuse, les trois phases y sont bien marquées.

Un dernier trait de cette sorte de politique tortueuse, de cette diplomatie de ménage, qu'elle poussa si loin.

Son mari n'était pas jaloux, mais bourru, et, lorsqu'un homme affectait trop de prétentions, c'était pour lui un prétexte de mauvaise humeur. Il se fâchait. Très certaine de son empire inébranlable sur lui, elle ne s'en effrayait pas, mais cela l'ennuyait. Elle imagina une façon de le calmer sans avoir l'air de se défendre ou de se justifier, ce qui eût attaqué sa suprématie.

Elle choisissait dans leur correspondance les lettres les plus insignifiantes, de ces lettres qui ne disent rien, et les mettait où Alceste voulait envoyer le sonnet d'Oronte. Ceci prouvait qu'elle y tenait peu, et l'Othello le plus féroce n'en eût pas douté ; aussi celui qui n'en était guère un profitait de l'occasion et se taisait.

La recette est d'assez mauvais goût, j'en conviens, mais elle m'a paru si singulièrement trouvée, que je n'ai pu m'empêcher de la faire connaître.

Cette coquette émérite m'a entraînée plus loin que je ne voulais ; elle m'a fait laisser de côté l'homme à la mode malgré lui, dont je parlais. Il y en avait quelques autres qui ne demandaient pas mieux et qui remplissaient à merveille leurs fonctions.

Ce n'étaient pas des sinécures, et cet *emploi* coûtait plus de peine à acquérir et à conserver qu'aujourd'hui. Il ne s'agissait pas de se ruiner pour des drôlesses, de parler chevaux, d'avoir des façons d'écurie, de se présenter aux théâtres et dans les lieux publics en mauvaise compagnie. Il ne s'agissait pas de lancer des mots d'argot et des calembours par à peu près. Il fallait se montrer partout où *le monde* allait, en tenue irréprochable et d'une élégance suprême, avec simplicité. Le seul luxe d'un homme de ce style était du linge magnifique, sans aucune broderie. Pas de diamants, pas de bagues, pas de dorures, tout uni, tout beau.

On allait le matin, en bottes, — non vernies encore, ce n'est que plus tard, — en petite redingote courte, serrée à la taille ; ces messieurs étaient tout aussi coquets que nous à l'endroit de la taille mince. Le soir, *toujours*, même pour l'intimité, des bas de soie, des souliers et un habit.

Un homme à la mode devait paraître chaque soir à l'Opéra, aux Italiens, et ensuite à autant de cercles ou de bals qu'il y en avait dans la société. Il devait faire le tour du bois de Boulogne à cheval. Il devait faire des visites de quatre à six heures, être de toutes les parties, de tous les dîners connus. S'il avait en ville quelque ménage clandestin, quelque passion secrète, on l'ignorait et il n'en parlait qu'à ses amis intimes.

Cependant on sut deux ou trois liaisons en dehors du monde, mais c'était avec des femmes dont le talent les plaçait dans une position hors ligne ; ainsi, Mlle Mars, par exemple, se trouva deux fois en rivalité avec une grande dame qui ne put jamais en prendre son parti.

La première, c'était pour un superbe officier de hussards ; on fit, sur ce double amour, la facétie suivante, en imitation de celles de même genre du dix-huitième siècle.

« Il a été perdu, depuis la rue de la Tour-des-Dames jusqu'à la rue de ***, un beau brac, répondant au nom de Fortuné; ceux qui le trouveront sont priés de le ramener à Mme la duchesse de *** ou à Mlle Mars, sociétaire de la Comédie-Française. »

Ceci courut tout Paris. Le sel de la plaisanterie était dans le nom du héros, qui s'appelait Fortuné de Brac. Il est mort bien jeune.

Quelques années plus tard, elles avaient vieilli toutes deux, ce qui ne les empêcha pas d'avoir la même préférence pour le comte Charles de Mornay. Cette fois, la comédienne l'emporta complètement; elle resta liée avec lui jusqu'à sa mort, et il se conduisit d'une façon très délicate et très distinguée avec elle. Il n'est pas de soins, d'égards qu'il n'ait eus pour cette si ancienne amie, et, bien qu'elle eût pu être presque sa mère, ses attentions auprès d'elle restèrent les mêmes.

C'était un homme charmant que ce comte de Mornay, joli homme, élégant, distingué, spirituel; il devint plus tard diplomate et fut envoyé par Louis-Philippe en mission à Stockholm; son frère aîné, le marquis de Mornay, avait épousé la fille du maréchal Soult.

On citait beaucoup aussi, parmi les lions de l'année où nous sommes, le comte Charles O'Hégerty, cousin et neveu de mes amis d'enfance. Son père était écuyer du roi Charles X et, lui, de Madame la Dauphine. Cette princesse l'aimait beaucoup; elle était pour lui d'une véritable indulgence, et se relâchait de sa sévérité. Elle aimait à causer avec lui et lui faisait conter les incidents *contables* de sa vie de jeune homme.

S'il fallait nommer toutes les femmes charmantes que l'on rencontrait dans le monde, ce serait à n'en plus finir, et d'ailleurs, je le répète, cela pourrait ne pas leur être agréable. Beaucoup n'existent plus, les autres ont passé l'âge où l'on se préoccupe de sa beauté et de ses charmes.

C'est aussi cette année-là qu'eut lieu un événement

dont Scribe a fait la *Grande Dame* au Gymnase, qui a tant fait pleurer tous ceux qui l'ont vue. Le fait est parfaitement vrai; seulement le dénouement est modifié; il fut plus dramatique que celui de l'écrivain.

J'ai vu le tombeau de la victime, j'ai lu l'histoire de ses parents et je ne dirai rien que de réel. Déjà plusieurs fois j'ai répété cette assurance et je la répéterai encore. Il y a, dans la vie, des choses si étranges, que, quand on les raconte, on a l'air de faire du roman et j'ai été à même d'en apprendre beaucoup de semblables, ainsi qu'on l'a déjà vu et qu'on le verra encore.

Il y avait à *** — je ne nommerai pas la ville, ce serait nommer les gens — une héritière bonne et douce, d'une médiocre beauté, mais très faite pour fixer et retenir l'affection d'un mari. Sa fortune était considérable, les prétendants ne lui manquaient pas : elle avait le temps d'être difficile, voulut choisir.

D'un autre côté, un préfet, habitant les environs, avait un secrétaire cherchant une dot. Ce secrétaire remplissait consciencieusement sa charge; il était aux ordres de son chef et surtout de sa femme, fort belle personne, un peu impérieuse, mais en réalité très supérieure. Elle protégeait beaucoup le secrétaire, ce qui faisait tenir de mauvais propos, très peu fondés certainement et dont les suites devaient être épouvantables.

Ce fut elle qui voulut le marier, preuve concluante de l'innocence de leurs relations.

Elle chercha la fiancée, fit les propositions, se chargea de l'avancement du jeune homme, qui n'apportait rien de plus à la communauté. Elle y mit tant d'adresse, elle sut si bien promettre et obtenir, que les parents et la fille consentirent. Ce fut d'autant plus volontiers que Mlle de *** avoua que le prétendu lui plaisait fort. Le mariage fut conclu, accepté et célébré.

Au commencement, tout alla à merveille; les époux

s'attachèrent l'un à l'autre, la jeune femme surtout. Malheureusement les nécessités du service le retenaient près de son chef; il était souvent obligé de quitter Mme de ***, qui demeurait avec sa mère, — c'était une des conditions imposées, elle serait morte en se séparant de son enfant unique. Celle-ci murmurait beaucoup, se plaignait; ces absences continuelles lui donnaient de l'inquiétude d'abord, de l'ombrage ensuite.

Des amis maladroits lui apprirent les bruits qui couraient sur les relations de son mari avec la comtesse, mais elle les rejeta bien loin; c'était à la comtesse, au contraire, qu'elle devait son bonheur et cette calomnie ne pouvait l'atteindre.

Mais le secrétaire était justement absent depuis plus d'un mois; elle le supplia en vain de revenir, quelque nouvelle nécessité le retenait chaque jour. Ces insinuations perfides fermentèrent dans son cerveau, elle lui écrivit que, s'il n'arrivait pas sur-le-champ, elle allait se rendre auprès de lui et, au fait, elle en avait le droit, c'était sa place et nulle puissance au monde ne l'en empêcherait. Sans s'expliquer positivement, elle laissait percer un peu de jalousie.

Le lendemain, son mari était près d'elle.

Ce furent des transports de joie; elle oublia tout, ne songea même pas à lui demander d'explications, ne lui parla pas des propos et ne songea qu'au bonheur de la réunion. Il resta assez longtemps pour que toutes les traces de chagrin et de craintes fussent effacées et, quand il retourna à son devoir, elle lui fit la promesse de ne plus le tourmenter de ses exigences. Il fallait qu'il fît son service avec zèle, son avenir en dépendait, et s'il voyait enfin que l'absence se prolongeât, il l'appellerait certainement.

Des lettres fort tendres vinrent à l'appui de ces assurances; elle était tranquille et attendait.

Une amie, ou soi-disant telle, s'étonna de ce calme imperturbable. Elle croyait fermement la confiance de l'épouse trompée, un peu par esprit de corps, un peu par amitié, — singulière amitié! — beaucoup par besoin de bavardage. Elle revint à la charge et ajouta qu'elle se croirait coupable en n'ouvrant pas les yeux de Mme de *** sur une pareille trahison; ce serait la servir; ce serait manquer à ce qu'elle se devait à elle-même : elle ne pouvait s'y décider.

La jeune femme ne voulait pas croire, défendait son mari, défendait sa protectrice et puisait dans sa tendresse des arguments contre sa jalousie.

L'autre s'obstinait à lui ouvrir les yeux de force. Elle lui rappelait mille circonstances tout à fait sorties de sa mémoire et qui pouvaient s'expliquer contre ceux qu'elle accusait. Elle s'évertuait à lui monter la tête, elle l'excitait à la vengeance.

— Non pas, c'est impossible! Mon mari ne me trompe pas... Il m'aime, et Mme *** ne saurait être ma rivale!

— Tout le monde le croit, tout le monde le dit; si ce n'est pas, l'effet en est le même.

— Non pas pour moi, s'il vous plaît.

— Pour votre amour-propre du moins.

— Je me moque bien de mon amour-propre. C'est de mon cœur, de mon amour, qu'il s'agit. Je ne le crois pas, je ne veux pas le croire, j'en mourrais.

— On n'en meurt pas, on se venge. Si j'étais à votre place, je saurais bientôt à quoi m'en tenir.

— Comment?

— Vous êtes assez riche pour que votre mari quitte son état. Exigez qu'il donne sa démission. Alors il restera près de vous, il n'aura plus de prétextes pour s'éloigner.

— C'est vrai, et s'il refuse?

— S'il refuse, c'est qu'il aura, pour rester à ***, une autre raison que celle du service, vous n'en douterez plus.

Cette idée germa dans la tête de la pauvre créature; elle s'y attacha et la mit à exécution deux jours après. Son mari lui répondit qu'il ne consentirait jamais à se mettre complètement à sa charge, et qu'il voulait garder sa position.

Alors, poussée toujours par de mauvais conseils, elle lui écrivit qu'il ne l'aimait plus; elle le tourmenta, elle l'assomma d'exigences, le menaçant de scènes, et fit si bien qu'elle le fatigua complètement, ce à quoi, du reste, les femmes aimantes et jalouses ne manquent point.

Il lui répondit sèchement d'abord, durement ensuite; poussé à bout, il fut cruel, et lui déclara qu'il n'irait pas la rejoindre avant qu'elle fût devenue raisonnable. Elle riposta par l'annonce de son arrivée; la réplique ne se fit pas attendre. Si elle osait faire un pareil coup d'État, il partirait immédiatement pour un long voyage, il en donnait sa parole d'honneur.

Jusque-là, elle n'avait pas avoué tout à fait le fond de sa pensée; outrée, furieuse, elle écrivit qu'elle savait tout, ses coupables amours avec la femme de son chef et qu'elle allait prévenir celui-ci, à moins que sous vingt-quatre heures son mari ne se fût rendu près d'elle.

Malheureusement, cette lettre ne parvint pas. Le préfet et son secrétaire étaient allés faire une tournée, on négligea de la faire suivre, puisqu'ils ne devaient rester absents que deux jours.

Mme de *** attendit les vingt-quatre heures de grâce; lorsqu'elle ne vit rien venir, pas même une réponse, son cerveau se perdit tout à fait. Elle était seule; sa mère, à laquelle elle cachait tout cela, était sortie; elle trouva sous sa main un paquet d'arsenic et l'avala.

Puis, calmée subitement par cette extravagance même, elle prit la plume et écrivit à celle qu'elle croyait sa rivale, qu'elle la priait de lui envoyer son mari sur-le-champ, s'il désirait la retrouver vivante; il devait se hâter, attendu qu'elle venait de s'empoisonner et que, suivant toutes les prévisions, elle mourrait quelques heures après.

Elle envoya un de ses gens à franc étrier porter cette dépêche, et lorsqu'elle commença à ressentir les premières atteintes du poison, elle appela pour demander des soins. La malheureuse folle ne se croyait pas en danger; elle n'avait voulu que donner une leçon à son mari et le forcer à revenir près d'elle. La femme de chambre, effrayée, fit appeler le médecin et chercher sa mère dans la maison où elle était. Ils accoururent l'un et l'autre; elle raconta ce qu'elle avait fait en s'en glorifiant.

Hélas! elle n'avait eu la main que trop sûre. La dose était suffisante pour donner la mort et, dès le premier examen, le docteur la déclara sans remède. Il n'employa pas moins tous les moyens de la science pour la rappeler à la vie. Elle se prêta à tout ce qu'il voulut, convaincue que, par ces atroces souffrances, elle achetait le bonheur et que, l'ayant vue dans un état semblable, apprenant jusqu'où allait son amour, son mari n'aurait jamais le courage de lui causer de nouveaux tourments.

Le mal fit des progrès rapides; bientôt, voyant qu'au lieu d'être soulagée, elle souffrait davantage, elle voulut savoir à quoi s'en tenir et demanda la vérité. Le médecin tenta de la lui cacher; il craignait l'effet d'un pareil aveu, mais ses craintes se trahissaient sur son visage, et le désespoir de sa mère pouvait encore moins se cacher.

— Ah! s'écria-t-elle, est-ce que je vais mourir?

Ce cri, sorti de son cœur, ne rencontra pas de dénégation; tous pleuraient autour d'elle sans avoir le courage de la détromper.

— Mais je ne le veux pas, continua-t-elle, je n'ai pas eu l'intention de me tuer, je ne désirais que faire peur à mon mari. Docteur, guérissez-moi, sauvez-moi, il le faut, je le veux!... je n'ai pas vingt ans, ce n'est pas l'âge où on meurt. Qu'on aille chercher tous les médecins du pays, qu'on en appelle de Paris, qu'on les couvre d'or, mais qu'ils me rendent à la vie! Ma mère! ma mère! sauvez-moi...

Son agonie dura toute la nuit dans les mêmes transports. C'était déchirant! Toute la ville assiégeait sa porte. Ce fut presque une émeute. L'histoire se répandit et, lorsque le mari, que les avertissements successifs avaient été chercher dans sa tournée, arriva, on l'aurait volontiers écharpé.

Il se précipita vers sa femme, à moitié fou de désespoir. Elle le reconnut et lui dit, avec la dernière lueur de ses forces :

— Oh! sauve-moi! sauve-moi! Je ne veux pas mourir!...

Elle expira peu d'instants après.

Tout ceci est de l'histoire. Voici où commence la légende.

On assure qu'après la mort de la pauvre créature, M. de *** perdit tellement la tête qu'il s'empara du cadavre, le porta dans la voiture qui l'avait amené et n'était pas dételée encore, et se fit conduire à la ville ventre à terre. Il arriva chez sa protectrice, qui n'était pas encore levée, pénétra jusqu'à son lit toujours chargé de son précieux fardeau et, jetant ce corps sur le lit, il se serait écrié :

— Voilà votre ouvrage!

Je ne crois pas un mot de cela. D'abord les parents ne lui auraient pas laissé emporter leur fille ; mais si, par impossible, il l'avait fait, pendant les quinze lieues de voyage il aurait réfléchi et serait retourné sur ses pas. Le paroxysme de douleur s'apaise ; il n'est pas d'homme qui résiste à un pareil choc, et il ne l'eût pas supporté.

D'ailleurs, c'eût été une grande injustice ; la dame n'était pour rien dans tout ceci. La calomnie ne respecte personne ; elle en fut victime, et voilà tout.

Les gens du midi de la France, où se passait cet événement, sont si extrêmes qu'ils ne prennent rien à demi. Ils amplifièrent, et leur version se donne encore pour la seule véritable, tandis qu'il n'en est rien.

La pièce du Gymnase eut un succès immense. Elle était jouée par Mᵐᵉ Grévedon, — sa figure et sa tournure sèches convenaient parfaitement au rôle qu'on lui avait donné — Léontine Fay, touchante et dramatique au possible, et Paul, toujours distingué et de si bonne compagnie !

Nous avons tous pleuré.

TABLE DES MATIÈRES

CHAPITRE PREMIER

Le massacre. — Le sauveur. — Un épicier. — Terreur. — Le cocher patriote. — La barrière. — Nouveaux compagnons. — La *Carmagnole*. — Questions. — Le mari malade. — Les gages dus. — La grille du château. — Menaces. — Invasion. — Arrestation différée. — Le lit pour prison. — Mort du marquis. — Détails sur sa famille. — Les Poillow. — La cloche de Saclat. — Les trois frères. — Le vicomte de Saint-Perrier. — M. de Bierville. — Mariage des quatre enfants. — Les Courval. — Double union. — Abel de Saint-Mars, marquis. — Il épouse Mlle de Chambeaudoin. — Pas de droits au titre. — Edouard de Saint-Mars. — Le vicomte de Courval épouse Mlle Moreau. — Le sergent maréchal Lefebvre. — La visite. — Le brevet. — La maréchale, M. de Chevert et *Coco*. — Le mot de Cambronne. — Marie-Louise à Vincennes. — La duchesse de Montebello. — Drouet 1

CHAPITRE II

Croyance aux revenants. — Une ville d'Allemagne. — La maison hantée. — Résolution de huit officiers. — Le vieux troupier. — Le sourd. — La victime des esprits. — Ils l'assomment. — La porte de la cuisine. — Les verrous.

— Les trois coups. — Elle s'ouvre. — Le grenier. — Le chevalet. — Les ardoises. — Le tombeau de Mahomet. — Le jardin. — Les coups dans la vitre. — La chasse aux fantômes. — Le coup de pistolet. — Le sourd dans le fossé. — On ne trouve rien. — Autre histoire à Colmar. — Un fonctionnaire. — Mlle de B... — Son changement. — Interrogatoire. — Le domestique demande son congé. — Il reste. — L'exorcisme. — Le coffre à avoine. — Encore les ardoises. — Musique, cris. — Insomnie. — Toute la ville en l'air. — Recherches. — Les chiens. — Pèlerinage. — L'autorité. — Le procureur général. — Son mot. — Le domestique renvoyé. — Les diables se calment. — Propos. — Le duc et pair. — Changement de résidence. — Rétablissement de Mlle de B... — Déménagement. — Tout rentre dans l'ordre............................. 11

CHAPITRE III

La famille Magnan. — Le colin-maillard. — Bal de l'ambassade d'Angleterre. — La Diane antique. — Bal chez Mme Fuller. — Le roman de *Mathilde*. — Malek-Adhel. — Mathilde. — Mlle de Nieuwerkerke. — Sa famille. — Son aïeule paternelle. — Son autre aïeul, M. le duc d'Orléans. — Ses oncles les abbés de Saint-Phar et de Saint-Albin. — Le bal des pages. — Le comte et la comtesse de Septeuil. — Une blessure pour une princesse. — L'*École des vieillards*. — Mlle Mars. — Sa toilette. — Talma. — Armand. — Firmin. — Bressant. — Jugement et mot sur l'*École des vieillards*. — Modes. — Madame. — Mme la duchesse de Berry. — Coup d'œil sur le pays et ses opinions. — Craintes de mon père. — Le cabriolet. — Comtesse. — Différentes voitures. — L'abbé de Pradt. — L'atelier de Xavier le Prince. — Le tombeau-cheminée. — Accident. — La maison où l'on m'accueille. — La maîtresse de cette maison. — Ce qu'elle raconte. — Pourquoi elle est aveugle. — Ses prophéties............................. 23

CHAPITRE IV

Versailles. — Napoléon Ier. — Sainte-Hélène. — Les Invalides. — Louis XIV. — Venise. — Idée d'une fête à Versailles. — Le garçon bleu. — Son récit. — Louis XVI.

— Marie-Antoinette. — Le balcon. — Le roi. — La reine seule. — Mme Elisabeth. — Pas d'enfants. — La fille des Césars. — Vive le roi! — L'effet du courage en France. — Mme la duchesse de Berry. — Le peuple d'alors. — Mme la duchesse d'Orléans. — Différence. — Les deux légitimités. — Celle de Louis-Philippe. — M. le comte de Chambord. — Le droit divin. — La souveraineté du peuple. — Un *prétendant*. — Les Bonaparte. — M. le comte de Paris. — *Han d'Islande*. — Ordener. — Les *Méditations*. — Millevoye. — *Cinq-Mars*. — *Ourika*. — Martin. — Les pièces de Scribe. — Mme Théodore. — Gonthier. — Perlet. — Léontine Fay.   35

CHAPITRE V

Départ de Versailles. — Les régiments de ce temps-là. — Deux petites villes pour une. — Les propos. — Comment ils s'arrangent. — Sujets favoris de la conversation des militaires. — Appointements ridicules. — Les jalousies. — Les deux camps. — Le café des officiers. — Les lauriers et les belles. — Renseignements. — Le colonel. — Les chefs d'escadrons. — Deux capitaines. — Le major. — Les *dames du régiment*. — A l'a/antache! — La pendule au galop. — La ville déserte. — M. et Mme Émile Deschamps. — La place Ducale. — Les Mazarin. — La Loire. — La fonderie. — Gouvigny. — Infy. — Fourchambault. — Une histoire de chien enragé. — Une aventure incomplète. — Le brigadier et Pandore   45

CHAPITRE VI

Suite de l'histoire. — Toujours les gendarmes. — Refus du prisonnier. — Catastrophe. — Départ. — Incertitude. — Mort de Louis XVIII. — Le deuil. — Nous allons à Moulins. — La ville. — Le nouveau régiment. — Le colonel. — Sa femme. — Les châteaux. — Avrilly. — La comtesse des Roys. — Mme Hoche. — La comtesse douairière. — Mme du Château. — La comtesse de Blot. — Mlle du Château. — Comtesse de Montigny. — La famille de Montigny et ma belle-mère. — La Brûlerie. — La queue coupée. — La Révolution. — Les prisons. — Essai de la guillotine. — Bressolles. — La châtelaine. — La vie de Moulins. — Le préfet. — M. et Mme de

Chavigny. — L'intendant du Bourbonnais. — La partie de reversis. — Le bègue. — Les rieuses. — Monsieur l'intendant, allez vous faire... — Le pâtissier de Vendôme et l'arbre généalogique. 57

CHAPITRE VII

Le comte Roger de Rigny. — L'amiral son frère. — Le général le troisième. — La marquise de Beaucaire. — Le dîner. — La partie d'écarté. — Trois jours et trois nuits. — Le Carême et les toques à plumes. — L'Anglais. — Le vicomte et la vicomtesse de Conny. — La *Victoire* et la *Défaite*. — Le piquet et le *tressel*. — Facilité de mœurs. — Indulgence. — Petit speech. — Histoire de Lise. — Un beau jeune homme pris pour un voleur. — Le mari. — L'échelle. — *La Dame blanche*. — *Robin des bois*. — Le sacre. — Rentrée du roi à Paris. — Enthousiasme. — Bals des ministères, de l'Hôtel de Ville. — Beauté de Paris et de la cour. — Les habits brodés. — La fin. — Les quêtes à Moulins. — La toilette. — Les compagnes. — Les chevaliers. — Vingt-cinq louis. — Une journée de représentations. 71

CHAPITRE VIII

Lord Beverley. — Lord Percy. — La maison de milord. — Ses chiens. — Lord Egerton et les siens. — Souvenir de ma mère à Moulins. — L'hôtel de l'Allier. — La Terreur. — Mme d'Hivoley. — Le commissaire. — L'hôtesse. — Le déguisement. — Morte dans son lit. — Le dîner. — Le baiser. — Évanouissement. — Fuite. — Le 2e dragons. — Plusieurs officiers. — Le commandant *Rosis*. — Ses consultations. — Dîner chez le colonel. — Recommandations. — Les suites du dîner. — *Frisée* et ses bas blancs. — Amour mutuel. — L'archevêque de Reims. — Le bal du régiment. — La salle. — Le souper. — La trente-sixième contredanse. — Le bal du lendemain. — Intimité entre le régiment et la ville. — Les cours. — Le tombeau de Montmorency. 83

CHAPITRE IX

M. et Mme de Praingy. — Leur château. — M. ***. — Ses aventures. — Sa vision. — Bourbon-Lancy. — Bourbon-

TABLE DES MATIÈRES

l'Archambault. — Le château. — Le lac. — Le puits. — Le prince de Talleyrand. — La baronne de Talleyrand. — M. de la Guerenne. — *Le Destrier*. — *La Princesse de Nevers*. — Le gothique. — *Le petit Jehan de Saintré*. — *Gérard de Nevers*. — *La Violette*. — Réflexions. — La différence des temps. — Départ de Moulins. — L'Allier grossit. — Physiologie des militaires d'alors. — Pourquoi je me suis attardée sur ces vérités *de mon temps*................. 95

CHAPITRE X

La route. — Les étapes. — Autun. — Ruines de la Rochepot. — Sainte-Marie-aux-Mines. — Tout change, même les paysages. — Neuf-Brisach. — Le bijou de M. de Vauban. — Le fort Saint-Pierre. — La ville et ses rues. — Les régiments. — Sentinelles, prenez garde à vous ! — Bissheim. — Les juifs. — La population. — Le pays. — Règlement de la forteresse. — Union des diverses religions. — Les demoiselles *Bondesseing*. — Le bal et les anchois. — Le lieutenant du roi. — Les soirées. — La robe retroussée. — Colmar. — La société. — Les deux langues françaises. — M. M... — Mme de B... — La famille Géraldy. — Just Géraldy. — M. et Mme de Boubers. — La cataleptique. — La prédiction. — M. d'... — M. et Mme de P... — La bonne chère. — Ma charmante dévote. — Le roman intime........... 103

CHAPITRE XI

Constance. — Charlotte. — Son portrait. — Ses parents. — Son éducation. — M. O... — Saint-Preux et Julie. — Leçons. — Progrès. — Les ruines. — Promenades. — Quatre ans écoulés. — Le père. — La mère. — Refus. — Maladie. — Correspondance. — Départ. — Nouveaux refus. — Résignation. — Lutte. — Wintgenheim. — Le cottage. — Demande réitérée. — Désespoir. — Coup de foudre. — Dévouement sublime. — Tromperie sublime. — Tout espoir perdu. — Il se marie. — Elle veut vivre. — Ses amitiés. — M. A... — Ce qu'il était. — Idée poétique. — Les arbres. — Cérémonie. — Un arbre arraché. — Un second. — Journée à Ribeauvillé. — Maladie de Charlotte. — Mme de P... la soigne. . . . 113

CHAPITRE XII

Constance tombe malade. — Sa mort. — On la cache à Charlotte. — On la prépare. — Elle l'apprend. — Douleur terrible et concentrée. — Encore un arbre arraché. — Puis un autre. — Joie de Charlotte. — Sa corbeille. — Je l'envoie. — Pas de nouvelles. — Terrible lettre. — Mon arbre seul est debout. — Séparation éternelle. — Le ménage pendant le choléra. — Le dénouement à Baden. — Ce que l'on m'apprend. — Le mariage. — La mort. — L'Alsace. — Les Vosges. — La Forêt-Noire. — L'église. — Vieux-Brisach. — Sulkeinstein. — Fribourg. — La vie à bon marché. — La princesse Stéphanie. — Le Val d'Enfer. — Le rond Back. — L'Étoile. — La Suisse. — Excursion au Righi. — La famille prussienne. — L'orage. — Catastrophe. — Insensibilité. — Le lever du soleil. 123

CHAPITRE XIII

Réflexions. — L'Alsace. — Colmar. — Les cigognes. — Les trois châteaux d'Eguishem. — L'abbaye de Marbach. — Le Hugueneck. — Le panorama. — Légende. — Marbach. — Le Hanensamberg. — Le Phlisbourg. — Légende. — La Dame noire. — Les flèches de Marbach et le moulin. — Le Haunck. — La vallée de Munster. — Les Hartman. — Le mont des Roses. — Les Haussémann. — Le Logelbach. — Ribeauvillé. — La maison de Ribeaupierre. — Encore trois châteaux. — Légende. — Le Hauen Kœnisbourg. — Kintyen. — La vallée. 133

CHAPITRE XIV

Excursion en Suisse. — Ma belle-sœur. — Épinal. — M. et Mme de Marsan. — La préfecture. — M. Doublat, receveur général. — Son jardin. — Les serres. — M. de Courtois. — Le gouvernement provisoire. — La marquise d'Hoston. — La comtesse de Ligneville. — Le duc de Choiseul. — Plombières. — Mme la duchesse de Berry. — L'allée Caroline. — La fontaine Amélie. —

TABLE DES MATIÈRES. 287

Les eaux. — La marquise de Béthizy. — Remiremont.
— Les chanoinesses. — Les chapitres. — Leurs usages
et leurs lois. — Les *preuves.* — Les novices ou nièces.
— Leur costume. — M. de la Ponce. —M. de la Porte.
— Saint-Dié. — Neufchâteau. — Les convives et les
violons. — M. de la Porte et le château de Meslay. —
M. de Salaberry 145

CHAPITRE XV

Voyage dans les montagnes. — Une famille d'Épinal. —
Départ. — Rencontre. — Les Sombreuil. — Le dernier
des preux. — Un mariage interrompu. — Mlle de la
Blache. — La comtesse d'Haussonville. — Trahison. —
Les deux généraux. — Capitulation. — Héroïsme. —
Hoche. — Les prisonniers. — Tallien. — Généreuse
colère. — Suppositions. — On ne trouve pas de bourreau. — Exécution. — L'évêque de Vannes. — L'aîné
des Sombreuil. — Dévouement. — Mort. — Réflexions
sur Quiberon. — Justification des Anglais. — Mariage
de Mlle de Sombreuil. — Un nom substitué. — Le comte
de Sombreuil-Villelume. — Les cascades. — Les chemins. — Nouvelle manière de verser. — Gérardmer et
son lac. — Longemer. — Chapelle de Saint-Florent. —
Rêveries. — *S'il était là!* — M. de Lamartine. — Lord
Byron 155

CHAPITRE XVI

Nouvelles réflexions sur ce temps-ci et sur l'autre. — Le
tourniquet de Saint-Florent. — Le Hormack. — Le Ballon d'Alsace. — Départ d'Épinal. — La mort de mon
père. — Voyage. — Chartres, Châteaudun, Vendôme.
— Incendie de la cathédrale de Chartres. — Les cascades
de feu. — La charpente. — Le cétacé. — Aperçu de la
société de Vendôme. — La ville. — Le pays. — Le château. — L'abbaye de la Trinité. — Le collège. — Balzac.
— Henri IV. — Gabrielle. — La dame de Musset. — Le
Gué du Loir. — La meunière. — « La bonne aventure,
ô gué! » — Devise des Musset. — La chanson. — Rochambeau. — Le dernier marquis. — M. Achille Lacroix.
— Naveil. — Le château de Ronsard. — Lavardin. —
Kerhoënt. — Les grottes des druidesses. — Meslay. —
Encore la société de Vendôme. — Le comte de Cambyse. — M. de Kersausie. — Étude de mœurs. . . . 165

CHAPITRE XVII

Le comte Adrien de Sarazin : ses *Contes*. — Courtiras. — La voisine. — Rencontre. — Un âne entêté et une belle femme. — Curiosité. — Mme ***. — Éducation d'Élise. — Voyage en province. — Premier début. — Triomphe. — L'ombre au tableau. — Une bonne mère. — Explications et offres. — Refus. — Persécutions. — On s'apaise. — Second début. — Chute. — Larmes. — Nouvelle tentative. — Chute plus grande. — Désespoir et consentement. — La lune de miel. — Ce qui séduit les jeunes filles. — Le revers de la médaille. — Essai infructueux de liberté. — Découragement. — Un poète. — Son amour et ses vers. — Élise l'écoute. — Il part. — Il promet de revenir 175

CHAPITRE XVIII

Correspondance. — Maladie du comte. — Ses enfants. — Sa mort. — Départ. — Arrivée à Paris. — Visite à M. E... — Son changement. — Déclaration de principes. — Rupture. — Désespoir. — Coup de foudre. — Elle veut être estimée. — Mariage. — Tortures de toutes sortes. — Découragement. — Un bon prêtre. — Suicide déguisé. — Accès incompréhensibles. — Une grande artiste. — Improvisations. — La maladie augmente. — Une statue antique. — Le secret découvert. — Il est trop tard. — Les derniers moments. — L'extrême-onction. — Elle s'éteint. — Ce que devint M. E 185

CHAPITRE XIX

Départ pour Paris. — La société de la Restauration. — Les vieilles. — Les jeunes. — Gravité de la cour de Charles X. — Madame la Dauphine. — Souvenirs de la Révolution. — M. le Dauphin. — Mme la duchesse de Berry. — Son affabilité. — Son mépris de l'étiquette. — Le costume de cour. — Le manteau, les barbes, la mantille. — Les robes courtes. — Le *petit château*. — Ce qu'il était. — Amour de Madame pour les arts. — Chateaubriand. — Lamartine. — D'Ar-

TABLE DES MATIÈRES 289

lincourt. — Ses aventures. — Le bracelet. — Fête en
l'honneur de Madame. — La ruine. — *Le Renégat.* —
Ipsiboé. — Ch. Nodier. — Le faubourg Saint-Germain.
— Les étrangers. — Différentes classifications de société.
— L'opposition. — Le maigre. — Une autre bonne compagnie. — Encore le faubourg. — Ses engouements. —
Histoire de Mme ***. — La cassette. — Soixante mille
francs. — Une bonne leçon.. 195

CHAPITRE XX

La société de la Restauration. — Les fils de pairs. — Les
femmes. — Les plaisirs du monde. — Les lorettes de
ce temps-là. — Comment elles étaient traitées. — Les
bals. — Soixante-trois de suite. — Celui du maréchal
Soult. — Le cotillon à huit heures. — Rentrée à dix. —
La vie d'une élégante d'alors. — Le galop. — La mazurka. — Qui les apporta en France. — Les manteaux
écossais. — La coiffure en l'air. — Les épingles de six
pouces. — Souvenir de la cour de Versailles. — Les
premières robes *blouses tout autour.* — Qui les porta.
— Les modes. — Les souliers. — Les fourrures. — Les
manches à gigot. — Les chapeaux. — Le gothique. —
L'Opéra. — *Joconde.* — Paul. — Mme Montessu. — Mlle Noblet. — *Le Siège de Corinthe.* — Rossini. — Nourrit,
Derivis, Dabbadie, Mme Damoreau. — Les Dabbadie gentilshommes. — La Comédie-Française. — Mlles Mars,
Duchesnois, Levert, Dupuis, Brocard, Bourgoing, Desmousseaux, Demerson, Dupont. — Talma, Firmin, Michelot, Jouany, Lafond, Menjaud. — *La Mort du Tasse.* —
Louis XI. — Mme de Genlis. — Le sucrier. — Son portrait. — Sa conversation. — Louis-Philippe. — La politique. — La Restauration 205

CHAPITRE XXI

Théâtre-Italien. — Mme Pasta. — Donzelli, Garcia, Pellegrini. — Les bouffons. — Feydeau. — Chollet. — *Marie.*
— Mlle Prévost. — Mme Rigault. — Mme Pradher. —
Mme Boulanger. — Mme Desbrosses. — Mme Le Monnier.
— Gavaudan. — Le Monnier et La Feuillade. — Les mousquetaires. — *La Vieille.* — Ponchard. — *Les Deux
Nuits.* — *La Fiancée.* — L'Odéon. — *Luxe et Indigence.*

II. 17

— *Dominique ou le Possédé.* — Monrose. — M. d'Épagny. — Le Vaudeville. — Lafond. — Jenny Colon. — Les rousses. — Changement d'autrefois à aujourd'hui. — Conseils de coquetterie. — Règles de toilette. — Encore Jenny Colon et Lafond. — *Les Femmes volantes.* — Ils s'aiment. — Ils se marient. — Minette. — Clara. — Pauline Geoffroy. — Mme Guillemin. — Fontenay. — Les deux Lepeintre. — *Le Hussard de Felsheim.* — La fille de Minette aveugle et Mlle Mars. — Le Gymnase. — *Le Mariage de raison.* — Léontine Fay. — Jenny Vertpré. — Ferville. — Gonthier. — Paul. — Numa. — Bordier. — Julienne. — Klein. — Mme Théodore. — Allan. — *Malvina.* — *La Seconde année.* — Les Variétés. — Vernet. — Brunet. — Odry. — Pauline. — Tiercelin. — Perlet au Gymnase. — Potier. — Ses différents rôles.. 217

CHAPITRE XXII

Les voleurs au théâtre. — *Mandrin* à la Porte-Saint-Martin. - Benjamin Antier. — Décorations. — *Poulailler* à la Gaîté. — *Cartouche* à l'Ambigu. — Bouffé. — Représentation par ordre à la Gaîté. — La famille royale. — Un mot sur l'institution de Saint-Joseph. — *La Salle de police.* — Spirituel couplet. — *Robinson.* — « Petit tonnerre à bon maître ». — Le baron de Poilly; son fils Henry. — Cartouche et Frédérick. — Ses mains. — Sa physionomie. — Franconi. — *La Diligence attaquée.* — Le cheval acteur. — *Le Vampire.* — Philippe. — L'écuyer Paul. — La cravache. — Réflexions. — L'écuyer et l'Espagnole. — Le bouquet. — Le premier pas. — Étrange aventure. — Un artiste et une grande dame. — Dégoûts et dédains. — Difficultés. — Quelques mots sur les femmes. — Maxime de La Rochefoucauld. — Revue des souvenirs. — La seconde faute. — Un bon ange. — Succès. — Correspondance. — Incertitudes et craintes. — La lettre *B*. 229

CHAPITRE XXIII

Réparation. — Mme *** reçoit une lettre. — La dentellière. — Correspondance. — Mystère. — Rendez-vous au bal de l'Opéra. — Différentes impressions des

TABLE DES MATIÈRES 291

femmes et des hommes. — Le roman et le positif. — Diverses manières d'aimer. — Soumission d'Alcindor. — Ils se revoient. — Partie et bonheur projetés. — Elle n'écrit plus. — Elle ne vient pas. — Incertitudes. — Visite à la poste restante. — Le convoi. — Il la croit morte. — Désespoir. — Avis du médecin. — Il veut reprendre ses lettres. — Elles n'y sont plus. — Elle vit ! — Une lettre. — Adieu. — Alcindor quitte le théâtre. — Solution du problème. — La marquise était malade. — Elle se retire en province. — Les yeux en broche. — Permission d'écrire l'histoire. — Les gens du monde. — Les bals de cet hiver. — Comment on s'amusait et comment on s'amuse. — Les maréchaux et le comte d'Appony. — Fêtes de l'ambassade d'Autriche. — Le galop. — La marquise de Portes. — Ma cousine. — Le doux fantôme. — Excuses pour la digression. . . . 241

CHAPITRE XXIV

Bal de l'ambassade d'Autriche. — Le maréchal Soult. — Son fils le marquis de Dalmatie. — Le duc de Reggio. — Le marquis et la marquise Oudinot. — La maréchale Masséna. — Le duc Maret. — Requête au roi. — Digression sur le mot : *invité*. — Le roi se prononce. — La duchesse de Reggio dame d'honneur de Madame. — Mlles de Coucy. — Les Coucy. — Leur devise. — La vicomtesse de la Guérinière. — Les marches du donjon. — Un peu d'étiquette de cour. — Émeutes. — Revue de la garde nationale. — Silence sinistre. — Licenciement. — Patience des gendarmes. — C'était écrit. — Un homme à la mode *sans* le vouloir. — Enlèvement. — Amour profond — Embarras d'une coquette. — Son portrait. — Étude de femmes. — La méthode en amour. — Les devoirs et le mari. — Les enfants. — Le crucifix. — Dernier numéro de la troisième série. — L'homme sublime. — Départ pour la campagne. — Le hussard. — Embarras. — Scène. — La logette. — Entretien. — Surprise. 253

CHAPITRE XXV

Je n'invente rien. — Nouvel incident. — Embarras inextricable. — Ils ne veulent pas partir. — Elle se sauve. — Ils la suivent. — Rencontre à la diligence. — Dernière aventure. — Nouveaux héros. — Son portrait. — Escarmouche. — Combat. — Amour. — Mêmes phrases. — La vertu expirante. — Dénouement. — Les lettres. — Il les refuse. — Brouille. — Précaution conjugale curieuse. — Les hommes à la mode. — Physiologie. — Rivalité de Mlle Mars et d'une grande dame. — Le beau Fortuné. — Un autre galant. — Un homme charmant. — Un autre galant. — L'ambassadeur. — Le comte Charles O'Hégerty. — Madame la Dauphine. — *La Grande Dame*, de Scribe. — Véritable histoire. — Le préfet et son secrétaire. — Mauvais projet. — Absence. — Inquiétudes. — Faux amis. — Incrédulité. — On revient à la charge. — Soupçons. — Essai infructueux. — Ultimatum. — Maladresse. — Brouille. — Désespoir. — L'arsenic. — Message. — Triste erreur. — Vains secours. — Transports de rage. — Il arrive. — Elle meurt. — Légende. — Cela n'est pas vrai. — Les acteurs de la pièce. — Mme Grévedon, Léontine Fay, Paul 267

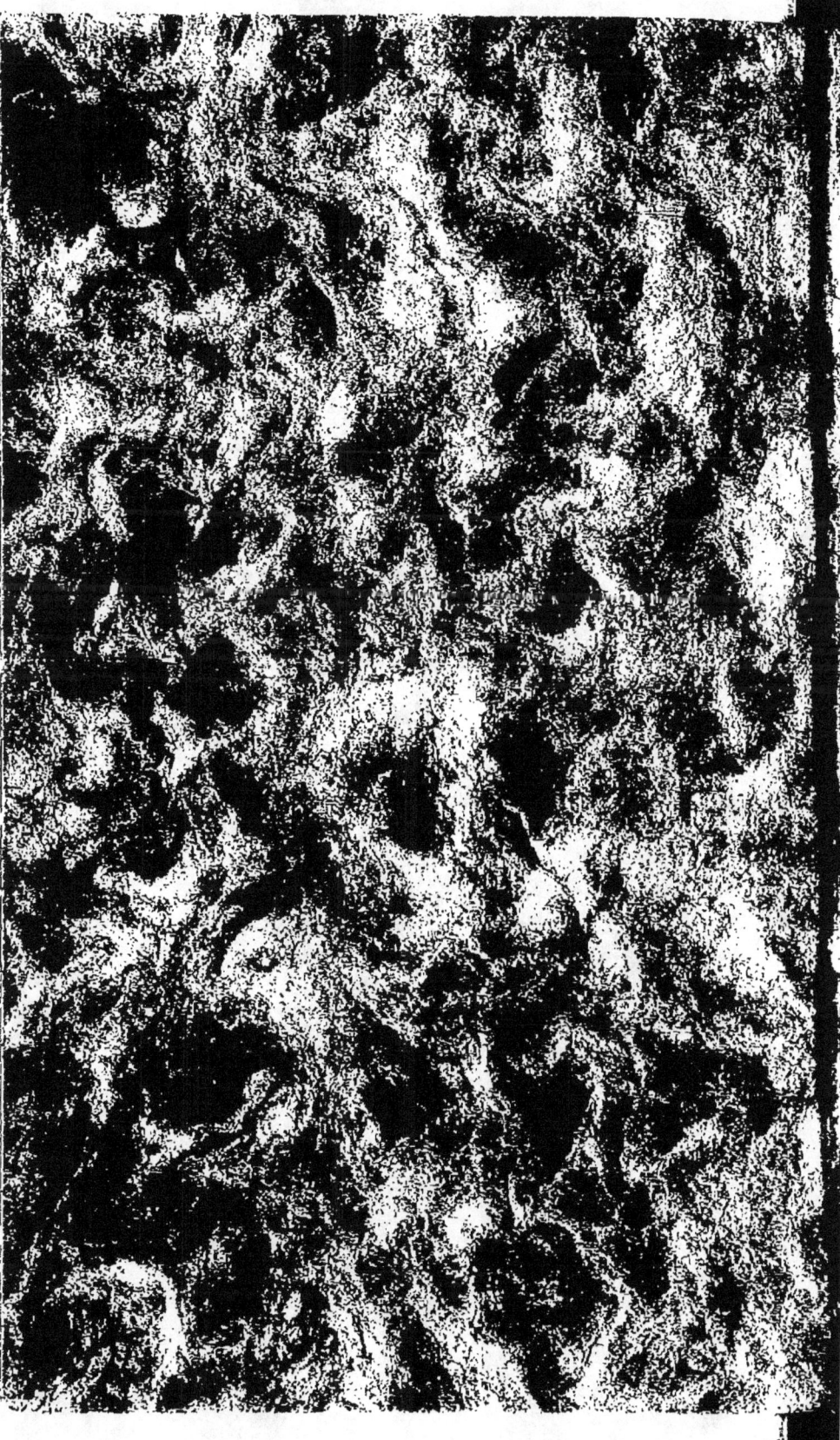

www.ingramcontent.com/pod-product-compliance
Lightning Source LLC
Chambersburg PA
CBHW071533160426
43196CB00010B/1762